繁盛中的动荡：
历代帝王 隋唐篇

焦庆锋 ◎ 著

吉林出版集团股份有限公司

图书在版编目（CIP）数据

繁盛中的动荡：历代帝王隋唐篇 / 焦庆锋著. — 长春：吉林出版集团股份有限公司, 2021.1
ISBN 978-7-5581-9108-4

Ⅰ.①繁… Ⅱ.①焦… Ⅲ.①皇帝—生平事迹—中国—隋唐时代 Ⅳ.① K827=4

中国版本图书馆 CIP 数据核字 (2020) 第 250723 号

繁盛中的动荡：历代帝王隋唐篇

著　　者	焦庆锋
责任编辑	王　平　姚利福
封面设计	晴晨时代
开　　本	787mm×1092mm　1/16
字　　数	252 千
印　　张	16
版　　次	2021 年 3 月第 1 版
印　　次	2021 年 3 月第 1 次印刷

出　　版	吉林出版集团股份有限公司
电　　话	总编办：010-63109269
	发行部：010-63104979
印　　刷	唐山才智印刷有限公司

ISBN 978-7-5581-9108-4　　　　定价：49.00 元
版权所有　侵权必究

前言

中华文明五千年,每个时期都会有一个核心人物,他们是政治带头人,是文明使者,是经济振兴家,这些人被习惯性地称作"帝王"。从传说的"三皇五帝"到大清王朝的十二帝王,一茬接一茬,一代换一代,皇家的故事在不停上演。

中国图书市场从不缺乏对帝王的记载,严肃庄重的正史探究,丰富悦目的戏说故事,以及传说加想象的野史杜撰,内容庞杂,头绪繁多。这些书有的过于考究,读来沉重;有的过于轻佻,可信度不高;很少有一种既尊重历史事实,又图文并茂、通俗易懂、风趣幽默的轻松读物。为此,我们隆重推出这套丛书。

帝王神圣。秦王嬴政一统天下,汉武帝刘彻振作中兴,唐王李世民开放博大,康熙玄烨苦学勤政。要想做个称职的帝王,不付出点汗水,光想着天上掉馅饼是不可能的。

帝王神秘。福临出生带异象,朱元璋长相是个谜,他未称帝死亡成悬案。比起平头百姓,帝王当然要特殊一些,否则怎能体现其与众不同?

帝王神经。穿着红裤衩在后宫里晃荡的南朝萧昭业,要老爸的妻妾做老婆的李治,跟猪死较劲的朱厚照,他们的行为举止实在是有点莫名其妙,不可思议。

本书采用图文结合的编排方式,幽默诙谐的语言风格,将中华上下五千年有代表性的帝王一一展现,书中有一些野史和传说仅做参考,如与正统史观有差异,请以正史为准。

我们的目的不在于考究史实,只为普及知识,让您在一天的繁重工作之余,从本书中了解历史,增进智慧,愉悦心情,收获快乐!

目录

隋 朝

隋文帝杨坚——一个怕老婆的有为帝王

即位：黄袍加身第一人············ 004
治国：开创华夏第二春············ 006
统一：结束战乱三百年············ 009
后宫：独孤氏一门三皇后·········· 011
吏治：杖打十下须报批············ 014

隋炀帝杨广——一气玩完老爸江山的享乐劳模

文武小帅哥··················· 018
形象工程····················· 019
爱江山更爱美人的国君············ 021
麻胡子来了··················· 024
多好的脑袋啊··················· 026
死于自己的裤腰带················ 028

唐 朝

唐高祖李渊——开国是自己的，名声是儿子的

两朝老亲戚··················· 034
两箭得佳妻··················· 036
两女美人计··················· 037
两李与一李··················· 039
两难定太子··················· 041
两月即让贤··················· 042

唐太宗李世民——常受气的盖世威王

受兄弟的气…………………… 046
受大臣的气…………………… 048
受和尚的气…………………… 051
受女儿的气…………………… 053
絮絮叨叨的老爸……………… 055
死了老婆忘了爹……………… 057
帝王也怕吃醋人……………… 058
高鼻深目洋将军……………… 059

唐高宗李治——女强人的弱丈夫

后母蜕变老板娘……………… 066
帝王向大臣行贿……………… 069
夫妻统战斗老舅……………… 071
要让帝王出点血……………… 072
李治的品牌工程……………… 074

唐中宗李显——猪大肠的本色

热身两个月,下放十五年…… 078
讨好政敌的告密帝王………… 080
男人背后的女人……………… 082
四人对十人的球赛…………… 092
趁韵而已……………………… 094

唐睿宗李旦——惹不起，躲得起

进不了自己的办公室	098
一对难兄难弟	100
有肉烂在锅里	101
敢把帝王拉下马	103

女皇武则天——有人怕，有人爱的媚娘

木材商人的发迹	108
何以没能"媚"住李世民	110
打造"革命"队伍	112
掐死亲生女	114
特种职业	117
美容——事关政治前途	119
两男不敌一女	121

唐玄宗李隆基——多才多情的艺术明星

梨园老祖宗	124
文艺大明星	125
隆基、玉环生奇恋	129
美丽惹的祸	132

唐肃宗李亨——另立中央的象棋帝王

草台班子匆匆上马	142
逃难不忘"将一军"	144
都是为了一把龙椅	145

给李家打工不落好……………………… 151
白领太监领导帝王……………………… 156

唐代宗李豫——全唐第一个长子继位

三皇"洗三朝"……………………… 162
李泌挺李豫……………………………… 164
单骑服单于……………………………… 165
太岁杀太监……………………………… 168
老公打老婆……………………………… 169
茶仙荐茶圣……………………………… 172

唐德宗李适——蜕化变质分子

从多予少取到"唯物主义"…………… 178
中国 CEO 与日本粉丝………………… 179
开征茶税逼县长自焚…………………… 182
连续几代的人肉搜索…………………… 184

唐顺宗李诵——候补二十六年转正六个月的哑巴帝王

帝王之最………………………………… 188
只做不说………………………………… 189
秀才"造反"…………………………… 192

唐宪宗李纯——三把手

第三天子 …………………………… 198
瞧这一家子 ………………………… 199
吃别人嚼剩的"馍" ………………… 199
平叛又反恐 ………………………… 201

唐穆宗李恒——上班旷工缺勤，玩乐从不请假

他就好这一口 ……………………… 204
也有三分政绩 ……………………… 206
五个儿子三个帝王 ………………… 209

唐文宗李昂——有心救国，无力回天

满朝尽是粗布衣 …………………… 214
合是阿舅 …………………………… 216
木头脑壳 …………………………… 218
三斧子下去 ………………………… 219

唐宣宗李忱——接过侄子的班

咸鱼翻身得解放 …………………… 222
帝王女儿也愁嫁 …………………… 223

唐懿宗李漼——拿不起，放得下的花钱大王

带头消费扩大内需…………………… 228
只准骑驴不准骑马…………………… 230
烧钱只为信仰………………………… 231

唐僖宗李儇——"流芳千古"的玩家

擅长马球推广千古运动……………… 236
逃跑避难留下千古遗迹……………… 237
释放宫女成就千古佳话……………… 239

唐昭宗李晔——争来抢去的唐僧肉

大臣面试帝王………………………… 242
特批"五老榜"………………………… 243
自磨豆麦做"御膳"…………………… 243

隋朝

隋朝
Sui Chao<<

隋朝（581—618年）结束了自西晋末年起三百多年的分裂局面，使中国又一次形成大一统的王朝，将中国历史推进了一大步，为日后强盛的大唐帝国奠定了基础。

开国帝王杨坚即位后，总觉得自己上台太容易，担心人心不服，一直高度戒备。为了隋王朝的长治久安，他总结出前人的两条经验：一是节俭，二是大杀贪官污吏。这也是他为政的两大特色。杨坚恭谨勤政，轻徭薄赋，推行均田制，削弱豪强势力，重编户籍，增加税民，在国家财政收入上开源节流，使隋初的社会经济呈现出超过两汉的繁荣景象。政治上隋文帝改革官制，在中央建立三省六部，在地方简化行政机构，废除曹魏以来的九品中正制，开创科举，以考试取士，加强了中央集权，使隋王朝得以巩固、强盛。

而他的儿子隋炀帝杨广一夺到帝位，就显露出荒淫、奢侈、残虐的本性。他大兴土木，开挖运河，三征朝鲜，暴戾高压，三下江南游玩享乐，成为中国历史上著名的浪子、暴君，以致全国反隋武装烽火燎原，此伏彼起，杨广最后竟被本来是保卫自己的亲兵强行勒死，好端端的隋朝江山不到四十年就日落西山了。

隋文帝杨坚
——一个怕老婆的有为帝王

姓　　名：	杨坚
职　　称：	文帝
生　　卒：	541—604年，享年六十三岁
老　　爸：	北周中央军政主要领导人杨忠
老　　妈：	吕氏
最高职务：	隋朝第一任开国帝王
帝王工龄：	二十四年（581—604年）
最大政绩：	统一全国，巩固中央集权。
最大错误：	误立杨广为太子继承王位
荣誉称号：	文帝王
家庭出身：	达官贵族
本人成分：	高干子弟
接 班 人：	杨广
最 得 意：	创立新朝
最 遗 憾：	没找好接班人
最 愤 怒：	宠妃被儿子杨广戏辱
现在住址：	咸阳城西七十五公里处杨陵区五泉镇双庙坡村泰陵
个性签名：	好悔呀

隋文帝杨坚像

即位：黄袍加身第一人

时代点评

隋朝之前的几百年间，中国四分五裂，长期的战乱使经济、文化遭到严重破坏，国力比秦汉鼎盛时期大幅下降，华夏民族几近崩溃。杨坚所在时期的北周宣帝日夜享乐，苛政严律，大兴土木，弄得朝野怨恨，百姓遭殃，朝廷已近灭亡。

杨坚，本是名人之后——东汉大清官杨震的第十四代孙。他祖坟冒青烟、风水好，杨家从魏、晋到南北朝一直都是高干家庭，祖上巨有权。杨坚本人属于"根红苗壮"的那种，连续几朝的大户人家出身，使得他一直生活在高层社交圈，属有钱有势一拨儿的。杨坚的父亲杨忠是北朝西魏中央军的大将军，在建立北周过程中因战功卓著被提拔为柱国、大司空，后被封为随国公。杨坚同学自幼上的就是王公贵族子弟学校，受到重点培养、教育，自小表现出非凡素质，得到朝廷组织人事部门赏识。加上自身祖荫深厚，近水楼台先得月，少年得志的杨坚一进政坛就扶摇直上，连连升官。他十四岁进入国家机关，这么大的小孩，十五岁就提干被授予散骑常侍、车骑大将军、仪同三司，后又任功曹、骠骑大将军、开府仪同三司等职，真好耶，官帽一摞一摞的。杨坚十九岁从中央机关调到地方下放锻炼，被任命为湖北随州刺史，进位大将军。父亲杨忠死后，杨坚又继承父亲爵位成为地位更高的随国公，俨然是一国之中年轻有为的政治新星。北周宣帝时，杨坚祖坟上的烟冒得更厉害了，他摇身一变成了帝王的老丈人，并以此资格进一步晋升为上柱国、大司马，不仅成为朝中强有力的行政首脑、军事统帅，还是位极朝野的皇亲国戚，享有极高的名誉威望。

579年，周宣帝死后，帝王近臣

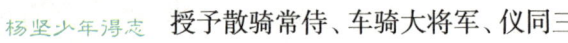
杨坚少年得志

与杨坚密谋让年仅八岁的皇子宇文阐（顺便说一句，宇文阐也是杨坚的半儿女婿）即位，史称周静帝，并由近臣代为起草诏书，宣召杨坚入宫辅政，任左大丞相。杨坚从此总揽北周军政大权，总督内外军事。当相州、郧州、益州几个地方总管内心不服起兵反抗时，杨坚仅四个多月就从容不迫地平定了三方之乱。在他的精心策划布置下，在龙椅上只坐了不到一年的周静帝便签发文件，宣布退位禅让，称自己老丈人杨坚众望所归，让他学舜代尧、曹丕代汉献帝的先例取代北周成为帝王。能在朝廷中当上一官半职的可以说都是聪明人，哪儿还有不明白的？于是百官联名劝进。这劝人当帝王只是一种形式，这种形式是有约定程序的，不能一劝就进，要有一个半推半就的过程。这也许是儒家思想的传统方式，当别人赠与自己东西的时候，不能在别人一拿出东西就高兴地说恭敬不如从命，而是要先相互礼让推辞一下，说一些"婉拒"之类的话。果然，杨坚"诚恳"地谦让婉拒了三次，还是通不过，最后，只能面带惭愧而且感动地说绝对不辜负周静帝的重托和百姓的信任，并表示坚决按照原有的治国之道进行管理，当然，这些所谓的治国之道也是他早已策划好的。终于，他"诚惶诚恐"地接受了天命，穿着平常官服从自己的相府入宫，在中国历史上首次换上黄色龙袍作为帝王职业装，从此他坐上了天子的宝座，号令天下，定国号为隋。

为什么定国号为隋呢？因为他是从继承父亲随国公爵位起家，进而自称"随"王，故初定自己的新王朝为"随"。后又感到"随"有走之旁，与走同义，不太吉利，恐江山不固、新政不稳，于是改"随"为隋，以长安为都。虽然夺取了自己女婿和女儿的天下，道义上似乎不那么光彩，但程序上一招一式都无不合法，正当着哩！毕竟老谋深算的杨坚未动一刀，兵不血刃，在历史上罕有地和平立朝开国。杨坚登基当天，长安城出现了八百年一次的祥瑞天象——庆云，仿佛上天也在庆祝大隋的成立。

在中国所有的帝王中，隋文帝第一个黄袍加身，制式恢复秦汉时期的服饰风格，将"日月、星辰"等纹饰绣镶到帝王的冕服上，从此，"肩挑日月，背负星辰"成为后世历代帝王冕服的基本形式。《读通鉴论》中记载："开皇元年，隋主服黄，定黄为上服之尊，建为永制。"唐朝特别规定黄袍为帝王专服，重申不许士庶服黄之令。自隋文帝身穿黄袍即位以后，中国历代帝王都穿黄色的绣龙长袍为正式的职业装，黄色也从此成为君权皇宫的基本色调。

治国：开创华夏第二春

杨坚即位后，首先对政治制度进行重大改革。为了分散过于垄断的丞相之权、加强集中统一的皇权，确立了五省六曹制。帝王设下了五省，分别为内史省、门下省、尚书省、秘书省和内侍省。秘书省主要掌管着隋朝的书籍历法；内侍省为宫廷的宦官机关，这两个省平时基本上不涉及国家的政务工作，实际上真正掌握权力的是内史、门下、尚书三省，三权分立，共担丞相的责任。尚书省下设吏、度支、礼、兵、都官、工六曹，分别掌管国家的人事任免、财税出纳、礼仪教育、军事防御、行政司法和工程建筑。后来度支曹改称户部；都官曹改称刑部；六曹也改称六部。名为五省六部制。每部设尚书为一把手。南北朝以来，郡县设置过滥，"民少官多，十羊九牧。"杨坚简化层级，将州、郡、县三级地方机构改为州、县二级制，裁撤中间的郡级机构五百多个，合并州县，精减了大量官员，节约了财政开支，提高了行政效率。隋文帝建立的这一整套官僚机构，一直沿袭至清朝。现在的中南海西南角六部口地名最早即来源于隋朝。

后世文人科举考中的捷报

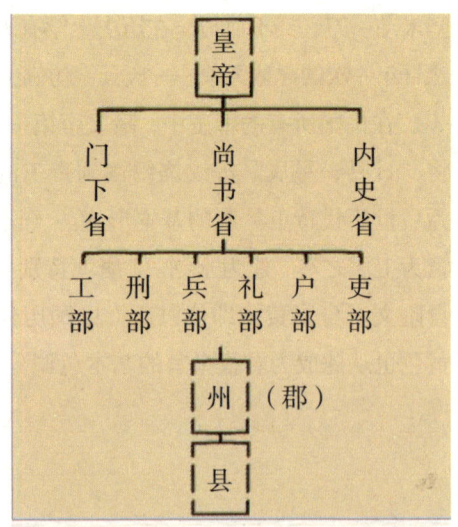
古代"三省六部"制示意图

杨坚关于机构改革的文件白纸黑字地规定，凡九品以上大臣一律由吏部任免，州县官员三年一换，一改地方官在当地自聘臣属的制度，而由外地人担任，这就牢牢控制了各级用人权，防止豪强独霸一方，加强了中央对地方的直接管辖。在人事上，他废除专从豪门士族中选官的九品中正制，开科取士，以考选官。隋朝开创的科举选官制度也是一直延续到清末，经历了一千三百多年。用以考取士的科举制代替九品中正制是隋朝的又一制度创新，学而优则仕的机制对于鼓励人们奋发读书起了根本性的作用。人事改革中，那些平庸无能的、软懒散贪的，统统靠边站，即使是曾帮助杨坚夺取帝位但无才的人，对不起，也给我卷铺盖下岗回家，你说破大天去也不行！至于那些思想不纯正的、不积极向朝廷靠拢的、不同中央保持一致的，不是开除公职，就是留头察看以观后效。他着力提拔的是有真才实学、爱民能干、政绩卓著的人才，对行善政之臣多给好脸色，该表扬的表扬，该奖励的奖励。他的政绩标准，不是在做帝王期间有没有兴修水利、有没有疏通道路、有多少税收，而是"奸吏"被打压下去多少，百姓富不富足。在法律上，则革除暴政，"恤狱缓刑"，大赦天下。同时"以轻代重化死为生"为总方针修订律法，废除前朝严刑峻法，如枭首、车裂、鞭刑等酷刑和八十一条死罪、一百五十条流罪、上千条徒杖酷刑以及灭族之刑等，减轻了刑律制裁非人道的残酷和野蛮性。他执法官严民宽，对各级官吏小罪重罚，对百姓宽仁，民众犯罪则平恕。杨坚认为百姓一年四季耕作劳苦，自食血汗，知法不多可以从宽。如此有区别地审慎处置犯人，有效地防止了冤案，在中国法制史上具有划时代的意义。

在经济上，杨坚为最广大农民减税减负，推行均田制，保障民生设义仓；在赋税、土地、法律、钱币、对外关系等方面，内修制度，外抚四夷，勤理政务。594年，关中饥荒。杨坚派人察看灾情，见百姓吃的都是豆粉拌糠，他就拿给群臣看，涕泪俱下地责备自己无德，命令取消御膳，不吃酒肉，并亲率饥民到洛阳就食。杨坚大力整顿金融制度，统一货币与度量衡，发行五铢钱。到这为止，俨然有点"以经济建设为中心、发展是第一要务"的意思了。

杨坚的另一大功，回归汉族正统的原生文明，延续华夏宗脉，拯救汉族文化。在以前几百年的战火中，汉文化典籍遗失大半，两千多座文明古城化为灰烬，两千多部文化卷宗惨遭焚毁，战国、秦汉时期的艺术看不到了，外来的宗教文化逐渐统治中国，异族的音乐舞蹈、佛教的雕塑绘画完全统治了中国，汉民族知识阶层日益消沉、疲惫、颓废、迷惘。583年，隋文帝下诏求书，献书一卷赏绢一匹。于是"民

现存的古代科举考试机构江南贡院

古代科举考场图

间异书,往往间出""一二年间,篇籍稍备",以至隋时的藏书量达到历代之最,一度达到三十七万卷七万七千多类典籍图书。当时的社会风气江河日下,人们精神面貌萎靡不振,"民不见德,唯争是闻"。于是杨坚大力加强精神文明道德建设,倡行优良社会风尚。他诏告天下:"建国重道,莫先于学,尊主庇民,莫先于礼……有礼则阴阳合德,无礼则禽兽其心。治国立身,非礼不可。朕受命于天,求风化之宜,戒奢崇俭……岂止知礼节,识廉耻,父慈子孝,兄恭弟顺者乎?"这分明是一个公民道德建设纲要。在他之后不久的唐朝人这样评价说:从这以后,各省地县都开始设置专门机构,由专人主持价值观、人生观、荣耻观的学习实践活动(《隋书》:"自是天下州县皆置博士习礼焉"),就差没有说杨坚的政策倍棒儿了!

隋朝五铢钱

统一：结束战乱三百年

汉朝灭亡后，中国经历了魏晋南北朝长达三百多年的分裂局面，中原陷入无休止的厮杀。其间虽有晋武帝司马炎曾统一全国，但相对于东汉末年到隋朝建立的漫长时间只是十分短暂的一瞬。几百年的割据分裂，使广大人民饱尝战乱之苦，真叫一个水深火热呀。

杨坚主政以后，立即结束五胡乱华的局面，着手统一中国。北周时突厥经常侵扰。杨坚一方面先后五次大规模修筑长城，以防突厥犯境，一方面采用长孙晟"远交而近攻，离强而合弱"的战略，和亲、拉拢、分化突厥，使突厥耗于内战，从而各个击破。开皇三年（583年），杨坚发重兵一举击败突厥，夺回了河套地区，把边界扩展到阴山以北，从此消除了北部边患。同时，他实行一系列富国强兵的政策。没几年，北方的生产有了很大发展，国库收入迅速增长，国力渐强，人民生活安定。587年，杨坚又派兵进驻湖北江陵，

有杨坚头像的晚清铸币

隋长城遗址

繁盛中的动荡 历代帝王 隋唐篇

隋军攻占江南图

陈叔宝被隋军活捉

灭了西南的后梁。从此北方朝政稳了，百姓富了，兵马强了。

杨坚有了资本，就开始算计物丰人美的江南了。他对大臣们说："爱卿们，陈国国君陈叔宝荒淫无道，百姓日子没法过了。本王早就料到他陈叔宝是这般德行，我作为一国国君，难道就因为一条像衣带一样狭窄的长江阻隔，就不去解放那里受剥削、受压迫的劳苦大众吗？如果要去解放，该如何出兵解放江南百姓呢？"大臣高颎说："我们在他们的收获季节，扬言出兵，他们一定就会放弃农时，屯兵防守；但等他们做好了准备，我们却不出兵。这样几次，他们便不会相信。而等他们不做准备的时候，我们却突然真的出兵渡江，这样便可打他们个措手不及。"这个姓高的对"狼来了"的故事真是吃透了精神实质，竟能活学活用到国家大事上来。杨坚对高颎的计策极为欣赏，一面放风要打陈国，同时派了不少渡江侦察员骚扰江南，一面派大臣赶造战船，做好渡江的准备。588年，杨坚下令攻陈，并让人列举了陈叔宝的二十条罪行，张贴在各个地方让大家声讨，以博取广大百姓的民心，争取广大百姓的支持和拥护。589年正月，隋军乘陈不备，突然渡江，五十万水陆大军兵分八路,很快就逼近陈国都城建康(今南京)。这时陈国的最高领导陈后主还顾自混迹于脂粉堆里,没精力理会边境军情的汇报。他倚仗着长江天堑,不把隋军放在眼里,说:"有长江挡着,隋军还能长翅膀飞过来不成?这肯定是军队谎报敌情,想要骗取奖赏罢了。从前北齐三次攻打,都失败了;北周两次入侵,也都碰了壁。今天,小小杨坚还能成多大气候?"他想不到隋军很快就包围了建康城,冲进皇宫。仍在花天酒地的陈叔宝,吓得连忙拉着两位嫔妃,跳入枯井躲藏,最后被隋朝士兵发现活捉,文武百官也全部做了俘虏,被抓起来送去劳动改造,成为死亡候选人。至此,秦皇汉武之后的几百年南北分裂格局,终于又统一在了杨坚手中。此时的杨坚调侃着匍匐在自己脚下的陈后主,心中充满了快意……

在中国历史上,第一波高潮自然是秦汉盛世,而由隋文帝开创的第二波为期几百年的隋唐盛世达到了繁荣富强的最高峰。

后宫:独孤氏一门三皇后

杨坚高坐在金銮宝殿上,全然一副盛世明君的风采,唯有后宫是他的依靠,是他的骄傲,也是他的痛处。皇后独孤伽罗的父亲独孤信——杨坚的老丈人,是大权独揽的鲜卑大贵族、柱国大将军,不仅雄才大略,而且眼光独到,看人绝了。他把大女儿嫁给后来成为北周明帝的宇文毓,荣升为独孤家族的第一个皇后;四女儿嫁给唐高祖李渊的父亲,后被追封为"贞元皇后";七女儿独孤伽罗十四岁时,独孤信见杨坚相貌奇伟,宽大额头上长有五根肉柱,掌心有个王字手纹(你想象一下,这等尊容放在现在,是人看到都要躲开。但自古都是成者为王败者寇,杨坚成功了,他的相貌就叫作"奇表"),

隋唐城遗址植物园滴翠湖

独孤信一门出了三皇后

隋文帝与皇后独孤氏

在杨坚还没出人头地时就预感到这个长相奇特的小子前途无量,并毅然把伽罗嫁给了他。杨坚即位之后,独孤伽罗封为文献皇后,母仪天下,成为人人敬重的贤能皇后(这独孤氏三姐妹皇后可以堪比20世纪中国最显耀的同胞组合——宋氏三姐妹);独孤皇后与杨坚的大女儿杨丽华早在隋朝建立前就被立为北周的太子宇文赟的妃子,太子登基成为周宣帝后自然转正为皇后。说起来,还是女儿当皇后在前,母亲当皇后在后。独孤氏家族一门三皇后,历经北周、隋、唐三朝,史所罕见。

独孤皇后虽然贵戚之盛无人能比,大姐为周明帝皇后,长女为周宣帝皇后,自己是隋朝开国帝王之皇后,却谦卑自守,柔顺恭孝,很受隋文帝宠爱。独孤皇后专喜读书,识古达今。她很有政治才能。与隋文帝议论国家大事往往不谋而合,史称她与隋文帝为"二圣",比武则天和唐高宗"二圣"之称更早。丈夫治政稍有不妥,她就忠心苦劝。独孤皇后公私分明,表弟大都督崔长仁触犯国法,犯罪当斩,隋文帝看在皇后情面有意赦免。然而独孤氏说这事涉及国家刑法大事,怎能为了她一个人的情面而不执行国家刑律。这么丁点儿大个小孩就如此无法无天,若要留,他以后还不上房揭瓦、欺君灭祖啊?文帝闻听此言深为感动,遂将独孤皇后的表弟处死。皇后异母兄弟独孤陀因酒后滋事逞凶残害百姓，被独孤皇后指责，故而怀恨在心，常以猫鬼诅咒皇后，按律当斩。皇后气得三天没有进食，但最后还是请求文帝赦免其罪。皇后说："如果独孤陀蠹政害民，妾不敢为其说情。但如今独孤陀是因为诅咒我而犯罪，所以我敢请求赦免他。"于是独孤陀被免死。

独孤皇后平日生活俭朴，不好华丽，宫廷内衣物多是破了再补，直到不能用为止。在国际进出口贸易中，有一次突厥人向幽州总管劝卖一箱价值八百万的上品明珠，幽州总管怂恿独孤皇后买下。她婉言谢绝说："明珠不是我现在急需的。目前边关不宁，经常受到威胁，戎狄屡次侵犯，边防将士征战疲劳，劳苦功高，不如将这八百万分赏有功之士，岂不比我独自一人享用更有意义？"这话一传出，整个朝廷文武百官个个欢呼，都说有此国母是大隋之福。

独孤皇后虽然样样都好，但嫉妒心太强，是历史上罕见的醋坛子。独孤伽罗十四岁嫁给杨坚时，杨坚的父亲杨忠是个骠骑大将军，但比起显赫的独孤家族来说，还是矮上一头，所以独孤伽

杨坚皇后独孤氏

孤独皇后不容儿子另找小蜜

罗算是下嫁于杨坚。据说，结婚当日，独孤伽罗就与杨坚约定：你可以在外面风流，我睁一只眼闭一只眼也就算了，但是你绝不能和其他女人生孩子，否则，别怪我不客气！事实确也如此，包括隋朝继承人杨广在内的七个子女，无一例外都是杨坚与独孤氏的子女。结婚时杨坚还没当帝王，遵守诺言还不难，后来登基为帝，独孤皇后仍然对他看得很紧，文帝上朝她与杨坚同辇而进，退朝又一起回宫，寸步不离，不让他有机会接近别的嫔妃。因此，几乎形同摆设，所有的宫女都慑于皇后的妒火，不敢亲近皇上。历代帝王都是粉黛三千，春光无限，唯独隋文帝目睹万千秀色，不敢染指，独宠老妻，不幸她人。他对妃嫔们纵有千般爱意、万缕柔情，也只能深藏内心，完全属于那种即使有贼心也没有贼胆的人。这在男尊女卑皇权至上的封建王朝中的确是中国历史上最为别致的一道风景。杨坚也曾喜欢过一个宫妃尉迟氏，趁独孤皇后病了没与他上朝同行之机，在仁寿宫放胆与尉迟氏有了奸情。春风一度之事，不料被独孤皇后察觉，竟然趁杨坚上朝时在后宫将这个女的处死，毫不犹豫地把情敌消灭了。偶尔一次纵欲，竟牵连宫妃命丧黄泉。杨坚为此大怒，他奋力争取帝王拥有嫔妃的权利，却又不敢当面发作，无可奈何，就一个人骑马跑到郊外深山二十多里不归。在大臣们百般劝导下，杨坚才放弃出走的念头悻悻回宫，一路叹道："我贵为天子，却没有一点儿个人自由。"大臣们都知道隋文帝怕老婆，妻管严，再加上杨坚的几个儿子都已成年且手握重兵，谁也不敢支持皇上充实后宫。

独孤皇后不但容不得杨坚宠爱嫔妃，也见不得朝中大臣私纳小妾，只要发现哪个大臣拈花惹草、让小妾怀孕生子，她必定力劝文帝撤大臣的职。有一个杨坚十分倚重的亲信近臣高某，是个倒霉蛋，私纳小妾并且生了一个儿子，独孤皇后知道后就天天说他的坏话，一直到隋文帝罢免了高某的官职为止。大儿子杨勇，就是因乱搞男女关系而被母亲独孤皇后劝告杨坚废了他的太子身份，失去了候补帝王的资格。

这对夫妻是帝王夫妇中罕见的一对，男方虽也曾有不轨之心，但毕竟遵守了一夫一妻的承诺。

吏治：杖打十下须报批

隋文帝杨坚对属下比较关爱，在人事管理工作中基本上是坚持以人为本的方针。但有一次，竟因一封关于如何善待下属的公函中表述不够精当，造成某一基层干部受到更多打击的冤屈。

上文中那个力劝独孤皇后买下突厥人上品明珠的幽州总管燕荣，是一个性情残忍暴虐的酷吏，动不动就动手鞭打身边的工作人员，并且往往要打上千下才肯罢手。有一次他看到路边长出的一丛丛荆条，觉得用来打人真是再好不过了，就命人折取一枝，当场就拉来一个部下试打。那个被打的倒霉蛋说自己一没偷，二没抢，三没收贿赂，四没打架，无错无罪，为何要打？燕荣说："等以后你有罪的时候再免你受杖打不迟。今天先试试。"不久这人果然犯了过失，燕荣仍要鞭打他，他便说："上次被打，您曾答应以后有罪就宽恕我的，可别赖账啊。"燕荣说："无罪尚且要打，何况有罪！"于是此人又挨了燕荣一顿毒打。

有一年，观州长史元弘嗣要调到燕荣辖下的幽州去做长史官。元弘嗣对燕荣的"仁政"早有耳闻，怕受到燕荣的鞭挞侮辱，坚决推辞不干。史部长官在一次宴会中对元弘嗣动之以情，晓之以理，让他到祖国最需要的地方为国效力。最后元弘嗣被说服，放下心理包袱从容赴任了。

说服归说服，人事政策应该一视同仁，不能欺骗老实人，地方官吏岂能动不动就打部下？所以人事部门把问题反映给帝王杨坚，隋文帝杨坚就专门写了一封信给燕荣，说："爱卿，元弘嗣以后凡犯错需打十杖以上的，都必须上报给我批准。"杨坚这信的本意，是提示燕荣不要随意打人。但他实在太糊涂，在

杖打部属又不违反杨坚政策

吏部见缝插针，利用酒宴做大臣思想工作

阎立本绘《历代帝王图》局部

文中居然写出这种留空子给人钻的话，说什么打十杖以上，必须向中央报告，那打十仗以下，燕荣岂不是可以为所欲为？燕荣接到来信打开一看，气愤地说："元弘嗣这小子怎敢到皇上那儿去告我！"于是派元弘嗣监管收储粮食，风吹走一糠一秕，他都要责罚元弘嗣，但每次杖打都不满十下，一天要打好几次。好家伙，上有政策，下有对策，燕荣真是块钻政策空子的料，善于打擦边球。可怜元弘嗣受尽皮肉之苦，多挨了不少冤枉棍子，却哑巴吃黄连，有苦说不出。真冤呢！这苦上哪儿说去？！当然，恶有恶报，隋文帝杨坚不久就为此事赐死了燕荣。

隋炀帝杨广
——一气玩完老爸江山的享乐劳模

姓　　名：	杨广
职　　称：	炀帝
生　　卒：	569—618年，享年五十岁
老　　爸：	隋文帝杨坚
老　　妈：	独孤氏
最高职务：	隋朝第二任也是最后一任帝王
帝王工龄：	十三年（605—618年）
最大政绩：	统一大业立有军功；在父王基础上创建完成了科举制度。
最大罪错：	太多了，不知从哪儿说起。
荣誉称号：	功过参半的暴君
家庭出身：	鲜卑贵族
本人成分：	高干子弟
接班人：	杨侑
最得意：	亲身体验了如意车的精巧
最遗憾：	还没快活够
最愤怒：	老百姓反我倒也罢了，可那些吃我、喝我、用我的嫡系怎么也反起我来了。
现在住址：	江苏扬州西北七公里邗江县槐泗乡隋炀帝东路雷塘，称不上陵，只能算一堆土疙瘩。里面没有金银珠宝，却不知埋没了多少"才情"、多少荒淫、多少暴戾。
个性签名：	想我一生风流

隋炀帝杨广像

文武小帅哥

文武少帅杨广

杨广嫌秘书缺乏文采，常亲自起草文件

都说杨广是个暴君。其实，杨广并不是一开始就十恶不赦。相反，他早期曾经是个风华正茂奋发有为的青年。杨广十三岁被封为武卫大将军，十八岁任淮南道行台尚书令。开皇八年（589年），年仅二十岁的他就被授予元帅军衔，统领五十一万大军攻打南陈，捉拿据说是犯了反人类罪的陈后主，统一了全国。当年的"英俊少帅"杨广，在陈国领军查封府库，秋毫无犯，百姓都称赞他贤明。我们既不应"一俊遮百丑"，也不应"一丑掩百俊"而把大小屎盆子都朝他头上扣。历史上早期的杨广，本是一个文武双全的绝对帅哥，英俊美貌，或许是中国历代帝王中的第一美男子。他从小聪明伶俐、是杨坚所有儿子中最出类拔萃的一个，深受杨坚与独孤皇后钟爱。

虽然杨广灭陈时实际上仅仅是在隋军占领南京后去陈朝宫殿参观游览、缅怀留念一番，但这灭陈统一的大功可是要记在他头上绝对不容抹杀的。南陈平定后，杨广就留在南京"工作学习"了几年，也算是为江南的繁荣稳定做出了一定的贡献。不久，杨广晋升为太尉，相当于三军总司令。之后，杨广又领兵平定江南高智慧等人的聚众叛乱，征讨侵犯边境的突厥。可见，杨广统兵有方，很会打仗。

杨广又是个小有才情的知识分子。《隋书》说杨广"好学,善属文……"具有文学天赋,擅长作文写诗,手下代写的东西,他总嫌缺少文采,常自己动笔修改,当上帝王后也经常亲自草拟公文。他的名篇《饮马长城窟行》"肃肃秋风起,悠悠行万里。万里何所行,横漠筑长城……"被后人认为"颇有魏武之风"。毛泽东曾评价说隋炀帝是一个会做文章、会写诗词的人。历史上隋炀帝确实写过很多诗词文章,结集成《隋炀帝集》。后世曾有人写诗感慨隋炀帝与王安石的文才,其诗曰:"隋炀不幸为天子,安石可怜作相公。若使二人穷到老,一为名士一文雄。"杨广的文采,

树木掩映中的隋塔

由此可见一斑。不过也怪杨坚太张狂,自己诗写得好也就算了,却容不得别人比他写得还好,只要碰到诗比他写得还好的大臣,一定要找借口杀掉。当时有不少文臣因为才华横溢,稀里糊涂做了屈死鬼。

形象工程

虽说杨广早期还算个好同志,但后来却放松了"思想改造",身处高位却不像他的父亲那样洁身自爱,在荣华富贵中迷失了自我,结果越来越堕落。

杨广在一奶同胞弟兄五人中是老二,法定接班当帝王的太子本是他的哥哥杨勇。但杨广为灭陈统一大业南征北战,上报政绩那是相当的显著,由此得到父王的重视和嘉许。加上杨广善于作秀,巧于伪装,以俭朴勤勉掩盖他享乐好淫的花花公子本性,表面工作做得天衣无缝,所以合法继承王位的指数大大提高。相比之下,倒是当太子的大哥杨勇大大咧咧,毫不顾忌自己的政治形象。父王杨坚崇尚节俭,没脑子的杨勇却偏偏喜欢奢华,一辈子走吃喝玩乐、骄奢淫逸的纨绔子弟路线,又大张旗鼓得意洋洋地接受百官朝贺,过于张扬而刺激了父王。尤其是沉迷女色,他不爱自己的正房夫人——一个民间女子,他的第一个儿子就是同云氏在宫外生的。这些都让

父王杨坚十分不满,特别是触犯了独孤皇后的大忌,最恨男人私养小妾的母后独孤氏对大儿子从此极不待见。实际上杨广背地里也私养了很多小妾,有哪个姬妾生了小孩,就杀死埋在后院。每次见父母时只和正房夫人萧氏同行,在人前装出一副与老婆海誓山盟、夫妻恩爱的肉麻样。父王痛恨奢华浪费,他就装出一副三月不知肉味的样儿。每当父王母后来自己府第时,杨广忙不迭地收拾起正在演奏的丝竹乐器,故意找一把断了弦又灰暗的琴摆在一眼就能看到的地方,把浓装艳抹的侍女们统统赶进里屋,找来几个又老又丑的婆子站在门边,自己则同萧妃穿着粗布衣服一起出门迎接。杨坚同皇后进到杨广屋里,见门庭冷落,毫无笙歌琴瑟之声,也没见珍宝玩器,里里外外只有几个黄脸婆侍候左右,简朴的桌上是一堆堆的书籍,以为杨广好读书不好声色,十分欣慰。有一次,杨广外出,正逢大雨,侍从给他送上油布雨衣,他拒绝道:"兵士们都在大雨中淋着,我一人岂能穿上独自避雨呢?"杨广的马屁功夫也很到家,皇上派人到两个儿子处,大哥杨勇只把来客当仆人看待,杨广则待如上宾,以礼相待。由此可见,杨广对公共关系学十分精通,拍马屁水平极高。杨广拉拢父王最信任的重臣杨素,让他提议由自己取代大哥当太子。皇天不负苦心人,在杨素的积极操作下,600年,隋文帝下令废太子杨勇为庶人,改立杨广为太子,杨广在大隋王朝的领导人排序终于一步提到了第二把手。

杨广不只个人做秀,还打肿脸充胖子对外包装国家形象。当上帝王后,为了显示隋朝的富足和强盛,他像招商引资一样想方设法让那些高鼻梁、深眼眶的西域人来华入朝,令沿途郡县耗费巨资迎送,公款吃喝招待,摆出一副有朋自远方来的架势。610年,西域各国使者和商人齐集洛阳。杨广命令从正月十五夜开始,在皇城端门外大街上设置盛大的百戏场,为西域人演奏百戏。奏乐人多至一万八千人,几十里外都能听到乐声,灯火通明如同白昼,直演奏到正月底结束。西域人到洛阳东市做交易,杨广命令本市居民突击搞卫生,美化市容

杨广奉迎父母假装俭朴,似乎从不娱乐好色

市貌，挂上标语横幅，墙上刷上口号，穿上华丽的衣服，连地摊上的卖菜人也得用龙须席铺地（可惜那时还没有漂亮的塑料布，也没有条纹编织袋）。西域人经过小饭店门前，店主必须邀请他们入座吃饱喝足，不收分文，还说我朝富饶，酒水饭菜一律免费。市内树木也都用丝帛缠绕装饰，以示美化。有西域人问："你们隋朝也有赤身露体的穷人，为什么不用这些丝帛给他们做衣服穿，却白白用来缠树？"市人无言以对。就这样，杨广老爸辛辛苦苦积累起来的大量财政收入和民力物力都被杨广花光用尽。而无止境的徭役兵役，

杨广让全国百姓都死要面子活受罪

又使千千万万的农民离开家园，大量田地荒芜，百姓没法活了，只得吃树皮树叶，杨广真是死要面子活受罪。

爱江山更爱美人的国君

杨广为了当帝王，故意装出一副不近声色的样子，实际却是一个集荒淫与暴虐于一身的帝王。他居然把老爸杨坚的东、西二宫张妃和殷妃封为自己的东、西二宫；赐死大哥杨勇后，把嫂子萧美娘封为正宫娘娘，杨广所作所为真是令人神共愤！

还在他老爹隋文帝卧病未死的时候，杨广就一边计划着谋权篡位，一边对父皇的宠妃宣华夫人虎视眈眈。一次，宣华夫人入房更衣，杨广跟踪闯进来，见到自己朝思暮想的美人如此绝色，恣意妄为上前搂抱。宣华夫人挣脱以后到皇宫向杨坚哭诉，文帝见她衣服散开，头发松乱，不禁大怒，"这个无耻之徒！"无奈此时他已重病在床，还没来得及处理杨广，就一命呜呼了。文帝刚死，杨广就派人送来一对漂亮的同心结给宣华夫人。这摆明了是要把庶母占为己有。宣华夫人觉得太离谱了，天底下哪有同侍父子二人的道理？没想到杨坚还未发丧，杨广就迫不及待地侮辱了

杨广的庶母宣华夫人

宣华夫人，自此对她比父王还要宠爱。宣华夫人实在不愿以身侍奉父子二人，终日郁郁寡欢，仅一年多就暴毙而亡，终年二十九岁。

宣华夫人死后，杨广广招美女，专门在洛阳西郊修建一座西苑，金屋藏娇。其中十六个别院，每院二十个美女，指定一个最喜欢的为主管。晚上，杨广经常带着几千宫女，吹奏着乐曲，到西苑游览、夜宴。除了西苑，杨广还在长安至扬州一路设置离宫别墅，安置大量佳丽，外出途中无论走到哪里都有美女相陪。就连坐船也要年轻貌美的少女脱掉衣服给他拉纤，以便坐在龙舟上也不耽误看美女。在扬州，他花光国库的银子建了一座专供玩乐的离宫"迷楼"，逶迤曲折，奇巧幽密。

杨广不仅喜欢美女，而且对所选的侍女也是高标准、严要求，一般的女色他也是看不上眼的。他有一个非常怪异的癖好，就是特别喜欢年龄小的女子，他觉得年龄越小，女孩就越纯真。

隋炀帝下令全国进献年轻美貌的女子进宫服侍，仅在西苑、迷楼就圈养了

隋炀帝广招童女满足自己的怪异癖好

数千名非常年少的女子。这些少女因为年龄尚小，不谙世事，而且从本质上会有抵触心理，杨广因此非常不满。这时，当时身为大夫的何稠不知道从哪儿学来的旁门左道，投杨广所好，为杨广献上一个奇怪"宝车"，专门是让隋炀帝使用的，车上装有机关，一动机关，车就自行运动。这甚得隋炀帝欢心。何稠因此得到高升并被赐予千金。后来，又有炼丹术士进献一批药物，让杨广对此更加乐此不疲。

杨广的嫔妃实在太多，嫔妃几年都见不到隋炀帝一面。后宫有一个侯夫人，美艳无比，关在宫中日思夜想，但一直见不到杨广，后来伤心过度，一时想不开上吊

自杀了，留下一首无限幽怨的遗诗。有人呈给杨广，他看了非常伤感，立即前往探看侯夫人的尸体，见她死后仍然艳若桃花，肠子都悔青了，当即严叱主管内臣为何没选中此女值勤，责令他为侯夫人陪葬。可怜这个专门负责调度帝王女人的倒霉鬼，竟死于这样让人耻笑的缘由。

隋炀帝一生嗜色成迷，就连做梦都在与陈后主陈叔宝比谁的老婆漂亮。他喜新不厌旧，从不说老婆是别人的好，梦中比美只是说："春兰秋菊，各一时之秀也。"当年灭陈盘点战利品时，有两个倾国倾城的美女、名著天下的张丽华和孔贵嫔，身为军管会主任的杨广准备留下自用，但独孤皇后下了必杀令，要前敌指挥官高颎和李渊二人仿效周太公蒙面斩妲己，除掉那两个祸水红颜，防其再秽隋朝。当李渊看到张、孔二女的时候，顿时打了一个激灵。那两个女人实在太惑人，天生的媚骨，只是那梨花带雨现出无尽楚楚可怜之态，便足以让男人们为之抛头颅洒热血了。所以，李渊跳了起来，状若疯癫般地呼呵侍卫们即刻斩了张、孔二人。要不然，他自己也可能把持不住，不能自持，杨广更不知要演出多少疯戏。

杨广在脂粉堆、温柔乡里寻欢作乐

后宫尽是侍幸女

麻胡子来了

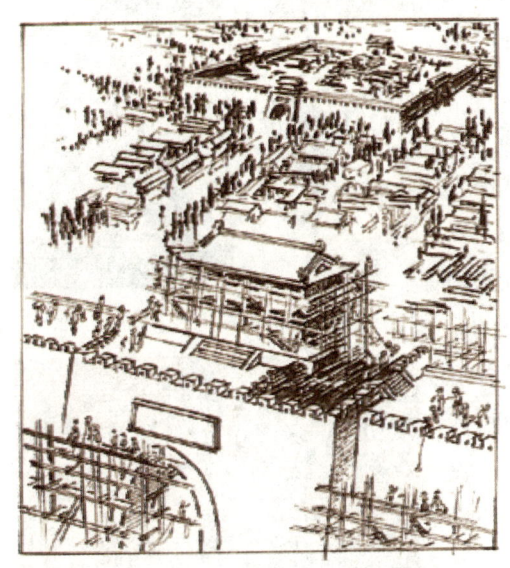

隋炀帝大兴土木建宫筑城

假如杨广就这么舒舒服服、安安稳稳而又无所作为地生活下去，那么对自己对国家显然都是一个烧八辈子高香都求之不得的选择。不幸的是他不甘平庸，在游山玩水、好大喜功折腾人上太雄心壮志了，以致弄出许多让人目瞪口呆的动静来。隋炀帝一会儿东巡扬州，一会儿西访青海，还三次发兵讨伐看不顺眼的高丽，导致士兵死伤无数。杨广一上台，就准备多快好费地建设封建主义的新隋朝。一时间隋朝上下成了巨大的建设工地，一派"热火朝天的大生产"景象。仅隋炀帝亲自主持的主要工程就

杨广游乐江南

有洛阳西南规模宏大的显仁宫（所用的木料在江西砍伐，一根大木料需要两千人搬运），洛阳西郊方圆两百多里的皇家花园，开通连接洛阳到长安的壕沟，筑长城千余里，修驰道几千里，新建大兴城。尤其是开凿五千里京航大运河，更让人民不得安宁，劳民伤财。

人们吓唬小孩时总说"鬼来了""大灰狼来了""警察来了"，但在江淮一带吓唬小孩时却说"麻胡子来了"！原来杨广即位后，有人拍马屁建议趁初春时节下江南游玩看美景。当年攻打陈国后曾长驻南京，使杨广饱览了江南秀色，使见惯北方风物的他大为惊叹。杨广一听此言立即采纳，但是随行带着众多的妃嫔，一路车马劳顿，实在不方便从陆地上走。于是他想出一个主意，开挖一条贯穿南北的大运河，以便舟船往返。为了尽快修成运河，专派大臣恶吏麻叔谋主管开凿工程，此人横征暴敛，凶狠暴虐，满脸胡子，尤其是爱吃人肉，特别是柔嫩的小童。从此扬州一带人民视之为魔头，每当小孩哭闹，大人就会说"麻胡子来了"！为修运河，隋炀帝征调一百多万民工，历时六年，共用上亿名人工，百姓平均每户每年要出二十名人工，许多家庭被弄得倾家荡产，不少民工累死河中。有一段河道挖得浅了，麻叔谋竟将相关官吏和民工五万多人捆住手脚，活埋在岸边！

当时所修运河北起今河北省涿县，南到苏杭，全长两千七百多公里。岸边每隔两个驿站设置一座供杨广休息的行宫。自洛阳到今江苏省扬州市江都，共设置四十多座行宫。杨广首次出行，正是春夏之交，烈日当空。杨广怕热，不愿站在甲板上观景。同行的萧皇后出主意在两岸种满垂丝杨柳。为了求快，杨广下令沿河百姓每种一棵柳树赏赐一匹布，多栽多得，一路按树分发。不出几日，沿岸已是密密的柳荫，袅风生凉，纤月泻影。他对众臣说："今朕游幸江都，全亏两岸柳树遮阳挡热，朕便御赐它随朕姓杨。"从此，中国的百姓就称柳树为杨柳了。

从605年起，杨广通过大运河三游江都，每次都乘着长二百尺、高四十五尺、上下四层的大龙舟。随行的嫔妃、王公大臣、僧尼道士分别乘坐上千艘华丽大船。前呼后拥、浩浩荡荡的船队在运河中航行，绵延两百多里，最前面的隋炀帝龙舟已出发五十多天，最后的船

隋炀帝出游的奢华场面

才刚离开洛阳。沿途仅拉船的纤夫就有八万多人,两岸还有骑兵护送,旌旗蔽日,热闹非凡。一到晚上,灯火通明,鼓乐喧天。杨广在船上纵情饮酒作乐,观赏两岸风景。沿途五百里以内的百姓,被迫奉献食品。珍贵美味的食品吃不完,开船时就挖一个坑埋掉。杨广骄奢淫逸,萧皇后曾作《述志赋》劝谏,可丈夫不像他老爹,是个不怕老婆的主,萧皇后从此对杨广听之任之。虽然杨广开凿大运河是为自己玩乐,但大运河在此后的近千年里却发挥着重要的南北沟通作用,无意插柳柳成荫。唐代诗人皮日休写诗说:"尽道隋亡为此河,至今千里赖通波。若无水殿龙舟事,与禹论功不较多。"

多好的脑袋啊

615年,杨广再次穷兵黩武,去北部边境视察,突厥几十万骑兵突然来袭,把他围困在今山西小代县一带。他堂堂一个大国的帝王却束手无策,只能抱着小儿子杨杲日夜啼哭。最后被逼无奈,乖乖接受了大臣苏威等人的建议,写下保证书发誓不再出兵攻打高丽,并宣示要以高额奖金重赏募兵,请求援军前来解困。各地县令纷纷应募,领兵赶来救援,才使他得以解围。但是,他回到洛阳后就推翻诺言,不但不给一分赏赐,还下令再次攻打高丽。当攻打高丽遭到又一次失败后,他还要再打,在全国"广募骁勇,扫地为兵"。老百姓不愿意去送命,纷纷造反,军阀们也趁机起兵割据,爆发之势根本就压不住了,终于在611年激起了农民大起义。但杨广却仍不收敛,依然奢侈残暴,特别是拒绝臣下的劝谏,听不进任何意见。他说:"我生性不喜欢别人劝谏。如果是达官,再想以进谏来求取声名,我更不能饶他们。如果是一般百姓,我还可以饶他们,但绝不让他们有出头之日。"好一副"谁让我不痛快一阵子,我就让他不痛快一辈子"的嘴脸!开国功臣高颎、贺若弼、宇文弼等重臣因埋怨炀帝的奢侈,被杨广加上诽谤朝政的罪名处死。616年,他不顾社稷安危,再次巡游江都。临出发时,小官崔民象上表谏阻,他就把崔民象杀了。走到汜水(今河南省荥阳县),小官王爱仁上表劝谏,他又杀死王爱仁,继续前行。到了梁都(今河南开封),有人拦路上书,说你如果定要去江都,天下就不再是你的了,他又杀死了上书人。最后,他来到江都。他到江都后,更加荒淫无度,在宫中建造了一百多座殿房,各居美女多人,每天轮流由一房作东,他带着后妃侍女一千多人前去饮酒,整天酒不离口,日夜昏醉。有宫人告诉萧皇后说外面有许多人都要谋反,萧皇后知道杨广听喜不听忧,劝也没用,只是说:"你自己去报告皇上吧。"杨广听了宫人的报告大怒而斩之。后来,又有人告诉萧皇后说,宫廷的禁卫们也要造反,萧皇后就说:"事已至此,无可救药。不用报告了,否则也只不过让皇上更烦恼而已。"

这个时候的隋朝,已是火山爆发、乱象丛生了。杨广预感末日临头,胆战心惊,晚上难以安眠,每夜都要几个宫女像哄孩子那样哄慰着、摇抚着才能入睡,即便睡着了,梦中又常惊呼有贼。一天夜里,大业殿起火,他以为是反隋农民军杀了进来,慌忙逃入西苑,藏在草丛中,直到大火熄灭才出来。他不愿听坏消息,但仍消除不了心头忧惧,自暴自弃地摆弄他那个脑袋对萧皇后说:"多好的脑袋啊,以后不知道会被谁拿了去!"眼见隋朝大部分地区已被起义军控制,杨广怕江都也不安全,准备迁到长江南面的丹阳(今江苏省南京市),命令民众给他修建宫室。杨广的禁卫军将士都是关中人,早已怨恨隋炀帝久居江都,现在见他还要南迁,愈加思念家乡亲人,不但不积极向组织靠拢,反而纷纷逃归故里,众叛亲离。

听喜不听忧的杨广

杨广的江都离宫

死于自己的裤腰带

大业十四年（618年）三月三日，隋朝将官宇文化及煽动士兵傍晚杀入宫中。杨广闻变，这才明白整个隋朝真的被他玩完了，当即仓皇改换服装，逃入西阁，叛将裴虔通、元礼、马文举从宫女口中得知隋炀帝所在，引兵赶到西阁，只见隋炀帝和萧皇后正并坐在一起哭泣。杨广责问叛将道："我犯了什么罪，你们要如此待我？"叛将们说："你穷兵黩武，穷奢极侈，荒淫无度，相信奸邪，拒绝忠言，使男子枉死战场，妇女儿童死于野外，百姓失去生计，天下大乱，你还说没有罪吗？"杨广说："我确实对不起百姓，至于你们，跟着我享尽了荣华富贵，我没有对不起你们，今天的事，是何人为首？"叛将说："天下人对你这个昏暴之君都恨之入骨，岂止是一个人带的头！"说完就上前拉杨广下阁。这时，叛官封德彝赶来传达宇文化及的命令说，"这种昏君，用不着带来见我，赶快结果了他。"萧皇后哀求说："皇上实在不贤，但看在以往对你们的恩情上，叫他让位，降为三公，留他一条活命吧！"叛将们不允，

杨广解下腰带要求换个死法

隋炀帝杨广墓

以裴虔通为首,提刀要杀杨广。杨广叫喊道:"你们别动手,让我喝毒酒自尽吧!"裴虔通不准,说毒酒不如刀锋省事。杨广哭着说:"我怎么也是一位天子,就让我留个全尸吧!"说完解下了自己的腰带,马文举接过腰带,和士兵们一起将他拥入内室勒死。事后,萧皇后叫宫女拆去床板做成棺材,装殓杨广的尸体。不久,宇文化及将杨广葬于江都宫西面的吴公台下。唐朝建立后,把他作为皇亲迁葬于雷塘旁边。由于后继无帝,算不上陵,毫无皇陵的规制和规模,只不过一坏普通的土堆,比寻常百姓的坟包多了几锹土而已。隋文帝杨坚当帝王之初曾经大杀北周宇文氏皇室血统

隋炀帝墓所在地名标志

的人,无奈命运捉弄人,他的五个儿子全都死于非命,而最后逼死杨广的也正是宇文氏的后人。杨广死了,自己连一声长叹也发不出来!历史就是这样转着圈地嘲弄人。

《谥法》上说:"好内远礼曰炀;去礼远众曰炀;逆天虐民曰炀。"当年杨广在阶下因陈后主病亡后,认为陈后主一生荒淫,就一本正经地给了他一个"炀"的恶谥,把他谥为陈炀帝。万没想到,最不讲荣耻的他死后,唐高祖李渊也毫不留情地追谥他为"隋炀帝"。

雷塘杨广墓远景

唉，原本年轻有为的杨广，登上皇位后放肆地穷奢极欲，荒淫无度，在一次又一次的游玩享乐中，耗干国库，失尽民心，那些讨人嫌的烂事儿都干尽了，最终玩丢了江山，落得一个亡国之君的千古骂名。雄才大略和好大喜功其实只有一线之隔，汉武帝刘彻灭了匈奴，虽然落了个国库空虚，可后人看了解气。而隋朝刚刚经营了两代，哪有多少家底供杨广折腾？他老爹忙活了半天，好不容易才建立一个横跨万里、威震天下的大隋朝，却在杨广的折腾下，不过十三年便走向灭亡。从秦皇汉武到唐宗宋祖，历史上有几个帝王不好色荒淫！但杨广偏偏把国家都玩没了，不抓你这个典型又去抓谁呢？

唐朝

唐朝

Tang Chao<<

令中华民族骄傲、世界各国赞羡的盛唐，作为华夏中世纪的黄金时代，靠笼络贵族集团打下了江山，巩固了天下，一直维持到唐高宗李治在位；武则天夺得朝廷政权到唐肃宗时期，真正的根基是中原的士人；安史之乱后，唐朝对地方将官的信任大不如前，各镇势力纷纷结党自保，割据图存，除了禁军和郭子仪这些肝胆相照的老将外，唐朝帝王在军中已无可以信任之人。在这种大环境下，从小与帝王一起游玩长大的宦官群体，自然而然地成了帝王的依靠力量，从而在政治舞台上屡屡出现保姆掌控东家的奇闻逸事。

大气、鲜艳、浮华的繁盛唐风，一直被视为泱泱中华的典范象征。唐高祖李渊在各朝"第一代领导核心"中才能不算是出类拔萃的，但比南朝那几个开国帝王却要强很多。唐朝二十多个帝王，有为者只有李世民、武则天、李隆基、李纯，人称三个半。太宗放到哪个朝代都是明君，武宗、宣宗尚可。和其他朝代一样，唐朝也是出色的帝王仅占一小部分，无能平庸的国君很多。穆、敬二宗时唐朝没有灭亡，是因为有武、宣二宗收拾残局，勉力死撑。晚唐的懿、僖二宗，可与东汉的桓、灵二帝媲"美"，都是直接导致李唐灭亡的帝王。

唐高祖李渊

——开国是自己的，名声是儿子的

姓　　名：	李渊
职　　称：	高祖
生　　卒：	566—635年，享年六十九岁
老　　爸：	唐仁公李昞
老　　妈：	独孤氏
最高职务：	李唐第一任开国帝王
帝王工龄：	九年（618—627年）
最大政绩：	把握时机开创了大唐帝业
最大错误：	未及早立定太子，导致玄武门事变。
荣誉称号：	太武帝王
家庭出身：	鲜卑血统，北朝和隋代达官贵族。
本人成分：	干部子弟
接 班 人：	李世民
最 得 意：	在几十人的竞箭比赛中一举夺得金牌，两箭就荣获比武招亲的窦氏的芳心。
最 遗 憾：	帝王还没当够
最 愤 怒：	玄武门事变中连丧二子
现在住址：	生在山西，埋在陕西。住宅小区位于三原县徐木乡永合村献陵。
个性签名：	儿子名气再大，也得认我是第一代领导核心。

唐高祖李渊像

两朝老亲戚

北朝的西魏有个大将军叫独孤信,和他同样身居高位的职场同事还有宇文泰、杨忠和李虎等人。这些将军之间儿女联姻形成的错综复杂关系网不亚于《红楼梦》中四大家族。独孤信将自己三个女儿分别嫁给上述三人的儿子。其中,宇文泰的大儿子宇文毓得以接任弟弟宇文觉灭掉西魏建立的北周王朝王位,号周明帝,他的夫人就是孤独信的女儿。迎娶独孤信另一个女儿的杨忠之子,则在蛰伏二十年后,也终于废掉北周并建立大隋王朝后统一中国,他就是赫赫有名的隋文帝杨坚。独孤信的这两个女儿,都为娘家和婆家增添了皇亲国戚的帝王之气。不过,独孤信嫁给李虎之子李昞的那个女儿,并没有很快为李虎家族带来吉祥好运,没多久李虎之子李昞就先于李虎夭亡。但这并没有阻碍李家皇运龙脉的发旺。就在李昞去世四十五年后,他的儿子李渊最终替父跑完帝王接力赛的最后一棒,灭掉隋朝建立大唐帝国。

皇宫内苑

让我们把关系拉得再近一点,创立唐朝的开国领袖李渊,母亲就是前朝大隋第一个帝王隋文帝的老婆——独孤皇后的嫡亲姐姐。也就是说,李渊是隋文帝杨坚的外甥,杨坚是他的姨夫。因此李渊与隋朝第二任也是最后一任国君——隋炀帝杨广两人是嫡亲的姨表兄弟。同时,李渊自己的老丈母娘——原配夫人窦皇后的母亲又是北

李渊就是在这当了几年土帝王——楼烦郡太守(今山西静乐境内)

唐高祖 李渊

周宣帝的姑姑襄阳长公主，而隋文帝杨坚则是周宣帝的国丈。怎么样？这七拐八弯给你绕昏头了没？别急，你慢慢顺藤摸瓜就知道这不是巴结权贵攀高枝了。由于这两层正儿八经的亲戚关系，李渊七岁就被授予唐国公称号，长大后更是受到隋炀帝杨广的重用，一直做着隋朝的高官。要不是因为这层说得清、道得明的皇亲国戚关系，要不是因为这个祖荫深厚的高干子弟身份，李渊怎么有能力推翻隋炀帝的统治！

> **时代点评**
>
> 隋炀帝杨广的暴政，导致各地农民纷纷起义，反隋武装此伏彼起，凡有眼光、有胆魄能凝聚人心的各路英雄，都揭竿而起，振臂一呼，应者云集。大唐在隋末暴戾昏暗的乱世中一声雄起。

隋炀帝上台后，李渊的官职一路升迁，先后被委任为荥阳（今河南郑州）、楼烦（今山西静乐）这两个郡的太守，级别相当于今天的行署专员之类吧。不久，又调任殿内少监、卫尉少卿。虽然是平调，毕竟是进了国家最高层的皇宫内苑，又是在机密性很强的核心岗位管事。615年，李渊被进一步提拔为山西河东慰抚大使、太原留守。在这里任地方官可是一个肥差，这倒不是因为像今天这样开煤矿开大发了，而是因为太原是一个军事重镇，不仅兵源充沛，交通方便，而且粮饷丰厚，军粮可供十年之用。李渊就是以此为根据地起家开始他反隋大业的。

李唐皇室虽自称源自老子一脉，是陇西老牌贵族之家，但史家多不认同，认为其先世不过是普通庶族，了不起最多只算一个中产阶层。只是因为与隋炀帝的亲戚关系，用人唯亲使得他既有在朝廷中枢的人脉关系，又有在地方管理的工作经验，才有了起事举兵、反隋立唐的政治、军事和经济资源。否则，他在祖坟上烧的香再多也没用！

李渊起兵的根据地——太原古城

两箭得佳妻

李渊之妻窦氏原是北周武王的外孙女,自小深得周武王喜爱,一直让她生活在宫中。当隋文帝杨坚取代北周自立为隋朝帝王时,才十多岁的窦氏恨恨地说:"我恨自己不是男子,无法为舅舅家扫除祸患。"吓得父亲赶紧捂住她的嘴:"不要胡说!这是灭门之罪!"这样一个传奇而慧敏骄傲的女子当然要为自己择一个相匹配的夫君。父亲也认为自己的女儿不是等闲之辈,在选择女婿时策划了一个方案:让人在门屏上画了两只孔雀,给前来求婚的人每人两支箭,让他们射孔雀两眼,窦氏姑娘则藏在帷幕后面看竞标人中有无自己中意的郎君。凡是两箭各射中一只孔雀眼睛又被窦氏看中的,就招为女婿。应招的几十人也不知哪柱香没有烧到,竟然一箭都没有射中。自信有足够把握的少年们一个个举起他们的弓,射出他们的箭,却一一射飞。最后,所有人都承认,那屏上的孔雀双眼绝不比高高翱翔在云中的巨雕更好射。雀屏安然置放在窦府门口的第三天也是最后一天,人们都已确信这天下再不会有人能将窦氏娶为妻子了,并以此教育他们的女儿们说:"说到底,女子无才便是德,太聪明能干的女人反而是没有好福气的。"当美丽的天边夕阳映红了府门上的孔雀时,天缘巧合李渊偶然路过这里。虽然对这位窦家小姐闻名已久,虽然对传奇的美丽女子他一向十分渴求,但对窦家小姐例外。因为窦家小姐对他所最为崇拜拥护的姨夫杨坚不那么尊敬。一切对杨坚不够尊敬和忠诚的人,都是他李渊所排斥的人,窦家小姐正在其中。然而,他听到了人们对窦家小姐招不到女婿的幸灾乐祸,具有仁侠情性的李公子一向怜香惜玉,以护花为天职。于是,自然而然,他停下脚步向那道门和门上的雀屏看了一眼。他的眼对上了雀屏的双眼。一刹那,那双眼睛活了起来,他看到了其中无尽的情怀和心意。

骑射对李渊来说是小菜一碟

胸中有一个叫心的地方狠狠地疼了一下。前面的人都射完了，轮到李渊这个灰头土脸的小子，只见他接过递来的弓，望着那孔雀的双眼，拉弓放箭。只听"嗖嗖"两声，两箭全中！在人们无比的诧异里，孔雀的双眼被他一次弯弓同时射出的两箭射穿。接着，他的眼立即对上了另一双眼，那流露出与雀屏双眼同样情怀和心意的眼，属于窦家小姐的眼。窦府的大门顿时打开，她对他浅浅的一礼，面若芙蓉淡染胭脂，秋水明眸柔情深……父亲欢喜不已，当即宣布把女儿许配给李渊，藏在幕后的窦氏更是喜欢李渊的风流倜傥，一段良缘一拍即合。令人称奇的是窦氏的书法竟也和李渊的很相似，写出的字一般人都难以辨认到底是谁写的。真是不是一家人，不写一笔字啊。从此，在人们的艳羡与传扬中，一个叫作'雀屏中选'的故事一直流传至今。

李渊雀屏中选图

窦氏的聪明超出了一般人。当年隋炀帝看到李渊的脸上皱纹多，便戏称李渊是"阿婆"，李渊很不高兴，回家后窦氏问清原因，马上贺喜道："这是吉兆啊，你继承的是唐国公，'唐'便是'堂'，'阿婆面'就是指'堂主'啊！"窦氏指的是李渊将来要做帝王，取代隋炀帝。窦氏为李渊先后生下了四子一女，老大李建成，老二李世民，老三李元霸，老四李元吉。由于她死得早，最初葬于寿安陵，李渊死后太宗李世民把她改葬于献陵，尊为太穆皇后。

两女美人计

其实，李渊一开始倒没有动反隋立唐的念头。他虽然的确曾希望参与中原逐鹿，闹个乱世英雄的名号，但真正完全取代老姨家江山还真没好好想过，那样风险太大，天下有大把的英雄都在觊觎这个帝王的位置，自己能否成功也没有多少把握。即使有些准备，那也只是悄悄地"干活"。后来之所以公开起兵，直接因素却是由于两个宫妃，他中了儿子李世民为他设下的美人计。当时，隋末造反战火燎原，一二百支反隋武装风生水起。李渊家老二李世民早有起事之心，又怕父亲碍于亲戚面子不

唐代士兵

李渊起兵

同意，心想此事若跟父亲商量铁定得黄，就私下与父亲的两个部属、也是自己心腹的晋阳令刘文静和隋炀帝杨广在太原别墅的管理中心主任（行宫宫监）裴寂密谋。裴寂平时与李世民情同手足，两人关系很铁。裴寂假借公务，在晋阳行宫宴请李渊。一番吆三喝四、你来我往之后，李渊喝得晕头转向。正在此时，门外进来两个绝色美女，争着向李渊敬酒。不一会儿，李渊酩酊大醉，身不由己地任由她俩搀扶进房，稀里糊涂地与两个美女上了床。第二天早晨，李渊酒醒后才知道昨夜陪他的美女是隋炀帝的贴身服务员——晋阳行宫的宫女。地处偏远的太原留守李渊作为一个地方官，竟与帝王的女人"亲密接触"，让暴君杨广戴绿帽子，是非杀不可的欺君之罪。他顿时吓得魂飞天外；急忙起身哆嗦着下床。两个美人也哭着说："现在各地都已乱成这样，皇上远在长安，自顾不暇，妾等已无人可依，愿托身于君，得到你的保护。"此时正好裴寂进来，李渊就一把抓住他厉声责问："你为何要这样害我？"裴寂笑答："不是我害你，而是你早有谋反之心，趁陛下不在行宫，居然跑进宫中坐龙椅、睡龙床、还淫污皇上嫔妃，这是欺君之罪。主上失德，全国已乱成一锅粥，局面不可收拾。如果你举义起事，不但可免杀身之祸，还可得到百姓拥戴，进而坐拥江山。"接着把李世民和他们一起准备起兵反隋的计划和盘托出。李渊回到住处以后，思来想去，深知隋炀帝猜忌嗜杀，政局动乱，难于自保，隋朝已经咸鱼难翻身了。经过宫妃和裴寂一诱一逼，李渊终于下定决心举旗造反，另立朝纲。正是他稀里糊涂侵淫了表哥杨广的妃子，才一步步成为一代开国帝王。然而这两个妃子后来又成为他老李家大儿子李建成的宫妃。玄武门事变中李建成被射杀后，

洛阳隋唐遗址

李世民又把其中的杨氏收入宫中，作为自己的宠妃。这已是后话了。中国古代历称汉经学、晋清谈、唐乌龟、宋鼻涕、清邋遢，唐乌龟说的就是后宫妃嫔屡屡红杏出墙，让几代帝王戴绿帽子。

617年七月，李渊毅然率军三万誓师，从山西太原出发，打出晋字号军旗，正式宣布讨伐西征。李渊与大隋杨家虽是至密血亲，但在无人不眼红的皇位面前，父子都会刀枪相见，何况什么表亲。在发布的革命檄文里，他斥责自己的表兄杨广听信谗言，杀害忠良，穷兵黩武，致使民怨沸腾，"豺狼充于道路"，因此，要废掉昏君隋炀帝。李渊起兵后，很快进取关中，十一月攻占长安，在关中站稳了脚跟。为了面子上说得过去，李渊先立隋炀帝杨广的孙子代王侑为天子（恭帝），改元义宁，遥尊隋炀帝为太上皇。次年（618）五月，隋炀帝被叛军勒死之后，李渊便立马学他的姨夫杨坚，让杨侑禅让，甩开了隋恭帝，自己称帝建立唐朝，冠冕"唐"皇。不久就一一消灭了各地割据武装，统一了全国，开创了唐朝近三百年的帝王基业。具有讽刺意义的是，大唐这样一个泱泱帝国，竟然起因于儿子对父亲使的一个美人计。

两李与一李

李渊于太原起兵不久，就迅速攻占了长安，俘获了隋朝地方小官马邑郡（今山西朔县东）丞李靖。马邑郡丞，也就是马邑郡的第二号首长，算起来是李渊的低级同僚。李靖是一个很不简单的人物，他作为高干子弟，在十五岁时就当上了长安县功曹，相当于现在的县人事局局长。二十岁时，出任汲县令，年纪轻轻的就混上了个正处级，

李靖

后来又当过安阳和三原的县令，每次绩效考核都是优秀（考绩连最）。李靖在隋朝当官可以说是平步青云，十分顺利。到了唐朝后，起初是非常不顺的，而且差点惹来杀身之祸，但是后来化险为夷，也渐渐地走向了人生的另一个高峰。为什么这么坎坷呢？原因是李靖发现了李渊要谋反，于是想找隋炀帝告发。但当他千辛万苦地从马邑到了长安之后，才发现杨广不在长安而去了南方的江都。由于天下大乱，到江都的路被众多的割据势力隔断了，于是夙有奇谋的李靖自己把自己关入囚车，希望通过司法系统将自己送到江都。哪知道，还没等他离开，李渊就已经占领了长安。其实李靖这时告不告李渊谋反都不重要了，因为天下人都知道李渊已经起兵了。

当得知老下属李靖就在长安时，李渊下令把他带到自己面前来，问道："你犯了什么罪？为什么会被关在长安的监狱里？"面对长安城的实际统治者，李靖坚持"诚信为本"的原则，如实回答道："我并没犯罪，只是想去江都告发你谋反。"什么？要去告我谋反？！你就到阎王爷那儿告去吧！李渊当即命手下把李靖推出去砍了。李靖满腹经纶，壮志未酬，临刑时大声疾呼："公起义兵，本为天下除暴乱，不欲就大事，而以私怨斩壮士乎！"对李靖才干早有敬慕、比李渊更重人才的李世民，闻听李

李渊提拔李靖

靖如此呼唤，立即向父王求情，恳请放了李靖。李渊勉强答应留下人头，以观后效，叫作留头察看。李渊犹豫的是李靖与己同姓，民间早已有李代隋杨之说，但不知是"大李、老李和小李"中的哪个李，不杀李靖就等于自己父子多了一个竞争对手。不过，李渊此忧很快就随着李靖杰出忠诚的军功表现而渐渐释然了。

在鬼门关转了一圈的李靖很快就被召入李世民麾下，连张登记表都没填就录用

入册，从此在李世民手下干活儿。吃了定心丸的李靖功力倍增，于武德四年（621年）向朝廷献上了平定萧铣的十策。这十策的具体内容我们不得而知，但从李渊任命李靖为行军总管兼李孝恭的行军长史来看，李渊是按照李靖的十策来做的。给老板提建议可不是一件轻松的活儿，既要有想象力，又要有执行力。因为老板在听到下属建议之后，百分之九十以上都是这样一句话："很好，你去落实吧！"在他看来，既然你能想出来，你就对这件事最了解，那么，这件事你不做谁做？如果你不幸不具备后一种能力，那么我建议你什么建议也别提，就在老板的英明领导下老实干活儿算了。

但李靖不同，他才干卓绝，既能提出宏观决策，又能付诸实施。年逾四十还只是一名副厅级干部的李靖从此有了用武之地，高速向宰相的位置挺进。更为重要的是，这让李靖有机会留下了著名的《唐李问对》，要不然，恐怕中华民族的军事宝典《武经七书》就要改名《武经六书》了。此后，李靖以军功连连升官，最终成为唐朝杰出的军事家、战略家和民族英雄。

两难定太子

坐稳江山的唐高祖李渊时常对儿子们说，从来没有无功而帝者，要求儿子们不能只知道吃喝玩乐，要历经苦难、栉风沐雨、不知懈怠，才可以成就一番伟业。李渊的几个儿子都很出色，要说接班，每个人都具备当帝王的条件。李建成、李世民、李元霸、李元吉都非常勤勉能干，很早就能够参政领军、独当一面了，属于特别有才的一拨儿。可惜那时没有网络，也不知有"博"，否则这弟兄……可惜啊！

但是，按照宗法制和历朝通例，李渊开国后应该封长子李建成为太子，作为将来的合法接班人。事实上他也是这样做的。但是，在创业过程中，李世民

李渊父子出征雕塑

以其领袖般的人格魅力、拥有一班能征善战、谋略过人的部下，文有房玄龄、杜如晦等，号称十八学士；武有尉迟敬德、秦叔宝、程咬金等著名勇将。这班人向心力很强，紧密团结在李世民周围，大大提升了李世民与太子李建成争夺帝位的能力。李世民本来就胸怀远大，在平定各地武装割据势力时表现出杰出的才能。因此，唐高祖

李渊和他的儿子们

为究竟选谁作第二梯队人选大伤脑筋，为此搔掉了不少头发！明知李建成势力不如李世民，还不得不维持国家权力的交接惯例。据说，李渊在攻城略地急需用人的关键时刻曾以太子之位许诺过李世民，但天下平定后却立长子李建成为太子，在建立唐王朝过程中屡立战功的李世民只被封为秦王。李建成因此对李世民很不放心，遂联合弟弟李元吉排挤他，拉拢李渊宠爱的妃子在李渊面前说李世民的坏话，使父王疏远李世民。

在李渊看来，两个儿子都有才干，作为继承人来讲是没有什么不放心的，李建成是嫡亲的长子，李世民是他的倚仗，很难取舍。但是作为皇权继承人，又只能选其中一个。李渊在这个问题上没有及早处理好——既确定李建成为太子，又不断培植李世民的政治势力，甚至宣示"谁打下江山谁当太子"，以激发李世民打天下的主动性和积极性。这种反复摇摆、优柔寡断的做法使两个兄弟的胃口都被吊得高涨起来，以致最终发展到势同水火、你死我活的地步，酿成了手足相残的玄武门之变。

两月即让贤

玄武门事变后两天，李渊就改立李世民为太子；两个月后，才坐了九年皇位、帝王瘾还没有过够的李渊，深知朝廷局势已为老二李世民控制，迫不得已，只好批示"主动让贤"退位，宣布由太子秦王承继大唐帝业，正式传位给李世民，自己则做"太上皇"去了。太上皇这种称号起源于秦朝，秦王嬴政做帝王之后，便尊自己的父亲庄襄王为太上皇。"太上"就是再没有更高的了，秦始皇想要抬举父亲，于是用了"太上皇"这个称呼。唐高祖逊位之后，无论在事实上或名义上，都变成了

唐高祖 李渊

真正的退隐帝王，只偶尔出席宫廷礼仪，尝够了失落孤寂之感。李世民在即位后第三年把李渊迁出太极宫，送到宫城西边不太宽敞的太安宫。宫中多年无人居住，破败荒凉的庭院里都是杂草，只有几个老太监来伺候，每天吃的只有残羹冷炙。632年（贞观六年），监察御史马周上疏陈诉：年迈的唐高祖住在宫城西部狭窄的太安宫内，虽然离唐太宗之宫只有咫尺之遥，但唐太宗已经好久没有去看望这位老父亲了。太上皇年岁大了，需要儿子经常照看。李世民听后不置可否，并没有立即答应。同年，李世民又去九成宫消暑，没带父亲一起去。马周又进一步批评说，唐太宗去夏宫避暑，唐高祖却被留在长安受大热天的煎熬。李世民仍没有理睬，顾自去了九成宫，把父亲李渊丢在酷热难耐的城内。李渊晚年凄凉，好在二儿媳——李世民的长孙皇后尊老爱幼、知书达礼、

唐高祖李渊画像

李渊当上太上皇后住的太安宫遗址

贤淑温柔、正直善良，对年老赋闲的太上皇李渊十分恭敬而细心侍奉，每日早晚必去太安宫请安，时时提醒太上皇身旁的宫女怎样调节他的生活起居，像一个普通家庭的儿媳那样力尽孝道。

也许是唐太宗觉得自己对父亲确实照顾不够，所作所为有点过了，所以有一次就让老爸又体验了一回当年的风光场面，着实热闹了一通。那是贞观七年（633年）冬，李世民在未央宫举行盛大宴会，邀李渊上座，十分恭敬。李渊高兴之际，令在座的突厥颉利可汗跳舞，又令南蛮酋长唱歌，李世民还亲自手捧酒杯，敬送到李渊面前，说现在胡越一家，四夷征服，都是您老人家教诲的结果。一顶顶高帽子捧得李渊满心欢喜，宫殿内一片歌功颂德之声。李渊总算又过了一回帝王瘾，从此也就心满意足，踏踏实实地过自己的二线生活去了。后来，唐太宗李世民邀请唐高祖和他一起去避暑时，唐高祖也谢绝了。李世民于是在宫城的东北面建造大明宫，作为父亲的避暑离宫，但没福的李渊没来得及住进去就一病不起，在度过九年冷清的闲散失意生活后，于635年阴历五月死于太安宫。

李渊的永久定居地——陕西三原县徐木乡永合村献陵

唐太宗李世民
——常受气的盖世威王

姓　　名：	李世民
职　　称：	太宗
生　　卒：	599—649年，享年五十二岁
老　　爸：	高祖李渊
老　　妈：	太穆顺圣皇后窦氏
最高职务：	李唐第二任帝王
帝王工龄：	二十三年（627—649年）
最大政绩：	统一中华，促进民族融合，开创了贞观之治。
最大错误：	发动玄武门兵变
荣誉称号：	文帝王
家庭出身：	行伍出身
本人成分：	在部队锻炼成长的将帅级高级指挥员
接 班 人：	李治
最 得 意：	帝王排行榜名列前茅，数俺老李最有名。
最 遗 憾：	没能长寿
最 愤 怒：	魏征老刺儿头总爱挑刺
现在住址：	陕西礼泉东北昭陵
个性签名：	皇皇天下，舍我其谁。

唐太宗李世民画像

受兄弟的气

中国人谁不知道唐太宗李世民？即使在世界历史进程里，李世民的名字也是赫赫有名的！信不信由你，就是这样一个威风八面的千古一帝，居然还会受气，而且是常受气！

按宗法制的规定，李渊称帝后立长子李建成为太子（法定接班人），而在建立唐王朝过程中，战功显赫、有智、有勇、有才、能干的老二李世民被封为秦王，自然要比太子低一头。李世民论素质没话说，性格也是做大事的那种，可偏偏不是他妈的头一胎，而自己的哥哥不管是带兵打仗，还是治国安邦都远不如自己。大哥李建成一直在首都长安，没上前线，长期在老爹身边，究竟做出了什么业绩无人知晓，似乎也不像他的名字那样有什么建树。李建成知道二弟内心不平衡、受委屈。他作为名正言顺的皇位继承人，能不防着这个功高志远的二弟吗？由于对李世民极不放心，李建成就联合四弟李元吉排挤李世民，利用自己长期在宫内参与政务、与后妃熟悉的人脉关系，拉拢父王宠爱的妃子拼命向李渊吹枕边风，说李世民的坏话，使李渊逐渐疏远二儿子李世民。有一次，李世民随大哥李建成外出打猎，李建成将一匹常尥蹶子的劣马给二弟骑，结果李世民被摔下马背三次。李世民察觉李建成不怀好意，换了坐骑，才幸免于难。李世民对此一忍再忍，可李建成还不罢休。一天，李建成请二弟去东宫喝酒。谁知他在酒里下了毒，李世民喝了几口就腹痛呕吐。多亏陪席的叔叔、淮安王李神通救护及时，李世民才保住了性命。626年，突厥侵犯中原，李建成、李元吉兄弟二人提出要调用李世民手下的兵马，由李元吉统率出征突厥，

唐太子墓葬壁画

玄武门之变

趁机挖空李世民的秦王府军力，从而除掉秦王。才干非凡的李世民比哥哥更有王者之气，他能甘心被除吗？千钧一发、性命攸关之际，李世民向父王揭发了李建成和李元吉的阴谋，李渊决定次日召三人上殿查问个水落石出。李建成获知阴谋败露，决定同弟弟李元吉先入皇宫，逼李渊表态。殊不知，此时李世民已经带了一支人马埋伏在进宫必经之地的玄武门。

武德九年（626年）六月四日清晨，一切看起来都跟平常一样。李建成和李元吉汇合之后，骑马走近玄武门。快到玄武门的时候，李建成觉得不对劲，那个熟悉的城门值守不见了，其他人也很陌生。他立刻拨马回撤，但已来不及了，李

尉迟敬德从李元吉背后开弓发箭

世民一边高喊："站住，别走！"一边骑马赶了过来。李元吉首先摘下弓箭，但是他太紧张了，竟然拉不开弓，连发不中。李世民一箭射出，只听得一声弦响，箭头就穿过李建成的喉咙，旁边的人都听到太子喉骨的破裂声，李建成当场毙命。这一箭就定了乾坤，确定了未来皇位的主人。李世民眼睁睁地看着大哥一声不响地从马上翻落，再也没有动弹过，喉咙上还插着自己刚刚射出的那一箭，内心不是滋味，方寸已乱，竟然忘记了控制坐骑，马受了惊，跑到丛林里，他被挂到树上，马腿被藤枝绊住，人马都被困住不能动弹。更节外生枝的是，他受困的地点正好离李元吉很近。李元吉见状，立刻奔来，取了李世民的弓箭，准备用弓弦勒死李世民。千钧一发之际，李世民部下尉迟敬德一边大喊，一边飞马赶到。李元吉一看敌我悬殊，转身逃跑，尉迟敬德立即从他的背后开弓发箭。奇怪的是，尉迟敬德和李元吉都是最擅长使用长矛的人，但在最后决战关头，两人竟然都没长矛而只有弓箭。长箭带着风声，深深地穿进李元吉的身体，李元吉一头跌倒在地。尉迟敬德不愧是战场上的老手，又两刀下去，从容取下李元吉和李建成的人头。这时，李建成、李元吉的人马也赶到了，

开始攻打玄武门。这时,尉迟敬德把李建成和李元吉的人头高高举起,来攻城门的士兵知道首领已死,再打已没有任何意义,于是自动溃散。

唐高祖李渊在宫中本来是等着三个儿子前来当面质询查证,却听到外面乱成一锅粥。正不知怎么回事,尉迟敬德已手持长矛进来,向李渊禀报说李建成、李元吉阴谋作乱,已被秦王李世民杀了,秦王怕乱兵惊动皇上,特派他来护驾。李渊听了,大吃一惊。面对这样的形势,他也只好顺势应变,两天后即颁诏改立李世民为太子。

受大臣的气

李世民是个明君,善于用人,勇于纳谏,从善如流,采纳了许多大臣们提出的良言善策,但也因此受了不少臣属的气。

玄武门事变后,李世民已然万众归心,把原先太子李建成身边包括魏征在内的有才之士全都收归自己旗下。有人向李世民告发,魏征曾经宣扬李世民威胁论,劝说李建成杀掉李世民。李世民当即把魏征找来,问道:"你为什么要离间我们兄弟的感情?"魏征冷冷答道:"倘若太子当初肯听我的,你还能有今天?!"可以听出,魏征显然给李建成出了不少狠主意,虽然不一定就是致李世民于死地的,但肯定也不会让李世民好过到哪儿去!不料,李世民听了却哈哈大笑道:"你是公开在搞阴谋!左右赶紧把他给我抓起来送去劳动改造!"——别急,实际上没有,开玩笑的,要是真的抓了判了不就好了吗,李世民的帝王也就不用当得那么辛苦了。

事实是李世民听了魏征的话后一愣,心想:"这家伙还真是耿直不怕死啊!看他好歹也是一人才,留下自己用得了!"李世民不但没记仇,反而觉得魏征为人刚正,

李世民和他的侍臣们(敦煌壁画,贞观年间绘制)

唐太宗 李世民

有胆识，说话直率，就拟任为中央监察大臣，试用期先在门下省当个给事中考察一下，负责在办公厅审核把关文件。魏征看李世民如此大度，不计前嫌，便认定他是有为之君，也就从此死心踏地为李世民打工。

当时，由于连年战乱，兵源不足，宰相封德彝建议将不到参军年龄的十六岁少男选体格健壮者征兵入伍。唐太宗当即同意，令中书省起草诏令。但当这一红头文件草案送至门下省时，专门负责审核签批的魏征却拒不签字。唐太宗听罢大怒，立即召来魏征，声色俱厉地说："你是什么意思？这事是我已经同意的，究竟与你何干，竟这样固执？"魏征郑重答道："我听说竭泽而渔，就明年无鱼；焚林而猎，就明年无兽。如果将少男征发入军，那么这些人原来承担的租赋杂徭将何取给？并且兵不在多，关键在精。如果训练得法，人百其勇，何必凑数？"唐太宗听后，沉吟半晌，想想也有道理，于是此事也就作罢，但面子上总有点过不去。

魏征画像

人的肚量再大，也有个自尊心。魏征等大臣们时时进谏甚至动不动就责备皇上，也经常搞得皇上下不来台。每当唐太宗心情郁闷时，就想着法儿释放排解，出去旅旅游、打打猎，或者在家养养鸟，舒缓压抑的内心。有一次，他正在逗玩一只小鸟，魏征来了。唐太宗怕魏征又要数落自己荒嬉不恭、

瞧，老刺儿头魏征又在数落李世民了

疏于朝政，来不及把鸟藏起来，就顺手把它放在了袖口里。魏征也挺损，不说破，佯装不知，故意在那儿磨磨蹭蹭、慢慢悠悠地汇报工作。好不容易等到魏征走了，李世民掏出鸟来一看：啊！早死翘翘了！唐太宗知道魏征是故意捉弄自己，气得一夜没睡好，嘟嘟囔囔地一直骂这个老顽固，"我非杀了这个乡巴佬不可！"要不是长孙皇后巧妙地劝止住，那个"乡巴佬"可能真的人头落地了。要真杀了"乡巴佬"，李世民当帝王也不用当得那么受气那么辛苦了。

这个魏征真的是直言不讳，顶风而上，丝毫不顾及君王的颜面，经常和君王争

的面红耳赤。帝王家修建皇宫的事情他去谏言，帝王纳妃他也去管，李世民遇见他就像犯了错的学生遇到了老师一样。有一次，李世民本来打算要出去旅游，但看到魏征哭丧着脸往他跟前这么一杵，心里就犯怵，腻歪得什么兴致都没了，还没等魏征开口就赶紧说："行了行了，你什么都别说了，我不去了还不行吗！"不过，有时候李世民气急了，也会在后宫跳着脚大骂："这个死乡巴佬，总有一天我要杀了你！"但骂归骂，回头见了魏征，他还是和颜悦色满面堆笑地扮明君："哎呀，我的爱卿啊……"其实他后槽牙都恨得咬碎好几颗了。后来，魏征总算是病死了，李世民大大地松了一口气——我这个明君的名头守得好辛苦啊。他马上就露出了本来面目，连魏征的墓碑都给推倒了，想必当初真的是被那个乡巴佬给欺负狠了。不过，还不到一年的工夫，东征朝鲜的失败让李世民回头想想还是魏征的话对，又腆眉搭眼地把墓碑给重新安上了。由此可见，李世民这人其实还是不错的，作为集生杀大权于一身的一国之君，居然还懂得忠言逆耳的道理，心里也还有"百姓"两个字，除了科普知识差了点儿，大概也没有什么可挑的了。

李世民对大臣的批评指责虽然总的来说宽容忍让，但还是有"秋后算账"的。有个叫张玄素的人，是唐朝从三品的光禄大夫，也算是中央的高级干部了，曾几次让李世民脸上红一阵白一阵的。有一次，他因为与太子发生矛盾又得罪了李世民，被当众叫出来问话。李世民问："爱卿在隋朝的时候是什么官呀？"张玄素回答："县尉。"李世民继续问道："县尉之前官居何职呀？"张玄素回答："流外。"（注：官分九品，流外即不入品，撑死了是个不占编的临时聘用人员。）李世民继续阴阳怪气地问："那你现在做科员还是股长呀？"张玄素一下子明白了，今天皇上是特意来涮他的。谏议大夫褚遂良看皇上逼得有点过了，就对唐太宗说："玄素虽然出身寒微，但皇上重视他的才干而把他提为三品大员，怎么能够当着群臣的面，揭他的老底羞辱他呢？"李世民显然是要让张玄素明白，你这个三品大员是我给你的，以后别总跟我过不去。

另一个名臣萧瑀，也是官居三品，很忠

李世民："你别说了，朕听你的还不行吗？！"

唐太宗名臣萧瑀画像

诚，但性子太急，不大合群，同谁都搞不好关系，史书上说他"性狷介"，就是正直孤傲，看什么不顺眼了就要放大炮。一次，他竟然到李世民那里去告房玄龄："朋党不忠，执权胶固，您还不知道，他快要造反了！"搞得李世民哭笑不得，教训他说："房玄龄怎么会谋反呢？他可是朝廷第一重臣呀，你真是糊涂。"可萧瑀不管这些，照样当庭与李世民抬杠，多次闹得李世民下不来台。李世民虽说心里很不痛快，但知道他很忠直，就忍住了，心想以后有机会再收拾这个萧大炮。一次，萧瑀又抓住李世民小辫

唐太宗李世民画像

子不放，李世民故意不理他，却对另一个大臣张亮有一搭没一搭地说："爱卿，你这么虔诚事佛，怎么不出家呢？"萧瑀正在气头上，竟然没头没脑地说道："臣愿意出家！"李世民大喜，马上说道："朕知道你也好这一口，就不违背你的意愿了，批准你出家！"退朝后，李世民还没有高兴完，老萧就又进来了，说道："臣又考虑了一下，不能出家。"李世民说："你这个同志呀，是你当着众大臣的面，自愿要求出家的，怎么说话不算数！"这一下老萧知道是李世民故意整他，也闹起了情绪，从此经常借故不上朝。这样一来，李世民抓住他的小辫子，特意下了洋洋洒洒几百字的诏书，说他既答应出家，又出尔反尔，不守诺言，好一通批评，最后把他请出京城，让他到离京师两百多里的商州当刺史。你不是喜欢指手画脚吗？索性把你踢得远远的，眼不见，心不烦。赶跑这个老顽固后，唐太宗心里总算舒坦了，着实偷着乐了好一阵子。

受和尚的气

唐太宗李世民受兄弟的气、受臣下的气都还可以理解，说起来你真不信，他为了要一幅书法帖子，居然还受辩才和尚的气。

李世民在政治、军事上能力超群，上马能指挥千军万马，下马能兴国利民，更难能可贵的是，他还写得一手好字，书法造诣可与唐朝的虞世南、褚遂良等人比肩。所以他头上的三顶帽子——军事家、政治家、书法家，个个都是实至名归，正儿八经的全日制大学毕业文凭，不是成人自考或电大、夜大混的。他诗文书棋，无所不精，可谓一专多能，只可惜当时没有综艺节目，我估计就算有，也没人有胆请他来秀一下才艺。

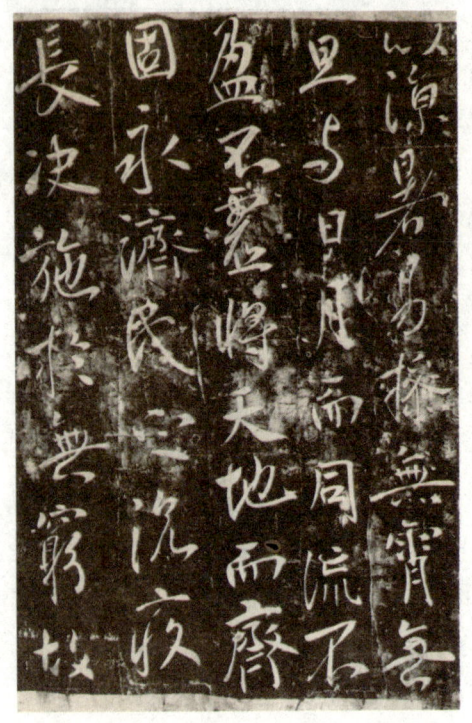

太宗书法

王羲之《兰亭集序》

他酷爱书法，尤其喜欢大书法家王羲之的字。登基后，他曾下诏征集天下名作，对王羲之的作品更是不遗余力，还亲自为王羲之写传。王体楷书当时还不算太出名，由于李世民的倾力炒作，王羲之一举被捧红为"书圣"。可惜九泉之下的王氏父子永远也无法感谢这个志愿者了。在李世民的号召下，宫中大臣对书法、善帖莫不趋之若鹜，特别是《兰亭集序》。此序是王羲之创作于东晋穆帝永和九年（353年）三月三日，记叙兰亭周围山水之美和亲友聚会的欢乐之情，抒发好景不长、生死无常的感慨的名作。全帖共二十八行，三百二十四字，章法、结构、笔法都很完美，是作者三十三岁时的得意之作。关于《兰亭集序》有个说法，当时王羲之写完之后，非常满意，接着又写了几篇，都达不到第一篇的境界。他于是感叹说："此神助耳，何吾能力致。"因此，他自己也十分珍惜，把《兰亭集序》作为传家之宝，一直传到他的第七代孙智永。智永少年出家，酷爱书法，死前将《兰亭集序》传给弟子辩才和尚。辩才和尚对书法也很有研究，知道《兰亭集序》的价值，将它视为珍宝，藏在自己卧室梁上特意凿好的一个洞内。李世民对书法几乎到了痴迷的地步，对《兰亭集序》这幅绝品更是做梦都想得到。好在他是帝王，通过各种渠道，终于打听到这幅书法珍品就在辩才和尚那里，便多次派人央求转让，并不断抬高价码，看来是志在必得。估计除了江山、老婆，他什么都答应了。估计凭自己一国之君的面子，量他一个出家人断然不会不给。可惜，

李世民派人向和尚"骗"取《兰亭集序》真迹

辩才和尚不仅是个和他一样的书法迷，还是个出了名的"钉子"，始终推说不知真迹下落，把太宗气得一连好多天吃不下饭，心想我堂堂一国之君，竟然连一幅字帖都要不来，真是欺人太甚！好在李世民是个注意领导形象的人，没有干出明抢的事来。不过，对于得到《兰亭集序》，他也是铁了心的。李世民明要不成就来暗的，忍气吞声琢磨如何智取。他派当时的总监察官萧翼脱下官服，换上青色的长衫，装扮成一个落魄的书生，搭船到了浙江永欣寺，与辩才攀关系，寻机取得《兰亭集序》。萧翼聪明绝顶，能书会画，嘴巴伶俐，诡计多端，与八十多岁的辩才和尚谈得十分投机。待和尚一时兴起忘乎所以、认为两人关系已"铁"得不能再铁之后，萧翼故意拿出几件王羲之的书法作品给辩才和尚鉴赏。和尚看后，不以为然地说："真倒是真的，但不是最好的，我有一本真迹倒不差。"萧翼追问是什么帖子，辩才神秘地告诉他是《兰亭集序》真迹。萧翼故作不信，说此帖已失踪，你别蒙我。和尚急了，立即派人爬上屋梁，取下一个卷轴给萧翼。萧翼展开仔细一看，这不就是皇上朝思暮想的《兰亭集序》真迹么？！当即不管三七二十一，将卷轴匆匆塞入袖中，同时向辩才和尚出示唐太宗讨要《兰亭集序》的官方文件——"诏书"，辩才此时方知上当，连骂李世民是个无赖。

受女儿的气

649年的冬天，负责治安的一个地方小吏在长安街上抓住一名小偷。这"治保主任"最近牌桌上手气不怎么好，本来只想搞点钱翻本。不曾想小偷那晚确实太背，连一瓶脂粉都没有偷到。"主任"不甘心，就去小偷家里搜。哇！发财了，一搜，搜到了一个宝贝——一只镶金饰银的女用豪华玉枕！经过严厉审讯，小偷招供，玉枕是从弘福寺内一个和尚的房间里偷出来的。于是，由此牵出一桩唐太宗最娇宠的高阳公主与和尚风流私通的惊天大案。

高阳公主是李世民的第十七女，骄恣无忌，风姿绰约，几乎所有人都宠着她。她下嫁名相房玄龄的少子房遗爱，从小厌学，只有一身蛮力。这在儒教风行的国度里，那等于不学无术。自视甚高的高阳公主对他当然看不上眼，从结婚那天起就开始和丈夫分房睡，房遗爱只担着个驸马的虚名。婚后不久的一天，高阳公主外出游猎，玩累了，便走进猎场附近的一处寺院歇息，在那里碰上仪表堂堂、才华横溢的辩机和尚。高阳公主一下子就被迷住了，于是设盛宴邀请辩机对酌。

辩机十五岁剃发出家，自小专攻学问，潜心钻研佛学理论，二十六岁就被选聘进入唐玄奘西游留学回国后奉唐太宗旨意设的洋文编译馆。在录取的九名译员中，辩机最年轻，才能过人，以渊博的学识、优雅流利的文采而深受唐玄奘器重，被指定撰写《大唐西域记》，记述玄奘游历西域和印度途中所经国家城邑的见闻。当时唐太宗怀着开拓疆域的大志，急切需要了解西域各地的情况，所以初与玄奘见面便郑重地嘱咐他将亲睹亲闻修成一传。玄奘见太宗如此重视，不敢怠慢，特选自己最倚重的辩机整理编撰。此书问世后，影响极大，备受中外学者的珍重。

唐代壁画 狩猎出行图图片

辩机和尚本来在荒凉破旧的寺院勤奋向学，但是在高阳公主一次外出打猎的途中，两人碰巧见了面。公主见辩机眉清目秀，温文尔雅，恰似自己喜欢的类型。而辩机和尚见公主美若天仙，不禁也动了他念，两人也算是一见钟情了。虽然，这是有夫之妇与犯女戒的僧人所做出的不可宽恕的偷情，但对高阳公主来说，是有生以来第一次恋爱，是使身心都变得生动、兴奋的青春之恋。正因是不可告人的恋情，对没有控制能力的青春男女来说，这种恋情实在是诱惑太大，难以抵挡。从此，高阳公主不顾自己高贵的身份，而辩机和尚也不管寺院的清规戒律，两人很快沉浸在了爱河之中。公主私下赠给辩机大量的玩饰、珍宝、财帛。空头驸马房遗爱早已发现高阳公主和辩机的事情，按照常理，他应该愤怒至极，上报皇上来处理二人，但是不知出于何种心理，一直为公主和辩机之事遮掩，甚至还常纵容辩机进入府中来找高阳公主。当然，房遗爱的所作所为也得到了他所想要的"回报"，高阳公主也暗中允许房遗爱可以再找自己喜欢的女孩子交往，而且还常在唐太宗面前为他说好话，这样，他们表面上的工作做得很足，这对奇异的小夫妻因此倒也相安无事。如此几年之后，辩机怕幽会偷情过于分神，影响学术研究，想抑制一下。高阳公主为了情人的学术和事业，也只好暂且收敛，把一对玉枕赠予辩机。没料想，这玉枕却成了奸情的凭证。

唐太宗李世民

案情报送至最高层，李世民怒发冲冠，气得脸都白了，想到高阳公主一而再、再而三地丢自己的脸面，便立刻下诏，将辩机和尚腰斩，这恐怕是除了凌迟外，世界上最凄惨的极刑了。刑场设在长安西市场的十字路口，那里有一棵古柳。围观的群众听说这一次能看到平生难得一见的腰斩极刑，而且罪人是三十岁左右的风流和尚，罪名又是和帝王家的公主有私情，就更撩拨起他们如过年般的兴奋情绪和猎奇心理，城里郊外的市民菜农蜂拥而来。只听辩机和尚在一下干脆利落的金属"咔嚓"声中，一声惨叫就断了气。

絮絮叨叨的老爸

唐太宗李世民对自己的儿子们从小就进行严格的思想教育，却像很多当今望子成龙的家长一样婆婆妈妈的。贞观十七年（643年）四月，唐太宗将第九个儿子、十五岁的晋王李治立为太子。老李为使小李尽快成熟起来，成为一个合格的储君，便把大量的心血倾注到对他的教育上。每逢上朝，就让他像跟屁虫一样"常令在侧，观决庶政，或令参议"，使李治开阔视野，得到实际的政治锻炼。在宫里的日常生活中，他老李也往往借题发挥。李治吃饭时，他就站在一边，指着饭食对李治说："耕种田地，

唐太宗李世民画像

春种秋获,都要经过辛勤劳动。你要知道稼穑的艰难,只有爱惜民力,不夺农时,才能常有饭吃。"李治骑马,他又说:"马能代人步行,节省体力,但只有使用得当,不尽其力,才可以常有马骑。"见他坐船,便说:"舟所以比人君,水所以比百姓,水能载舟,也能覆舟。你将来会成为君主,想想水与舟的关系,能不畏惧吗。"见李治在树荫下乘凉休息,他又不厌其烦地说:"这棵树的躯干虽然弯曲,但经木匠的绳子量过以后,就可以锯成笔直的木板。木以墨绳为准才能正直,君能接受劝谏才会圣明。做君主的虽然暂时还无经验,但只要善于接受谏言,就可以成为圣明天子。"一个盖世威王居然如此絮叨不休,什么样的老爸有如此啰唆!也不知李治和他的兄弟们烦不烦。

贞观二十二年(648年)正月,唐太宗还亲自撰写《领袖行为规范实用手册》(《帝范》)十二篇即《君体》《建亲》《求贤》《审官》《纳谏》《去谗》《诫盈》《崇俭》《赏罚》《务农》《阅武》《崇文》,全面总结自己,对李治循循善诱,要他明晰修身治国安危兴废的帝王之道。李世民谆谆告诫说:"你应当以古代的圣哲贤王为师,像朕这样,是绝对不能效法的。因为如果取法乎上,只能得其中;要是取法乎中,就只能得其下了。朕自从登极以来,所犯过失是很多的:锦绣珠玉不绝于前,宫室台榭屡有兴作,犬马鹰隼无远不致,行游四方供顿烦劳。所有这些,都是朕所犯的最大过失,千万不要把朕当作榜样去效法。"

他还教训其他几个儿子说:"父亲疼爱儿子,这是人之常情,不用教导,人人自知。做儿子的能够忠孝两全,这是最好不过的。如果不听教诲,不遵礼法,必然招致杀身之祸,父亲虽然心疼,也是无可奈何的。以前汉武帝死后,汉昭帝继位,燕王刘旦骄横跋扈,狂妄不服,霍光只下了一道诏书就让他身死国除。做臣子的要从这件事中吸取教训,小心谨慎,千万不要学刘

李世民写的天子行为规范实用手册《帝范》

旦的样子!"说起大道理来,这李世民还真不比教授们差。思想这东西,你要听,里面有真理;你要不听,一钱不值。你别说,李世民的这些龙子龙孙们还真的奉公守法,除了争夺帝位,很少有人胡作非为,个个都很争气。

死了老婆忘了爹

614年,李世民娶妻长孙氏,登基后将她封为长孙皇后,两人成为一对感情深厚的模范夫妇。唐太宗大治天下,盛极一时,除了依靠一大批谋臣武将外,与贤淑温良的妻子长孙皇后的辅佐也是分不开的。

长孙皇后是极具知性的贤慧女人,治理后宫井井有条。自己的端庄品性,无声地影响和感化了整个后宫,使唐太宗能不受后宫是非纠葛、烦琐杂务的干扰,专心致志料理军国大事,因此对她十分敬服。虽然长孙皇后出身显贵之家,自己又贵为皇后,但她一直节俭简朴,衣服用品不讲求豪奢华美,饮食宴庆从不铺张,带动了后宫的朴实风尚。对后宫的妃嫔,长孙皇后非常宽容和顺,她并不像前朝大醋坛子独孤皇后那样一心争得专宠,反而常规劝李世民要公平地对待每一位妃嫔,不要冷落了她们。正因如此,唐太宗的后宫很少出现争风吃醋之事,这在历代都是极罕见的。尽管皇后不争宠、不吃醋,唐太宗却并不因此而放纵自己好色淫乐,相反,他还放出三千宫女,令其再嫁,供民间的孤男鳏夫娶妻生子,恢复因连年战乱而锐减的社会人口。古代君王都是后宫佳丽三千,而能像李世民这样,放走三千佳丽,只宠爱皇后一人的君王,还能有谁?

长孙皇后中年得病,拖了两年时间,最终在贞观十年(636年)盛暑中崩逝于立政殿,年仅三十六岁。弥留之际,她尚殷殷嘱咐唐太宗善待贤臣,不要让外戚位居显要,并请求自己死后能够薄葬,一切从简。太宗帝王哀伤不已,并没有完全遵照长孙皇后的意思办理后事,他下令修筑了宏伟壮观的昭陵,没事时就经常举目远眺埋在那里的老婆。一个女人年纪轻轻就离世了,拥有三宫六院的夫君对她仍念念不忘,远远望着她的"住宅"期期艾艾,腾出心思,一味地追忆

长孙皇后画像

李世民定居地——陕西礼泉昭陵

往昔。像李世民这样的男人，就算放在今天，也是一个模范男人，是广大女性心仪的类型。有一次，李世民带着魏征等人一起观望，问魏征看见昭陵没。魏征不满意李世民只知想念妻子而不想念先帝，心里正不高兴，便故意说没看见。李世民又指给他看，魏征却说："臣以为陛下让我看献陵（献陵是李世民父皇李渊的陵墓）呢，原来是昭陵，昭陵臣早就看见了。"魏征是话中有话，绵里藏针，讽刺太宗不识泰山。

自长孙皇后死后，李世民没再立皇后，他们两人生的幼子晋王和幼女晋阳公主被太宗一直亲自带在身边。太宗死前留下遗嘱，要与皇后同葬一穴，这是中国历史上帝王与皇后合葬一穴的先例。

帝王也怕吃醋人

"吃醋"往往表示在男女关系上，有嫉妒之意，这是现今社会的释义。这一典故从刚开始的含义演变到现在，源于一段轶闻。

在李世民主政时期，房玄龄是颇受信任的宰相，协助帝王治国有功。但他有一个十分厉害的老婆，尽管她生不了小孩，却把丈夫管得死死的，别说接近其他女人，就是娶小老婆也不行。稍有非分之想，就会引来一阵河东狮吼："只要我还在，你就别想那好事！除非我死了！"唐太宗知道后，就想："朕的宰相官位这么高，竟然被老婆给拿捏住了。不行！朕今天非要教训她一顿不可。"但他转念又想，凡事要多听几方面的意见，看看对方的态度，否则魏征那老儿又要说我偏信则暗了。李世民在刚刚继位还不太会当帝王的时候曾经问过魏征："爱卿啊，你跟朕说说这为君之道到底怎么才算是明，怎么才算是暗呢？"魏征回答说："兼听则明，偏信则暗。"这话他一直牢记在心。今天，他就学以致用了。

太宗召来房夫人，在金殿上质问，这普天之下，男人们都有一颗爱美之心，对

唐太宗李世民

于美女,男人都会心动,普通老百姓这样,房爱卿也是这样啊!而房夫人却不管是不是帝王,只顾讲自己的理:"我们夫妻恩爱,情深意重。第三者插进来算怎么回事!"太宗说:"你这女人也太自私了。不!不能因为你的嫉妒就让朕的宰相绝了后!"房夫人道:"那皇上说怎么办?""怎么办?好办。你要想通了呢,就让房玄龄纳妾生孩子;你要是还坚持你的意见,就把这一壶毒酒喝下去!"房夫人一听,一把拿过酒壶说:"我们夫妻两人容不得他人,你让他纳妾留后,也不是没道理,但是我实在忍受不了,眼不见心不烦,喝了它,死了倒也清净!"说罢,端起壶就往下灌。其实,唐太宗开了个玩笑,酒壶里装的是醋。只见房夫人脖子一仰,咕咚咕咚一气喝了个精光。太宗一看傻了眼,只好对房玄龄说:"你就死了这条心吧,你夫人那么厉害,朕也惹不起。你就甭整那些花前月下的事了!"

李世民听房玄龄诉苦

从此以后,凡情敌之间的嫉妒、怨恨心理,人们都称之为"吃醋"。不过,当明知壶中不是醋而是毒酒时,如今还有几个能像房夫人那样不顾一切呢?

高鼻深目洋将军

李世民不仅能把自己的女儿远嫁吐蕃,还善于把异族的王子变成自己的战将。

隋末,中原柔弱,突厥彪悍。游牧民族突厥纵横北方草原,从朝鲜半岛一直打到东罗马帝国的边界。此时的李世民还腾不出手来,他正在替父亲李渊打江山。突厥王子阿史那杜尔,姓"阿史那",兄弟三人,轮流坐庄。617年,十一岁的阿史那杜尔成了部族首领,统治铁勒、回纥这些小民族。照说,天高可汗远,大可以走吃喝玩乐、骄奢淫逸的公子哥路线。可他"在位十年,无所课敛",甚至说出了"部落既丰,于我便足"的深刻道理。

杜尔的老爸和叔伯可顾不上他,趁着隋末大乱而忙着一件事:南下侵略。他们蹂躏中原,掠走上百万中原平民当奴隶,突厥大帐里传来了得意的狂笑。小杜尔皱皱眉头,跑上前去说不要再打仗了,长辈们没人理睬他。过了十年,叔叔颉利可汗要去打唐朝,顺手就把杜尔带上了。这一次,他跟随叔叔打到了长安城下。刚刚当

突厥王子杜尔

上帝王还不到二十天的李世民在形势危急之下,亲自出马,来到渭河边,与颉利可汗签下了"渭水之盟",也就是你退兵、我进贡的"两国友好"互不相犯条约。谁也不会相信这种陈词滥调。颉利不会,李世民更不会。他励精图治,心里记着仇。但是在清澈的渭水边,却有一个人被李世民仅率六骑对阵千军万马的无畏气势深深震撼,他就是杜尔。这也是阿史那杜尔第一次遇见李世民,他并没有觉得自己是站在胜利者的队伍中,相反,他的眼睛和渭水一样清澈。回到草原后,突厥就出了内乱。看透了这一切的阿史那杜尔离开家乡,带领部族来到了西域,把今天的大半个新疆都纳入了他的统治之下。他收拢了十几万精兵,尊号"都布可汗"。可这般胜景不过昙花一现。杜尔走得再远,王族的自相残杀还是不放过他。征战失败后,他被赶出西域,走投无路。杜尔一声叹息,眼睛失神地看着身后残留的部众。突然,渭水边的一幕闯入脑海,他的眼睛亮了——到中原去。贞观十年(636年),突厥王子阿史那杜尔率部归唐。他的部落被安置在甘肃灵州,他只身一人前往长安,把自己的命运拱手交给已经大胜突厥的李世民。

李世民的民族情怀一向奔放。突厥,是要打的,不打不足以安民;打完了,降将也是要厚待的,不厚待不足以安军。金银绸缎不用说了,就是出将入相也不算稀罕事。一时间,大唐朝廷上出现了"五品以上,半是外族"的凹眼突额的奇特景观。阿史那杜尔归唐较晚,若按先后论忠心,他连边也沾不上。但李世民格外器重他,给他委任了一个很高的军衔:左骁卫大将军,负责守卫皇宫北门——决定过李世民生死的玄武门。一年后,阿史那杜尔迎娶帝王的亲妹妹衡阳长公主,成为大唐驸马。婚后第三年,阿史那杜尔就作为副手,跟随唐军大将侯君集攻下了西域高昌,这是杜尔当年的"势力范围",也是至今都富饶美丽的吐鲁番地区。但杜尔拒绝瓜分战利品,直至李世民亲笔写了诏书,他才勉强收了一些别人不要的老弱奴仆和旧器物。李世民给了他两个字——"清廉",并将一柄高昌宝刀送给了他,"毕国公"的头衔也给了他。当大唐动用国库资金,为战争中被虏为奴隶的汉人赎身、让他们回家耕种时,也给了突厥、铁勒、室韦、乌罗护等异族百姓一样的"国民待遇"——为他们赎身,资助他们返家。当一部分汉人要求把战败的突厥人迁往岭南,强迫他们

唐太宗 李世民

改变生活习惯，开荒耕种，或者把突厥人赶到沙漠以北的苦寒之地，让他们自生自灭时，太宗君臣顶住压力，没有迫害和歧视外族战俘，而是划给他们丰美的草场，让他们在本族首领的统率下继续过着游牧生活。这就是太宗的包容。阿史那杜尔微笑着，融入大唐的泱泱气度里，融入长安的生活中。他向统兵消灭东突厥的唐大将李靖学习兵法，他把自己的军事才华用到国家需要的地方——在大唐，阿史那杜尔找到了归属感。

贞观二十年（646年），大唐击破了漠北的薛延陀汗国，阿史那杜尔是领军主将。凯旋时，李世民看着这位仪表出众的突厥王子，任命他为外交礼宾官鸿胪寺卿。阿史那杜尔一跃进入政府高级官员之列。贞观二十一年（647年），继李靖之后，"天可汗联军"要选新的总司令了。结果令人大跌眼镜，这个被一干将军当作人生最高目标追求的职位，竟然落到了阿史那杜尔头上。李世民宣布，出征西域、对阵西突厥的昆丘道行军大总管，就是这个突厥人。当场就有人嘀咕：一个突厥王子，又统治过西域，带的兵还是铁勒族的十三部兵马和突厥族的十万骑兵，这一去，还不是天高帝王远，叛唐自立？李世民的耳朵对这些牢骚话好像有自动过滤功能。他登坛拜将，将统兵的鱼符交给了在身边效力十余年的突厥王子，目送他离去。于是，十

唐墓壁画

隋唐洛阳城明堂复原

紫微城乾阳殿

为李世民送葬的队伍中走出一位突厥人

几万"大唐天可汗联军"开到天山山脉。一群"大杂烩"的各族士兵,奋勇征战,冲在最前面的还是那个高鼻深目、异族脸孔的唐人——阿史那杜尔。他们一连攻占龟兹的五座城邦,击退西突厥军队于碎叶川西,虏龟兹国王和贵族,押于阗国王入长安……这一战,震动了整个西域和中亚,七百多座城争先恐后地归附,疏勒、于阗贵族抢着要来劳军。于是,阿史那杜尔很聪明地在西域设"四军镇",高调宣布"主权在唐"。大唐的疆界,由此推进到帕米尔高原和中亚。分离四百年后,大漠绿洲、天山雪岭又一次回归中原的怀抱。

但是对于李世民来说,这场集大成的胜利来得太晚了。阿史那杜尔的胜利,竟然成了贞观时代的最后一座巅峰。贞观二十三年(649年),阿史那杜尔凯旋之时,李世民已在弥留之际。贞观二十三年五月(649年)的一天,一支浩浩荡荡的送葬队伍,从长安驰往西郊礼泉县九嵕山昭陵。大唐帝王、被周边各民族尊称为"天可汗"的李世民去世了。中原汉人的眼泪流下来,外族使节的血淌下来——他们按照本民族传统割下头发、划破脸面和耳朵以示悲痛,为"天可汗"送行。突然,满地斑斑血迹中,一位高鼻深目的突厥人走出,不但痛哭流涕,毁容自残,甚至向新任帝王李治提出要自杀殉葬,去为先皇李世民守卫陵墓。李治认识他——突厥王子阿史那杜尔，是刚刚为大唐打下了西域广阔国土的大将阿史那杜尔，在李世民的麾下征战十三年，踏平了辽阔的西域。新皇李治动容了。他没有答应阿史那杜尔，但把他和贞观年间归附的其他十三位外族君主的模样雕刻成"深目大鼻，弓刀杂佩"的石像，树立在李世民的昭陵墓道上。六年后，阿史那杜尔病逝。这位一生飘零的突厥王子，至死也没有选择回老家，他终于长伴昭陵——在众多为李世民陪葬的文臣武将中，他的墓离李世民最近……

异族王子——阿史那杜尔塑像

唐高宗李治
——女强人的弱丈夫

姓　　名：	李治
职　　称：	高宗
生　　卒：	628—683年，享年五十六岁
老　　爸：	太宗李世民
老　　妈：	长孙氏
最高职务：	李唐第三任帝王
帝王工龄：	三十四年（650—684年）
最大政绩：	批准著名药学家苏敬主编了全世界第一部由国家修订的药典《新修本草》；在位期间国家疆域最大，版图达到盛唐极致。
最大错误：	不该娶后娘
荣誉称号：	天皇大帝
家庭出身：	帝王之家
本人成分：	高干子弟
接班人：	李显
最得意：	借皇后废立成功地削弱了顾命大佬势力。
最遗憾：	没有活着从洛阳返回长安
最愤怒：	苦风眩头重，目不能视。
现在住址：	陕西省乾县城北六公里梁山乾陵。
个性签名：	无为便是德，听老祖宗的没错

唐高宗李治画像

后母蜕变老板娘

武媚娘入宫时很年轻,那时候的李世民早已是个大叔,因此他们二人在一起没多久,太宗就病倒了。李世民自患病以来,太子李治每天只要一下班就守候在父皇病床边,这个痴劲儿其他儿子做不到。这小子,太憨了!这是老李唯一感到安慰的,李治好歹是个本分小子,不会像前朝杨广那样把老爸气晕。太子原本是轮不上李治当的。他是在激烈的皇位之争中捡了一个大便宜,凭自己与世无争的仁孝弱善才坐上这位置的。反正前辈打下的江山由谁来坐都是老皇上一句话说了算,说你行你就行,不行也行;说你不行你就不行,行也不行。老李万万想不到的是,小李子竟在自己病床边与同在这里陪侍的庶母武媚娘擦出了感情的火花。武媚娘也是在这时突然发现一直陪床照顾李世民的太子李治要比李世民可爱得多。李治时年二十二岁,比武则天小四岁,但年龄不是问题。武则天要强、善谋断,在性格上与唐太宗不是互补型佳配,而与柔弱的李治却是一对黄金搭档。因为李治内向、怯懦,需要寻找依赖和主心骨。这种互补是他们俩一见钟情的天然条件。时间久了,他们相互有了感觉,这也是无可非议的。多年以后,高宗李治在调解儿子们与武后的矛盾时,曾十分沉痛的检讨说:"都怪我当时年少无知,才跟你们母亲在一起!"但对于武则天来说,却是该出手时就出手。不是有人说吗,人生之路是漫长的,但关键处只有几步,就看你敢不敢迈。对一个人来说,可能欲望有多大,成功的概率也就有多大吧。在宫内处于边缘化的武才人,其实早就有往中心挪一挪的心思了。历史上的女阴谋

时代点评

作为唐太宗的儿子,李治子承父业无疑是幸福而又幸运的。但对于他个人的帝王生涯来说,却是不幸的。当人们在历史的荧屏上观察他的时候,首先看到的是罩在李治前面的千古一帝李世民及其贞观之治的耀眼光环;在李治身后,又是另一闪亮巨星、历史上唯一的女皇武则天。李治就被罩在这两大恒星的光影里。看来,老爸的乖儿子、强皇后的弱丈夫,实在是不好当。

李世民床前的"母子"

家、女野心家随便找找就一大堆，但出色的女政治家却鲜见。女人并不是生下来就喜欢鸡毛蒜皮的小事，她们的获得的机会太少了。如果她们想得到更好的发展，就必须要有一些手段。历史上只有萧皇后、武则天、孝庄太后、慈禧等寥寥几个女人可挤入政治家行列。她们在驾驭一个帝国的过程中创造了无穷的乐趣，这比驾驭一个男人更刺激。

高宗李治画像

李世民驾崩，凡是未生育的妃嫔都须剃光头当尼姑，武则天纵有上天入地的本事，这一关也逃不掉。出家临别时，她只给新帝王李治飞了几个满含秋水的眼神。直到李世民一周年忌日，高宗来感业寺行香缅怀先祖时才与武媚娘相见。一见面，武媚娘泪流满面，惹得高宗也跟着哭。这一哭，星星之火也就燎原了。高宗此后一有机会就来幽会，对他的武媚娘有说不出的宠幸。作为一个帝王，拥有着整个后宫，天下的美女基本都在这里，但他偏偏喜欢皇宫外面的风景，要去尼姑庵找媚娘。算算他付出的机会成本和道德风险，痴情可动天。唐高宗一代情种，很有些"爱情价更高"的感觉。武则天凭自己独有的"媚"，媚到高宗的心里去了。骆宾王的千古佳句"狐媚偏能惑主"，说的就是这个。为何独有她"偏能"？是因为她抓住了这些男人的心，知道他们想要得到什么。以至于，她所住过的感业寺，早在1961年就被国务院立为全国重点文物保护单位了。

李治觉得老这样偷偷摸摸去感业寺接头总不是事，太不过瘾了，不想再搞地下工作了，便琢磨着如何把武氏带入宫内，大大方方金屋藏娇。机会终于来了！普通人的机会，只眷顾有准备的人；帝王的机会却是不期而至，不需要准备。这个转机，就是高宗后院起火了——王皇后无子，与有皇子正得势的萧淑妃争宠。王皇后知道李治缱绻已出家的武媚娘，于是主动把武则天引进宫来，以遏制萧淑妃的势力。王皇后想得挺简单：武则天才貌皆备，与萧淑妃不相上下，必能压倒萧淑妃的气焰。而武则天毕竟名分不够正大，将来即便得势，也不能怎么样。况且这"引进"的恩情，她总要感激涕零吧。让武、萧去互斗吧，自己退到一旁观战。

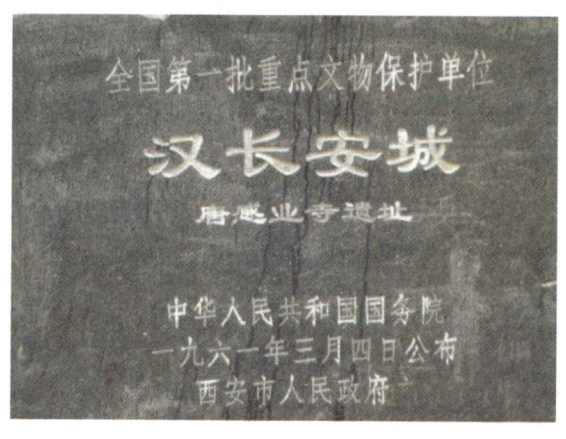

感业寺遗址标志牌

李治路过原皇后和萧妃的囚室才突然想起她俩

她的分析确实不差，但就是忘了人可能忘恩负义，那不是凭一个道义上的"不该"就能止得住的。她这是开门揖盗啊！一个千载难逢的机会就这样对武则天招手了。

武氏入宫后，初时并无名分，仅是一般宫女，并不占老婆岗位的编制。那也不管它！只要入了大内，这往后路就好走了，面包会有的，名分也会有的。果然，武则天一进宫就立即得到高宗的重宠，不久就被封为昭仪，属九嫔之首，仅次于妃了。这是她命运上的一次"破冰"，以往她所担忧的伦理、礼法、舆论上的障碍，都由于这个封号而全被粉碎。萧淑妃自此果然失宠，王皇后自以为目的已经达到。封昭仪之前，武氏就住在王皇后的正宫内，高宗要见武则天，得天天往正宫跑，皇后能常见到李治的面，萧淑妃也就被冷落了。但是一旦封了昭仪，武氏就搬出了正宫。她一走，高宗就再也不来了。王皇后刚刚绽开的胜利笑容不由得凝固了！她这才惊觉，"黄雀"原来在这里！

"黄雀"一到位，就开始捕螳螂了：武昭仪先是捏造巫蛊案，逼高宗废去王氏的皇后之位，却被王氏的支持者长孙无忌、褚遂良等重臣谏止；复以诬王皇后杀死武氏所生的小女儿为罪名，于永徽六年（655年）废去王氏后位及萧氏妃位，皆贬为庶人，打入冷宫囚禁起来。过了不久，高宗因思念与王、萧的旧情，行经她俩所囚禁的地方，只见留下一个送饭的小洞，看不到人，便大呼："皇后、淑妃安在？"王氏泣答："妾等得罪，废弃为宫婢，何得更有尊称，名为皇后？"只向高宗提出将此冷宫改为"回心院"的要求。武昭仪知道了，大怒，令人对王、萧二人各杖一百，截去手足，浸于酒坛中，名曰"骨醉"。数日后，王氏被折磨致死，时年二十八岁，史称"废后"。

不久，武媚娘就从后娘、情人、尼姑、宫女、昭仪一路升到皇后，在他们夫妻二人并驾齐驱的时候，又总是被武则天抢占了头筹，掌权之后进而成为玩弄李治于股掌的老板娘。

帝王向大臣行贿

李治自把武氏从尼姑庵带进皇宫并升为昭仪后,出于向大臣夺权立威的政治需要,还需要把武昭仪进一步扶为皇后,但中间还差了"妃"这一台阶。于是高宗就提出,在"四妃"之外再封武则天为"宸妃"。唐制四妃为贵、淑、德、贤四妃,本无宸妃名号。这一提议果然遭到门下、中书两省的反对,他们以编制已满("妃嫔有数,今立别号,不可")为由拒绝了。反对的人很有地位,理由也很有力,高宗不能霸王硬上弓,只好放弃了。

谋封宸妃不果,高宗和武则天也没了辙,就干脆直接去向在朝堂极有威望的国舅长孙无忌行贿说情。这大概在中国历史上是唯一一个帝王主动向大臣行贿的案例。李治与武则天乘坐的便辇,专程来到崇德坊长孙府。长孙见领导亲自到访,连忙置酒招待,双方畅饮尽欢。席间,在武则天的提议下,高宗又当场封了长孙宠姬生的三个幼儿为朝散大夫。这是个散官衔,没有实职,是从五品。一般唐代授予散官衔,起封点都很低,就是国公的儿子荫封也仅能从正六品封起。这三个黄口小儿一上来就当上了从五品的官,显然是高宗在刻意笼络人心。就连封官的对象也别有深意——我特别给你的小妾面子,你对我小妾也该有所表示吧?紧接着,高宗似乎"不经意"地提起:"皇后(指皇后王氏)无子,又无后德,何如?"长孙无忌收了礼,也谢了封荫之恩,但就是对换皇后的暗示避而不答。帝王卖官,三顶官帽扔出去了,却得不到这顽固大臣的一点儿"意思",投入全打了水漂。此后,李治又秘密派人给长孙送去金银、珠宝各一车,绸缎十车,继续用糖衣炮弹腐蚀自己的大臣,但高官重金都改变不了长孙无忌的态度。瞧这原则性!要说这长孙无忌立场也够坚定的了。武则天忍住性子,又叫母亲杨氏亲往长孙府第,多次请求,长孙无忌还是坚不吐口,真是王八吃秤砣——铁了心!这事竟然就这样卡壳了。李治心想,若再跟那个老头商量铁定得黄,这

长孙无忌画像

个老顽固不挪位置看来是真不行了。

大臣李勣画像

就在此时，长期受长孙一派压制的机要秘书李义府，听说长孙无忌要把他贬到"老少边穷"地区的四川壁州当差，气恨不过，趁当夜在中书省值班之机写了一个"请废王皇后、立武昭仪，以应兆民之心"的报告递了上去。高宗、武则天喜出望外，马上赐给珠宝，提拔为中央机关的中书省侍郎。武则天有此"民意"，开始向不可一世的长孙派挑战了！李义府这一报告石破天惊，朝廷中立刻就有响应表态支持的，呼啦啦冒出了一大批敢趟浑水的激进派。有了李义府劝进而升官的榜样，出头"申劝"的人就前仆后继，慢慢聚集起一股力量，成了武则天图谋"大业"的第一批功臣。废后的舆论渐渐公开化，长安县县令裴行俭对此舆论说了句"这是国家之祸端"，就被贬到西州任都督府长史去了。这一脚，可就把他给踹得远了——西州在今天的新疆吐鲁番！

永徽六年（655年）九月初一，李治通知长孙无忌、李勣、褚遂良等人在内殿召开内部吹风会。大家心知肚明仍是为换皇后的事，决心与李治死扛到底！会上，高宗鼓足勇气一步到位直奔主题："莫大之罪，以绝嗣为重。今皇后无嗣，昭仪有子，今欲立为皇后，公等以为如何？"帝王的提议当即遭到众臣的抵制，一片否定之声哗然而起，会议无果而散。高宗极不高兴，那叫一个郁闷呀。次日，李治再次征询大家的意见，与长孙无忌同为顾命大佬兼宰相的褚遂良（一般人只知道他是大书法家）急了，说你就是把我烹了我也不同意！其他人也纷纷慷慨陈词，上表反对，还用了妲己、褒姒、西施、赵飞燕加以影射，意思是你要选了这个女人，国将不国！

老臣们的态度如此顽固，这让高宗在盛怒之下也不禁心生踌躇。国家政权的运作，至今还在这批贞观朝老臣的掌控之下，对方固若金汤，他作为新君，要是真的翻了脸，能有多大的胜算？高宗为此而甚感沮丧，差一点儿就要放弃了。夫妻俩为了寻求支持，找到自己人，也是老元勋的李勣商量，李勣一句"这是你的家事，何用外人乱议"一语定乾坤。高宗再也不开会、不"协商"了，直接于永徽六年（655年）十月十二日下诏废除王氏皇后身份，十月十九日再次发出红头文件，正式立武昭仪为皇后。

夫妻统战斗老舅

李治当帝王之初，648年夏天，宰相房玄龄去世了。他的长子房遗直继承父亲的爵位，次子房遗爱的夫人、李世民最喜欢的高阳公主要丈夫与大哥分家产并谋夺哥哥房遗直的梁国公爵位，遭大哥拒绝怒斥，公主于是状告房遗直对自己非礼。国家重臣长孙无忌奉旨处理此案，硬是审出了震惊朝野的四人谋反案。审查结果：高阳公主是"主谋"，房遗爱则是个没头脑的高干子弟，跟着跑跑而已，既胆小又怕事。这夫妻俩联络了另外两个驸马都尉薛万彻（高祖女丹阳公主之夫）、柴令武（太宗女巴陵公主之夫）。但这一帮金枝玉叶根本搞不成什么事。其实，这本来只是房家的一桩家庭纠纷，长孙无忌却不管这些，故意扩大化，趁机大开杀戒，横扫一大片自己的政治对手。被剪除的那一帮，无不是李家的皇亲国戚，影响巨大。李治请求赦免他们的死罪，毕竟是自己的七大姑八大姨，却被长孙无忌一句冷冰冰的"不可"挡了回去。李治拗不过长孙无忌，只好下诏将三驸马砍了头，二王、二公主赐死。

前皇遗老长孙无忌画像

长孙无忌处理此案后造成权力空缺，他就抓紧填补，把凡是忠于自己的人安排到中书省、门下省和尚书省担任要职。永徽时期大唐政坛的政治格局是，位子是李治的，权力是国舅长孙无忌的。长孙无忌既是李治的舅舅，又是托孤大臣，政治经验丰富。再加上唐太宗、高宗能够当上帝王，他起的作用极大，所以长孙无忌这时候权力大点，似乎并不

李治与武则天史称"二圣"

071

过分。但国舅这些元老派的重重包围让李治半点儿展不开手脚，长孙无忌的志得意满和高宗李治的落寞无奈形成鲜明对比，威权震主，长孙无忌也真的太无忌了，这其实已经犯了做人臣的大忌。长孙无忌忘了一点：就算是再懦弱的人也有他的尊严，何况是当今帝王！终于，一场甥舅之战拉开了大幕。

武则天此时开始频繁地同高宗议论朝政，鼓励他打起精神，树起君主的权威，帝王嘛，就要像个帝王的样！这是从更深的层次抓住了男人的心，高宗对武则天"亦母亦姊"的依赖感也就是从这个时候开始的。针对长孙无忌的排除异己，武则天大搞统一战线，团结一切可以团结的力量，把长孙无忌疏远的人全打点好，给自己做内线。于是，她和高宗开始了动作，一批愿意拥护帝王的官员出现了。他们是卫尉卿许敬宗、御史大夫崔义玄、御史中丞袁公瑜，当然还有李义府、王德俭等。这些官员属于朝廷中的非主流，但是对于帝王来说，这已经很了不起了。在此之前，帝王差不多是孤军奋战。许敬宗算个老臣了，又是高宗的亲信，是个当宰相的材料。高宗即位后，许敬宗受"关陇派"的排挤，反而地位下降，被贬到郑州，心灰意懒。于是，他向李治打了个要求内退的申请报告。他这个告退的奏章其实是以退为进，暗示帝王：是否该用用我啦！武则天主张将许敬宗调回京城，引为左右，起初仍然要他修国史，坐坐不冷不热的清水衙门，估计朝臣们对此议论就不会太大。高宗觉得很好，就把许敬宗调了回来，先在国史馆工作。许敬宗走出这一步，就算踏上了武则天的船。

此时的武则天已不是初入宫廷的天真小姑娘了，她对朝中各派的实力、诉求、优劣都了如指掌，并以此为起点，开始了她与以国舅为首的顾命大佬之间惊心动魄的对决。

要让帝王出点血

李治从小体弱多病，因此极为重视医药，也很爱钻研医学方面的知识。他让人主持编写的《新修本草》，为中药学的发展建立了卓著的功劳。而且他不像老爸那样迷恋道家丹术，能够以唯物主义的态度看待生死。

李治三十多岁的时候经常感到头晕目眩，稍微劳累一点就越发严重，这也是他祖传基因形成的心血管老毛病。后来竟然发展到眼睛看不见东西了，据说是视神经受到了压迫，于是他召唤御医诊治。秦鸣鹤和张文仲两个游医，长期漂泊在长安，

简称"长漂"一族,居食不定。这两人被宫廷聘为御医以后,工作、生活才算稳定下来。这一天,两人奉诏入宫为高宗诊治。秦鸣鹤看过之后认为是风热之毒侵袭至头部和眼部造成的,于是大胆地提出用针刺百会穴至出血,应该就可以治愈。皇后武则天这时正野心勃勃,期待李治的病谁也治不好又死不了,自己好有机会掌权。不过在李治面前,武则天还是表现出对皇上的无比关心,一副谁让帝王痛苦一阵子,我就要让他痛苦一辈子的架式。听到秦鸣鹤说要用针刺皇上的脑袋,武则天大声斥责说:"你小小一个御医,竟敢在皇上头上扎针,还要刺出血,难道不想活了吗?"秦鸣

御医注太岁头上扎针

大唐迎佛盛典

鹤吓得赶紧磕头请罪。这时唐高宗却很镇静，他相信自己的抗风险能力，同时也觉得秦鸣鹤这个灰头灰脑的小人物可能属于那种即便有谋害贼心也没有动手贼胆的人。他拦住武则天说："秦御医是在讨论病情，不必治罪，我现在被这个病折磨得十分痛苦，也许秦御医所说的这个办法行得通呢。朕就不妨试一试，秦御医，你就来吧！"听见高宗命施针，秦鸣鹤赶紧稳定了战战兢兢的心情，沉住气，准确地找到穴位施针放血。由于秦鸣鹤正确地判断了病情，所以神针一扎，唐高宗果然感觉轻松许多，过了一会儿睁开眼，欣喜地说朕的眼睛看得见了！这时武则天也只好识趣地对秦鸣鹤表示感谢，并大加赏赐。高宗能够让御医放手在自己头上扎针的勇气可嘉，而秦鸣鹤为救皇上，大胆医治的精神也令人感佩。幸好他做了比较通情达理的君主的御医，如果换了疑心病比较重的曹操之流，估计早就死翘翘了，起码也得卷铺盖下岗回家。

李治的品牌工程

在李治还是太子的时候，生母长孙皇后病亡。为追念亡母，李治在长安城东南的晋昌坊修建了慈恩寺，算是他显示孝道的形象工程。父皇李世民随即命高僧玄奘前往慈恩寺任住持，相当于项目经理，负责一切经营管理，并授予他纲纪天下僧侣的权力，实行行业管理。

唐僧当年离开大唐前往天竺取经时，并非如《西游记》所述由帝王送别，而是在一些佛教徒的热心帮助下，经过了九死一生的艰难才离开大唐的，甚至连护照都没办下来，只好偷偷摸摸"偷渡"出国。然而自天竺"海归"回国后，佛教便开始兴盛，唐僧身价大涨，立即火了起来，他的待遇也与时俱进，享受朝廷特殊津贴。玄奘实在是一位非常敬业乐业的和尚，652年，他造预算、打报告，申请帝王批准在慈恩寺内建塔，以保存他从印度带回的大量佛经和佛像。唐高宗李治此时已经就任帝王之职，立即在立项申请报告上批示同意。这就是今天西安地标性象征建筑的大雁塔，也算是李治名下实行宗教自由的政绩之一吧。

大雁塔是仿印度塔式而建的，初建时限于财政预算不足采用砖表土心，而且不能攀爬。五十年后重建，改为砖表空心，塔内有螺旋木梯可盘登而上。塔的平面呈方形，

西安大雁塔

建在一座方约四十五米、高约五米的台基上，每层四面各有一个拱券门洞，是当时长安城内登高远眺的好去处。"十层突兀在虚空，四十门开面面风。却怪鸟飞平地上，自惊人语半天中。回梯暗踏如穿洞，绝顶初攀似出笼。落日凤城佳气合，满城春树雨濛濛。"（章八元《题慈恩寺塔》）即使剔除诗人登高激情澎湃所导致的感受误差，大雁塔恐怕也是城内数一数二的建筑物了。那时还没有大气污染，登上这样高的塔：南可观气象森严的终南山逶迤远去；北可眺渭水银波闪闪，也可鸟瞰古都长安烟霭重重的宫阙古韵；东眺霸陵，在杨柳间隐约可见送别的车马；西望长安，是在金色斜晖笼罩下的街坊，间或也能领略"下窥指高鸟，俯听闻惊风"的情趣。也许因宗教而起的缘故，也许是唐人的心灵本来就很简约，大雁塔的塔身没什么浮华的装饰，很简约，像一个朴素而又有无限魅力的女子站在那里，让人倾慕。

从唐诗中可见，当时"雁塔"的名称并不流行，时人常用的是"慈恩寺塔"，似乎只是"慈恩寺"的一个后缀。直到唐文宗大和年间，许玫登进士第才正式以"雁塔"为诗题。如此一改甚合国情，从高高在上的纯佛教殿堂转化成兼有世俗娱乐的休闲景地，大雁塔由此迎来它的黄金时代。

塔下有太宗李世民和高宗李治亲自撰写的《述三藏圣教序记碑》和《大唐三藏圣教序碑》石刻。在二帝有意无意地"造星"之下，唐僧在慈恩寺译经之事迅速传遍全国，一时游人不绝，追星族闻风而至。李治体恤玄奘大师的苦衷，把陕北离宫修整为寺院，玄奘才有了置身之地，安心翻译带回来的佛经。

改建后的大雁塔既是达官贵人的游乐之地，更是文人墨客"诗意栖居"的所在，登塔作诗，相当于"到此一游"的标签，让我们看到了那时大雁塔的各种形态。在暮春时分，白居易登塔，抒发了一把伤春的小资情怀（《三月三十日题慈恩寺》）；杜甫登上大雁塔，依然壮怀激烈，犹有老愤青的本色（《同诸公登慈恩寺塔》）；三十八岁刚从西域复员归来的退

慈恩寺原址

慈恩寺现貌

伍军官岑参，仍然豪情万丈，描述了登塔见到的长安城各个方位的秋日景致（《与高适薛据登慈恩寺浮图》）。后来，凡新科进士及第，都要先登临大雁塔，并题名塔壁留念，其中不免狂傲之作。这就像早些年的高考，千军万马过独木桥，录取率特别低，因而诗中任何得意忘形都是可以原谅的。

后来，大雁塔已形成"塔院小屋四壁，皆是卿相题名"的情景，乾宁年间的进士徐夤有诗为证："题名尽是台衡迹，满壁堪为宰辅图。"长袍飘飘的一群人在此吟诗，成为功名的见证碑。诗文对大雁塔的推广作用是不言而喻的，可以实现文化和商业的双赢。这是宗教搭台，文教唱戏，旅游小贩获利。

这座佛门中塔至此已完全堕入红尘，虽然大雁塔从一开始就是以佛教和高僧的名义而建，但它与红尘俗世从来就有着剪不断、理还乱的纠缠。在20世纪下半叶那个还不知道"商标抢注"为何物的年代，大雁塔就是与火柴、香烟、勺子、碗、毛巾等民众日杂用品高度一致的驰名商标。这座佛教寺塔俨然是这个城市日常琐屑生活的代言人。

如今，大雁塔仿佛洗尽铅华，在为功名而熙熙攘攘、人来人往的秀场中落幕，恢复晨钟暮鼓的佛门本色。然而，大雁塔注定是不会寂寞的。夕阳下的大雁塔笼罩在一层金色的光圈里，仿佛一件旧僧衣，柔和轻淡而又不乏光辉。

唐中宗李显
——猪大肠的本色

姓　　名：	李显
职　　称：	中宗
生　　卒：	656—710年，享年五十五岁
老　　爸：	高宗李治
老　　妈：	武氏
最高职务：	大唐第四、第六任注册帝王，名义上的一把手
帝王工龄：	五年零N个月（683—684年，705—710年）
最大政绩：	再就业期间正式恢复了大唐国号
最大错误：	母后没给自己犯错误的时间和机会
荣誉称号：	孝和帝王
家庭出身：	帝王之家
本人成分：	太子党
接班人：	李旦
最得意：	两次做帝王
最遗憾：	下放老少至边穷地区十五年
最愤怒：	韦皇后公然在我眼皮底下红杏出墙，和那姓武的眉来眼去，我还不得不打哈哈，哼！
现在住址：	陕西富平县凤凰山狮子窝村北定陵
个性签名：	憋屈呀

唐中宗李显

热身两个月，下放十五年

论起家庭条件来，唐中宗李显应是最风光、最不可一世的霸主。不但他自己先后两次当过"光荣"的帝王，而且他一家可算是帝王专业户：父亲是帝王，弟弟是帝王，儿子是帝王，侄儿是帝王，更重要的是母亲也是帝王，简直可组成一支帝王梦之队。这个梦幻家庭组合在世界史上也绝对是独一无二的。但就是这样一个身世显赫、万人之上的帝王，一生却过着唯唯诺诺、窝窝囊囊的生活。父亲唐高宗李治给他起名为"显"，寄予很大的希望，可他却一点也不"显"，无论品行和能力都比不上哥哥李弘和李贤，比父皇李治更没出息。

中宗李显

有的家长们看不惯孩子便乱揍一顿出气，而李显母后武则天信奉的不是棍棒之下出孝子，而是刀下出孝子，看不惯儿子便动不动就在他们脖颈上"咔嚓"一下，试试刀口快不快，李显的两个哥哥李弘和李贤就是这么被"咔嚓"的。你说，在这样的"关爱抚育"下，李显能不唯唯诺诺吗？他亲眼目睹两个兄长先后被立为太子紧接着又被废、被杀的下场，在大权独揽的女强人武皇面前当然只敢恭恭敬敬，小心翼翼，从不多说一句话。这种态度果然奏效，头上的太子帽算是戴稳了。好不容易把太子的任期也就是帝王预备期熬满年限，挨到老爸归天，自己终于登基。

中宗即位后一反常态。这位二十七岁的青年天子似乎觉得一旦坐上龙庭就可以随心所欲了，从此翻身农奴把歌唱。第一次做帝王，他要自己作主，体验一把帝王的威严。684年，他自作主张，要提拔老丈人韦玄贞做宰相，遭到现任宰相裴炎的坚决反对，说是韦玄贞没有经过民主推荐和朝廷考察，没有经过考核和公示，不能晋升。中宗一听，气愤地脱口说了一句要命的话："我让他当宰相怎么了，我一高兴就是把江山让给他又

时代点评

李显成长和工作的环境是一个阴盛阳衰、妇人当道的中唐母系社会。

能怎么着!"没想到这裴炎纪律性极强,立即报告武太后。"这孩子简直是大逆不道,作为一国之君,竟然能说出随意让位的话,真是荒唐,这是要断送我李家的江山啊!我决不允许让他这样做!"武则天马上召集开会,让禁军戒严,由卫戍司令程务挺带兵入宫,宣布废黜中宗、免除其一切领导职务的命令。免除职务后面也没带括号,内注另有重要任用之类的字眼,这面子上真让李显难以接受。李显不服气地问母亲:"我犯了什么罪?"武则天怒斥道:"你想把天下交给韦玄贞,这难道是小罪吗?"就这样,可怜的中宗第一次上任才两个月就匆匆下岗,被贬为庐陵王,到山高林深、交通偏僻的四川、湖北"老少边穷"地区体验生活去了。

李显坐了几十天的龙椅就抬屁股走人,要说热身,连屁股都还没热;要说试用,还没等期满就被辞退了。他这才真正认识到老妈实力超强,不是自己细胳膊嫩腿能扳得倒的。那裴炎本是唐高宗临终托付辅佐中宗的顾命大臣,没想到结果适得其反,竟因自己几句劝谏导致中宗被废,实在是他始料未及。忠于唐王室的裴炎此后就一直和武则天作对,武则天忍无可忍,终将裴炎判了斩首之刑,一刀切下去了事。脖颈再硬,哪能抵挡得住金属的锐利!

李显被母亲罢黜,远赴钧州、房州"思过",这一去就是将近十五个年头。外放生活简直是度日如年,下放接受锻炼的苦闷就不用说了,反正落水的凤凰不如鸡。中宗常叹息不止,成天哭哭啼啼。偏偏外面有很多反对武则天的在野派、反对派、持不同政见者纷纷打出"推翻武周""匡复李显"的旗号。这简直是将他李显往死路上逼,更加剧了他内心的恐惧,提心吊胆,担心母后又要拿自己的嫩脖子试刀了,每天睁着惊恐的眼睛看着夕阳落下、旭日升起。整个下放期间,李显一直就这样惶惶不可终日,寝食难安,噩梦连

李显下放边区十五年,听老婆念叨最多的就是"李莫愁"

连，想死的心都有了。这时候，身边的老婆韦氏开始发挥作用了，成了他同甘共苦的贴心人兼心理医生。韦氏一见他唉声叹气便毫不客气地大声斥责他没出息，训斥完了，又温言劝解，力劝丈夫不要自杀，不要自绝于朝廷和天下苍生，给他耐心分析道路是曲折的、前途是光明的，人要想开些，是福不是祸，是祸躲不过，自己愿陪伴夫君生生死死。你瞧这情义，难得啊！靠着韦皇后的及时劝解，李显才渐渐静下心来。疾言厉色加上软语温存，李显就是在这时候被老婆从心理上牢牢控制住的。为了报知遇理解之情，李显一时激动，竟红嘴白牙地许愿："一朝见天日，不相制。"也就是说，将来咱们有了出头之日，你玩你的，我玩我的，我不会管你，谁也甭管谁。投桃报李式的"盟约"，注定了唐中宗时代奢靡、混乱的宫廷生活。

韦氏是个有着钢铁般意志的女人，这点倒是与婆婆蛮像的。真是"不是一家人，不进一家门"。在韦氏的不断打气鼓励下，李显熬过了一个又一个年头。在对硬气老婆十分感激之余，李显心里明白，他又给自己找了个老妈。好在小李子有一个极佳的心理素质：随时准备上台，也随时准备下台，一颗红心两手准备。

讨好政敌的告密帝王

终于，这一天到来了，李显咸鱼翻身，从病重衰老的武则天手里接过无人堪接的皇权。那是705年正月，武则天病重，而这时在身边陪侍她的是男宠张易之、张昌宗兄弟俩，一把手的最高指示就由他俩传达，连宰相和皇子们都很难见到武则天。大臣们怕武则天一旦病逝，张易之兄弟要借机作乱，于是由宰相张柬之联合其他大臣和将军，领兵五百前去请李显出山。李显和老婆韦氏在钧州、房州漂泊了很多年，两口子夹紧了尾巴，提心吊胆地过着，唯恐母亲一反人性——"虎毒食子"，如今，太阳打西边出来，竟然要恢复尊号，登基坐殿了。韦氏喜极而泣："总算盼到了这一天！"与韦氏相反，李显却害怕得要命，他不

唐代武则天群雕

敢赴京，惊恐地钻到桌子底下，好像是来了索命鬼，又着实"秀"了一把他的猪大肠本色。他一再表示，自己恐难以再担此大任，还需要再考虑考虑。最后大家以死相逼，李显才勉强同意赴任，临行却又四肢瘫软，上不去马，还是属下硬将他抱到了马鞍上。

唐中宗李显不在乎龙椅上坐的是谁

这次李显回京城，"王者归来"，并最终登基，是武则天在狄仁杰等大臣们的劝说下采取的一项策略性行动。当时，武则天的侄子们，包括武三思等人非常想做太子，"时刻准备着"接替武则天做帝王。在他们的鼓动下，还搞了一些万人大签名之类的把戏，联名请求立武氏后裔为太子，废掉当时的太子李旦。武三思是武则天之兄武元庆之子、李显的表兄，一向败坏朝政，但血缘祖脉让他自然而然地成了女皇心腹，先后担任夏官尚书、春官尚书，并封为梁王，食邑千户。宰相张柬之便秘密觐见中宗，要求断然采取革命措施诛杀武三思，一举粉碎企图篡夺李唐大权的武氏帮派集团。但窝囊的中宗不但不听，反而将这头号机密全盘告诉武三思，导致一代名相张柬之被武氏所杀。这场激烈的太子争夺赛使武则天反思，假如以后让侄子即位称帝，她这个姑姑因为是嫁出去的人，不可能被放进武家宗庙里祭祀，享受不了死后的荣耀。而如果让儿子即位，即使他们对自己再有怨恨，也不会把她这个做娘的怎么样。所以，武则天终于决定将小李子招回来。直到此时，李显还战战兢兢地趴跪在老妈跟前，极力辩白自己是被迫来的，这次来主要是叙叙君臣、母子之情，只字不提即位一事。武则天此时左思右想，已别无选择，遂主动让出了皇宫，自己搬到皇城西南的上阳宫养病。她没有退路，只得返回当初后妃的位置。权杖，自然要授予李唐儿孙。英雄总有垂暮日，武则天的铁腕也抗击不了衰老的嘲弄。这个八十一岁的老太婆再也争不动了，她颤抖着双手，把至高无上的权力重新归还给男权社会。

此时的皇上李显吸取上次的教训，完全超脱于宫中的明争暗斗，终日甩手游逛。因为国家政务已由老婆、女儿、姐姐帮他处理完了，个人生活则由于老婆、女儿都有数不尽的面首要打理，没空搭理他，落得清闲自在。一些忠于李唐的大臣见李显自甘堕落，个个心急如焚。有个叫燕钦融的许州参军向李显发了一封机密内参，揭露道：皇后淫乱，干预国政；安乐公主、武延秀等人朋比为奸，谋危社稷。这些应亟加严惩,以防不测。李显见到简报后急召燕钦融诘问:"你一个外人怎能这样离间我们夫妻、父女的感情,是何居心?"燕钦融以头叩地高声应答,将韦后母女种种恶行秽事一一阐述,神色毫不屈服。李显听后也不敢做出什么回应,任由燕钦融被韦后的手下抓走杀害。李显不愧是块做傀儡的好材料,他做太子时曾写过一首《石淙》:"三阳本是标灵纪,二室由来独擅名。霞衣霞锦千般状,云峰云岫百重生。水炫珠光遇泉客,岩悬石镜厌山精。永愿乾坤符睿算,长居膝下属欢情。"全诗水平一般,境界平常,但最后一句"永愿乾坤符睿算,长居膝下属欢情"却很能表达出一个战战兢兢、不想有所作为的懦弱皇子的心态。

男人背后的女人

成功的男人背后总有一个贤慧伟大的女人,而没用的男人背后却总是有一个甚至一群"特别能战斗"的女人。唐中宗李显的皇族就是一个女权当道、阴盛阳衰到没法言说的奇异家庭,盛产女强人的中唐皇室成为母系氏族的典型。武则天时代,大唐女权运动初兴。女人君临天下,则天大帝又多重用女官,着实让天下女子扬眉吐气了一阵子。到了懦弱无能的中宗当政,天下被女人统制的惯性仍强势运行,以

男人背后的女人

李显亲妹妹太平公主为首的公主系和以韦后为首的后宫系都想当女皇。内宫高层宠女上官婉儿表面上与太平公主和韦后关系都不错,但实际上是想渔翁得利,最终由武则天的侄儿武三思夺得天下,自己再通过控制武三思掌控社稷。因此,李显身边陆续出现了老婆韦皇后领一帮人、妹妹太平公主领一帮人、女儿安乐公主领一帮人、女官上官婉儿领一帮人的春秋战国式争霸局面。这些干政女强人中,祖母武则天是千年难遇的强势女皇,姐姐是比名义帝王李显、李旦兄弟二人还有权威的公主,皇后韦氏就更别说了,她想学婆婆当女皇不是一天两天了,女儿安乐公主早存有当皇太女的野心。

当时的朝廷，女性权倾朝野，李显却睁一眼，闭一眼。李显早期为母亲武皇所制，中期被皇后韦氏操纵、被妹妹太平公主架空，晚年则死在了老婆和女儿的毒手下。反正在这个天下第一的母系家族，谁是男的谁倒霉。不过，武则天以后的唐朝，无论大臣还是百姓，早已习惯女主天下的现实，只要有口饭吃，谁关心帝王是女人还是胡人！其实，李显傻乎乎地当傀儡帝王、乐呵呵地戴绿帽子，都是出于相同的原因：一是他没有政治野心，随遇而安；二是他时运不济，被母亲武则天那亮晃晃的刀吓破了胆，被老婆韦皇后管怕了；三是李显对人生本就没什么追求，只要让他消消停停地活着，就足够了。他名下的老婆一大群，眼瞧着她们"红杏出墙"，他根本就没兴趣也没能力深究。

李显的"母系社会"

向婆婆学习

恢复国家最高领导职务后，李显重病卧床的超级老妈终于离去，李显压力骤失，信心立刻爆满，从哪里跌倒就从哪里爬起来，上次不就是因为任用老丈人而倒台的吗，现在我就要批量任命干部来加倍过瘾。他先把弟弟相王加为安国相王，拜太尉、同中书门下三品；又给妹妹太平公主加了镇国太平公主的称号，以表彰二人的拥立之功。张柬之、崔玄等人也加官晋爵，封赏有加。就在李显发狠要好好再过一把帝王瘾时，韦皇后开始登台显山露水了。中宗自己虽不怎么样，老婆却是厉害角色。她的才智、性格是天生的，而她的野心却是李家亏欠补偿她的。婆婆武则天至高无上的权力让韦皇后这个儿媳羡慕不已，榜样的力量是无穷的，原本就权欲极强的她也梦想着有一天能像婆婆那样高高在上，做个呼风唤雨的女皇。李显二进宫后，韦皇后发誓要紧跟婆婆，凭借对李显的控制幕后操纵，一时权势高炽。

掌权后，强势的韦皇后立即露出本来面目，生活放荡，和武三思勾搭成奸。武三思虽小有文才（《全唐诗》

元宵观灯

景云元年（710年）元宵节，唐中宗李显与韦后便服出宫，观看闹市花灯。

武、韦、李三人各得其乐

中录有其诗作），但性情狡诈，性格残忍，权欲极重，武则天时期即以专权跋扈闻名。李显回京时，朝野上下人心思唐，武三思只得暂时强压下野心，对李显大表忠心，低首奉迎。初登皇位的李显见先前跋扈异常的表兄此时如此温顺听话，大为高兴，竟引为知己，视为心腹，加官晋爵。因此，武则天病逝后，武三思反而权势更大。但武三思志不限于此，作为曾经的皇位继承候选人，他打心眼儿里瞧不起李显。就在此时，韦后找上门来，两人各怀野心，各取所需，很快组成一对政治盟友、露水夫妻。武则天广养面首毕竟是在丈夫李治死后，而韦皇后则在帝王老公眼皮底下秽乱春宫，上至武三思、宗楚客、马秦客那样的重臣，下至宫中的御医和厨子，甚至连自己女儿的老公都不放过，似乎是要纳天下男子入宫，一发而不可收。更难以置信的，中宗似乎对韦皇后与武三思之间的微妙关系并不是很在意，反而还睁一只眼闭一只眼，当做什么都没有发生过。不知是要兑现当初在边远苦寒之地的承诺，还是个性如此。这武三思是什么人呢？他是帝王的表兄也是知己，所以他可以经常入宫和帝王饮酒谈心，倘若武三思有那么几天不进宫了，皇上觉得有些好奇，甚至坐立难安，于是就和韦皇后一起微服私访，到武三思的家中探访。三个人的关系非常微妙，其实李显也是揣着明白装糊涂，虽然他知道韦皇后和武三思关系不一般，但是考虑到没有十足的证据，也怕这事成为天下人的笑柄，所以也就没有点破。

一次，李显与韦后玩一种叫双陆的博弈游戏，棋桌就设在李显的龙床上，玩到一半的时候，武三思和其他几位大臣前来求见，于是唐中宗就让武三思接替自己先和韦皇后继续玩，等中宗忙完政务回来后，看两人玩的正起兴，也就没打扰他们。当然李显此时也没闲着，兴致勃勃地坐在床边凳子上一边看他俩手上的牌，一边给两人记分，加减乘除，帮他们数钱，好不忙碌！（嘿，看这事热闹的！）这种气氛看起来还很和谐。后来，韦后为了进一步巩固自己的地位，安排武三思次子武崇训娶了自己和李显之女安乐公主,武三思、李显成了亲家,情人韦后成了武三思的亲家母,瞧这关系乱的!这奇妙的"三人团"成了天下绝配的最佳组合。

韦皇后下毒

对于韦后的淫乱,李显睁一眼闭一眼。毕竟他是一只天生的软柿子,又觉得欠妻女们的太多,挥挥手,随她们去吧,只要大家欢欢喜喜,一团和气就够了。710年,有人向皇上公开揭发韦皇后的丑事。李显起初并不介意,但是一旦这事摊在公众面前,皇室脸面过不去,就不能不追究。韦后怕李显这次要一雪长期以来的绿帽之耻,于是想首先将他弄死。而爱女安乐公主则希望韦后临朝,自己也能做上皇太女,进而荣登大宝,于是也支持韦后在革命的紧急关头当机立断。终于,在一个夜黑风高的晚上,韦后一不做二不休,亲手把毒药加入酥饼中,让安乐公主给中宗送了一个"美味"馅饼,并亲眼看着李显吃下。中宗傻乎乎地边吃边舔着嘴唇连说"好吃",当晚便毒发身亡!

李显死后,韦后要改制了,要登基了,她团结一切可以团结的力量,还想拉拢小姑子太平公主,共同对付有可能上台的李隆基。韦后错了,太平公主是李唐一拨的,她怎么甘愿把江山给一个外姓人,更何况她自己离江山也只有一步之遥。这么多年来,她看着韦后和李裹儿(安乐公主小名)母女如跳梁小丑一般作戏,一直隐忍不发。终于,太平公主出手了,也是一个夜黑风高的晚上,太平公主联合侄子李隆基,率领羽林军包围后宫,诛杀了韦皇后、安乐公主等人,将韦氏一派彻底清除。

"皇太女"

封建社会从来只有皇太子。在李显当政时,他的宝贝女儿却要争做"皇太女"。母仪天下,在这妇人当道的"母系氏族",李显的女儿们跟着奶奶学、跟着老妈做,公主们的活动和权势都大大超过了无声无息的皇子们,这也是武则天示范的结果。其中最典型的就是李显的爱女安乐公主。

安乐公主是中宗李显与韦氏在下放途中生下来的。因当时情况窘迫,李显匆忙中撕下襟袍的一角

放荡的安乐公主

唐墓壁画中的皇族女人

做襁褓包裹其身，遂小名李裹儿。由于是在患难中抚养长大的，李显与韦氏对李裹儿十分宠爱，自幼听其所欲，所以安乐公主从小就骄横任性。待李显重回东宫时，李裹儿已十多岁了，姿性聪慧，容貌美艳，奶奶武则天看见李裹儿也格外欣赏她的秀外慧中，遂封为安乐公主，并把武三思的儿子武崇训许配给她。

安乐公主看不起非韦后亲生的庶出太子李重俊，常对他指手画脚，嘲弄讥讽，如对仆役。有一次，丈夫武崇训劝安乐公主请求父王李显废掉皇太子李重俊，立安乐公主为皇太女。亲信上官婉儿利用自己机要秘书的身份之便，及时地将这种心怀叵测的意见列入朝议之中，并串连武三思的党羽，成功地在朝堂制造出吁请废黜太子的舆论。皇太子李重俊再也无法忍受这种打击，在一天夜里假称奉皇上的最高指示，率羽林军三百余人，杀向武三思府邸。武三思、武崇训父子正在府中饮酒作乐，两人猝不及防，顷刻间便被砍为数段。不久，李重俊在逃亡中被部下杀死。太子死后，安乐公主就更不安分起来，想利用储君暂缺的时机实现她的皇太女之愿。

被父母宠得无法无天的安乐公主早已忘了亲哥哥姐姐当年对自己的友爱礼让，更不记得他们的惨死了。她反而暗暗庆幸，幸亏他们都死了，否则，哥哥为皇太子，姐姐为嫡长女，几时才轮到我安乐出头呢？原本就骄横任性的安乐公主，加上上官婉儿的唆使，愈发觉得这皇太女非她莫属。于是，她赖着父亲，要求让自己顶上哥哥的位子当"皇太女"，韦氏也大力附和。一次，安乐公主缠着父皇，半开玩笑地要父皇封其为皇太女，李显抚着公主的脖子笑着说："等你母后做了女帝王，再立你为皇太女也不迟。"这虽是玩笑话，安乐公主听起来却像是打了强心剂，当储君的愿望更为强烈。也许就是李显这不经意的一句话，才引发了女儿的毒父弑母之念。这就是可怜的李显，贵为天子，曾受益于女人，最终却被害于女人之手，真是成也萧何、败也萧何。这些女子都是他的亲人，却又是要命的仇人。历史呀，云谲波诡，险象环生，真是太玄妙了。

对于女儿的要求，李显始终未答应。也许他觉得此事太过惊世骇俗，是开天辟地亘古未有的事。安乐公主可不答应了，她天天跑到李显那胡搅蛮缠，李显不胜其烦，只得让她参与中枢决策，分享皇权。在李显默许下，安乐公主插手朝政，权倾朝野。她把官爵按品级明码标价，公开兜售，卖官鬻爵，不管是屠夫酒保，还是奴婢农夫，只要纳钱够数，便予授官。凡是向她行贿的，申请人先用墨笔填写想要的官名（以区别于帝王的朱笔），斜着封起来（以区别于正常上报推荐干部申报表的正封）交给中书省，时人称之为"斜封官"。以这种渠道混上干部的每年成百上千。安乐公主还常常自写诏书，拿进宫去，一手遮住诏书上的文字，一手抓住李显的手在诏书上署名。一千年后的清朝初期，权臣鳌拜也常常捉住小帝王的手强签诏令，但李显与康熙不同，他是自愿的，竟然也不看写些什么就签上御名，当时宰相以下的官员多由这一途径被录取任用。常有一些有前科劣迹的歹徒，因走了安乐公主的门子，竟也拜了高官，不但吏部衙门不知，连帝王李显也莫名其妙。

安乐公主在生活享受上的腐化堕落更是登峰造极，公开以骄奢淫逸为荣、艰苦奋斗为耻。武崇训被太子李重俊杀死，她毫不伤心，因为她早就与小叔子武延秀有了私情，武崇训之死正好给两人创造了由地下情人转正的机会。从此，武延秀公然出入公主府，与安乐公主以夫妻名义同居。李显见到女儿很快就从"丧夫之痛"中恢复过来，也乐见其成，干脆就把武延秀配给了安乐公主。从此，安乐公主大兴土木，建造豪华别墅，进行超级装修，不仅在建筑规模上完全模仿皇宫，甚至在精巧程度上超过了皇宫。长安有一个昆明池，是西汉武帝时开凿的，安乐公主嫁出宫后常念起昆明池畔的风景，便仗着李显的宠爱，请求把昆明池赏给她。李显可怜怜巴巴地说这昆明池自从前代以来从不赏人，不能违背祖宗定下的规矩。况且池中鱼每年可卖得十万贯，后宫花粉之资全靠它了。父王不肯给，安乐公主就强夺民田，开

中宗李显的女儿们

凿了一个大池，取名定昆池。池边草木风景，全照昆明池一样，沿池造着许多亭台，并迁来许多渔户、猎户住在那里，公主自己也常常打扮成渔婆猎户的样子，在池畔大开化妆舞会。尽管有了新欢武延秀，安乐公主仍不过瘾，广纳男宠。日日狂欢，夜夜笙歌，好不快活。

美女宰相

这个上官婉儿，在中唐的皇宫着实是个微妙而又神秘的不得不提的人物。她是历史上最有才气的女子之一、唐代极有魅力的后宫女性——面面得宠的女版"韦小宝"。只要看她的姓名，便能闻其名而知其人。她确实不负上官之姓，是位祖传的高干子女——太宗时代的重臣、提议唐高宗李治废除武则天皇后身份的宰相上官仪的孙女。她虽然没被正式任命为丞相，实际上却在干丞相的活，享受宰相的待遇，甚至权势比丞相还大。加上相貌出落得妖冶艳丽，又善于修饰，画眉贴翠，秀美轻盈，一颦一笑，自成风度。更著名的是她文采卓绝，未及十四岁便能下笔千言，倚马可待。武则天欣闻其才，召见后当场命题。上官婉儿文不加点，须臾而成，珠圆玉润，韵调声和，尤其她

美女宰相上官婉儿

的书法秀媚，格仿簪花。武则天见状，不顾上官婉儿是罪犯之孙女的身份，立即将她从内宫侍女调任机要秘书，撰拟领导批示，参决奏章。慢慢地，各部门的报告申请都由她这个少女秘书长先行过目，提出拟办意见，武则天只要在上面签字后就颁行天下，上官婉儿至此成了领袖最信任的贴身红人，是当时除武则天以外最具实权

的女性，一个名副其实的政治、文学大腕。武则天甚至一度想要把她立为女皇，而她当时还只是个十九岁的小姑娘。

婉儿从少女时代起便与李显、李旦等皇子相识，皇子们争相讨好这位聪慧而又美丽的女子，都对婉儿起了爱慕之心。婉儿周旋于诸皇子之间，长袖善舞，谁也无法得到她的全部。李显没有帝王运，也没有桃花运，凡事总是不能如意。当皇子时，上官婉儿同时交好于他和各位皇子，他争不过兄弟李旦，让李旦抢得先机。第一次当皇上时，他也想像父亲高宗李治招武媚娘那样，找个由头把自己心爱的女人上官婉儿弄进后宫，但龙椅尚未坐热就被老妈赶下了台。第二次当皇上倒是自由了。但不能太过招摇，李显满怀惆怅，只好仍令婉儿专掌起草诏令，封上官婉儿为昭容。昭容的地位排在皇后（一人）、妃子（四人）之后，属于"九嫔"之中的第二名。虽是正式名号，却只是作为一种官职赐予婉儿，算是对少年时初恋女友的馈赠礼物。

这昭容也是有级别、拿工资的，上官婉儿不习惯养尊处优，她的差使还是内阁秘书长。但毕竟主子换了，思路也得跟着变。上官婉儿迅速认清形势，她要求武三思切不可丧失斗志，要亲近李显，保住权力，待羽翼丰满之时，天下自然归之。武三思一一照办，同时还不忘再去接触韦皇后。上官婉儿对此并不介意，反而与韦后打成一片，亲如姐妹。因为本朝帝王好打发，皇后却不易对付。为了拉拢、巴结韦皇后，上官婉儿也是费劲了心思，使用了很多办法和手段。历经巨变又经武则天亲手调教过的上官婉儿，渐渐不把爱情放在第一位，她更看重权势。她逐渐把武三思作为自己权势上升的一个"工具"，随时利用。韦皇后倒是心领神会了，

唐永泰公主墓壁画

上官婉儿为了巴结韦皇后，不惜让自己人的丈夫去伺候韦皇后。

上官婉儿与小帅哥们乐在其中

立刻眉开眼笑，照单全收。上官婉儿对韦后想当女皇的心思洞若观火，利用韦后的野心使自己获得更大的权力，两个女人的联合使得大唐的妇女解放运动发展到一个新的高度。

大富大贵之后，她茫然四顾，缺的还是"意中人"呀。武三思被韦皇后管住，丢下婉儿一个人孤凄凄的，一缕痴情，无所寄托。婉儿不甘于此，于是秘密购买别墅，而且在宫外结识了一帮风流倜傥的公子哥。更要命的是，婉儿还为这帮外表光鲜的家伙谋官，很多人一步登天，其中最著名的就是崔湜了。崔湜这小伙子年轻有才，两个人初相识时，崔湜才二十多岁。和婉儿一样，崔湜也热爱诗词，这样一来，两个人更是相怜相惜了，但那个时候，上官婉儿已经不再是情窦初开的小姑娘，而是四十多岁的人了，也属于老阿姨的级别了。如今结成露水缘，婉儿如愿以偿，和崔湜天天沉浸在爱河之中。为了报答婉儿的眷顾，崔湜厚颜无耻地引荐了自己亲哥儿仨：崔莅、崔液、崔涤。他们个个英俊潇洒，相貌堂堂，婉儿见了这许多美貌少年，一时间心花怒放，他们自然都成为婉儿的心肝宝贝。从此，上官婉儿行走坐卧，时时都有崔家四弟兄追随陪伴，一个美人儿居中，四周坐着四个少年儿郎，饮酒说笑，行令赋诗。很快，崔湜被她弄成了朝廷高层，仅两三年功夫，崔湜和他父亲崔挹一样官至侍郎高位，位高禄厚。即便崔湜犯错误，被贬为江州司马也没关系，只要婉儿跑到李显跟前笑嘻嘻地一嘀咕，立刻就没事儿了。崔湜就这样踩着她粉嫩温柔的肩膀，一步一步爬到了宰相的高位。

崔湜的行政级别很快超过了他老爸

这个时期，上官婉儿红得发紫。她一方面继续抓权，一方面抓文艺繁荣，一时间，大江南北的"超女"诗会、大唐好声音如火如荼地展开，文采飞扬的婉儿理所当然成了万众瞩目的考评裁判。她坐镇形形色色的选秀场所，对文才绝佳者高调奖励。据说，第一名可荣获纯金铸造的"爵"一尊，这兴许比奥林匹克的冠军奖牌还名贵。

婉儿拥有着卓越的控制能力，这一点是从她的教母武则天那里学来的。不同的是，武则天控制的是社稷天下，整个国家；而婉儿控制的则是那些身居要位并且爱她、倾慕她的男人。从一个小小的宫女，一直做到了实权丞相、操纵着王室各派势力的帝王嫔妃。婉儿就是有这样的能力，她总是让自己逃过了一劫又一劫。然而，婉儿终于难逃厄运，皇室中到底有个人站了出来，将刀刃悬在婉儿的头顶。这个英雄就是那位未来的伟大君王李隆基。景龙四年（710年），见太平公主派势力日盛，上官婉儿暗中投靠太平公主。按照胜者王侯败者寇的政治逻辑，她在历次政治斗争中做出的选择都很明智，心明眼亮，但这次却站错了队，连同韦后及其党羽一并被临淄王李隆基诛杀。

四人对十人的球赛

中宗李显虽然窝囊了一辈子,但也有过一次大快人心的事,那就是在与吐蕃举行的马球比赛中,李显率领的唐朝球队大获全胜。

那是吐蕃赞普派来使节,迎娶金城公主。使臣逗留长安期间,中宗曾请他们到梨园亭子看击球。使者进奏说,我的部下有爱好马球的,请让他们和汉人比试一下。李显也是个击球爱好者,见吐蕃有意比试,心想不比就没了面子,同时也想看一看精彩场面,便爽快地答应了。他对那使臣说道:"朕赐你们在梨园亭子看这一场球赛。"

李显先在口头上抓回了主动,赢得了面子。他说的梨园亭子就是现在的贵宾席。唐代的梨园是我国历史上第一座规模完备的国立皇家音乐、舞蹈、戏剧学院,其中设有面积巨大的马球场,经常举行拔河、赛球等娱乐体育活动。马球赛这个马球场,可能是当时全世界最好的。在唐代,尤其是国都长安,马球场的设置是相当讲究的。球场的旁边,一般都设有亭子之类的建筑,是各级领导与来宾就座处,周围廊栏则是普通观众席。球场通常都要经过精心处理,一般都相当宽广,光洁平滑。唐人阎宽就在《温汤御球赋》一文中写道:"广场惟新,扫除克

四人对十人的唐蕃马球赛

净,平望若砥,下看犹镜。"杨巨源的《观打球有作》诗也说:"亲扫球场如砥平。"不但场地质量好,当时的马球比赛还有固定的音乐伴奏。唐朝诗人韦应物在《寒食后北楼作》中描写道:"遥闻击鼓声,蹴鞠军中乐。"从击鼓的声音中就能判断是在进行球类比赛,可见马球已经相当普遍。这场唐蕃马球赛也是击鼓伴奏。场下一击鼓,场上两拨人便拍马冲出。最初双方各是十人,手持顶端弯曲的球杖,追着大小如拳的一个红球,前后冲驰,相当热闹。只是上半场吐蕃球手明显地占了上风,屡屡把小球击进唐朝代表队的球门。中宗神色黯淡,自言自语道:"要是我兄弟还在,打球如何会输给吐蕃人?"他说的兄弟是章怀太子李贤,有一手马球好绝技,早年因为武则天的逼迫而自杀,在他的墓葬中专绘壁画"打球图",颇有神韵,足见其人嗜好。吐蕃队上半场暂时领先,中宗很不甘心,又临时抽调人马组成了一支贵族马球队。当时,身为中宗弟弟李旦儿子的李隆基只是位受封的临淄王。临淄王一直摩拳擦掌,中宗就命他与王邕、杨慎交、武秀四人和吐蕃十人入场开战。当时似乎也不怎么讲对等规则,四个人就面对着十名吐蕃球手,没有丝毫惧色。只见临淄王纵马驰骋,东奔西突,如风回电闪,挟速度、勇力和胆略,所向无敌。吐蕃队员被临淄王的气势所压倒,技艺无法施展,最后终于败北。这就是历史上著名的"四对十唐蕃马球赛"。中宗龙颜大悦,当即赐给侄儿数百匹绢。队员之一的杨慎交除了球艺出色,在球场建设方面也很有创意,这场比赛用的球场就是根据他的方案用油料筑成的。

和今天一样,球类运动也是唐代人的主要运动项目,其中最普及、对抗最激烈的当属马球。比起蹴鞠来,马球是一项危险性的运动。击球者颠簸在奔驰的马背上,稍不小心就会从马背上摔下来。朝廷每次开科取士,

马球赛扇面

唐章怀太子墓中壁画——马球赛

新科进士都要在长安月灯阁比赛马球。有一次这仪式正在举行,神策军的几个军官过来挑战,文人进士们也不客气,当下就推了一名代表刘覃出赛,结果大胜神策军。如果今天的高考状元联队和八一队比赛,恐怕就没有这么轻松了。

趁韵而已

唐诗是中华文化的骄傲。唐诗之盛在于其风格的多样化,慷慨激昂与浅斟低唱共存、海天一色与曲径通幽同在、北风卷地与吴侬乡曲兼容、大漠孤烟与巴山夜雨相映。当然,也有一些另类诗词,"权龙襄体"就是一个典型。中宗李显帝王常常和文学侍从在宴会上赋诗唱和。这种场合基本上没有什么武将参加,但有个叫权龙襄的武将是个例外。他虽然从来没接到过邀请,却回回都兴致勃勃地主动参加,中宗开玩笑称他为"权学士"。不懂格律,却喜欢作诗,也想玩文雅。他任沧州刺史时写过一首《秋日述怀》:"檐前飞七百,雪白后园疆。饱食房里侧,家粪集野螂。"军事属官(沧州参军)拿到诗以后看了半天没看懂,不知道刺史大人在诗中用的是什么典故。不懂就是不懂,不敢装懂,他于是虚心向刺史请教。权龙襄倒也实在,没有说"诗无达诂",更没有说"看不懂就对了",而是耐心解释:有一只鹞子从房檐前飞过,估摸着能值七百钱,这便是"檐前飞七百";洗过的白布衫挂在后面园子里,白净的像雪一

不懂诗文的权将军也玩起了斯文

唐中宗 李显

"赛诗会"

这也叫唐诗？李显听了心里不知是何滋味，这是夸我呢，还是损我呢？

样，僵直不动，这便是"雪白后园疆"；吃饱饭后在屋子里侧身躺着，这便是"饱食房里侧"；在院子里转来转去看见不少屎克螂在收集人粪，这便是"家粪集野螂"。不知参军听完如此爱用"自造典故"的诗作后有没有当场晕倒，反正其他人的反应是"闻者嗤之"。

有一个夏天，李显又一次举办宴会，大家争着献诗，权龙襄也作了一首《夏日》诗献上。他刚念了两句"严

回波尔时栲栳，怕妇也是大好。外边只有裴谈，内里无过李老。

雪白皓皓，明月赤团团"，就有人在旁边听着不对劲儿，问道："这是夏景吗？"权龙襄答道："不过是为了将就这个韵脚罢了。"看来他虽然狂爱作诗，对自己的水平倒并没有像很多人那样高估。李显听了这两句，有些哭笑不得，在旁边批示："龙襄才子，秦州人士。明月昼耀，严雪夏起。如此文章，趁韵而已。"这个权将军其实并不真是那么日月不明、冬夏不分，也许他只是看不惯骚人墨客们在帝王面前招摇文字，所以故意弄些恶俗不通的东西来搅局，诗不诗的倒无关紧要，关键是让诗人们也恶心一回。有人就仿权龙襄体，在李显举办的诗词歌舞聚会上献上一首回波词。回波词是一种乐府歌词，第一句前四个字固定为"回波尔时"。比如，你要唱今天的天气哈哈哈，那么第一句就是"回波尔时哈哈哈"。在李显举办的一次宫廷文艺联欢晚会上，皇家艺人奉旨到现场演出助兴。一个演员唱道："回波尔时栲栳，怕妇也是大好。外边只有裴谈，内里无过李老。"诗中，裴谈当时担任御史大夫，主管监察工作，是有名的妻管严；李老则是指唐中宗，人们都说他怕韦后。演员唱词的

意思是，现在怕媳妇也是一件大好事，宫外有御史大夫裴谈，宫中有咱们敬爱的领袖李老。看来李显也是平易近人的，演员们可以当着他的面叫他李老，说他怕老婆。"怕妇也是大好"这句词让陪同观看演出的韦后心情舒畅，她当场给演唱者发放了鼓励奖奖品——一大堆宫女用的女性用品。

唐代宫廷文艺晚会一角

唐睿宗李旦
——惹不起，躲得起

姓　　名：	李旦
职　　称：	睿宗
生　　卒：	662—716年，享年五十五岁
老　　爸：	高宗李治
老　　妈：	武氏
最高职务：	大唐第五、第七任注册帝王（名义上的一把手）
帝王工龄：	累计三年（684—684年，710—712年）
最大政绩：	二次即位时平反韦皇后等人制造的冤假错案，将哥哥任内韦皇后和安乐公主等人卖出的官位全部收回。
最大错误：	想犯错误没机会
荣誉称号：	大圣真帝王
家庭出身：	帝王之家
本人成分：	高干子弟
接 班 人：	李隆基
最 得 意：	书法
最 遗 憾：	皇后刘氏和窦妃死无下落
最 愤 怒：	老让自己当帝王
现在住址：	陕西省蒲城县西北三十里处桥陵
个性签名：	笔墨伺候

唐睿宗李旦画像

进不了自己的办公室

唐睿宗李旦生前无为，但身后的墓葬桥陵却埋藏了整个盛唐的宝藏。陕西境内的唐十八陵埋藏着举世瞩目的珍宝，而传说中最大的宝藏就是唐睿宗李旦的桥陵，这是唯一一座建于中国封建王朝最鼎盛时期——唐开元盛世的帝王陵墓，有着一千两百多年的沧桑历史。桥陵原本宏大的地表建筑今天已经荡然无存，但从仅存的桥陵神道和巍峨的桥陵石刻，我们依然能够感受到当时世界上最强大帝国的威风。细细数来，李旦的父、母、兄、子，再加上他自己，上下三代，一门出了五个天子，而他自己又两度登基大宝，可谓极有帝王缘。然而，就是这样一个出身帝王之家的帝王，在历史上却是一位三让皇位的国君，比公交车上让座还积极。

李旦改名后的大相国寺（原名建国寺）

李旦第一次当帝王是在嗣圣元年（684年）春二月七日，即他哥哥中宗帝王李显被武则天在洛阳宫中撤免后贬为庐陵王的第二天。李旦为了纪念他由相王登上王位，将开封原"建国寺"的"建"字改为"相"，并亲笔书写了大相国寺的匾额（现为赵朴初的题额）。《水浒传》中，看守相国寺菜园的鲁智深正是在此倒拔垂杨柳的。在李旦登基之后，武则天下诏将年号改为"文明"，又将李旦的长子李成器立为太子。让李旦上任的

桥陵前雕像

这些表面文章刚刚做完，武太后便安排李旦离岗到内宫中喝茶去了，自己则以太后身份临朝称制，充当实际上的一把手。刚宣布即位的李旦从此只能在后宫东瞧瞧西望望，没有大老板的同意，他和皇后都不能随便出宫活动。唉，连傀儡都算不上——傀儡起码还要在帝王宝座上装装样子坐一坐，睿宗连自己办公室门的钥匙都没有。不久，发生了反对武则天摄政要求李旦亲自管事的徐敬业扬州兵变和宗室越王李贞等人的起兵之事。武则天一方面大开杀戒，威服政敌，一方面又假意要还政于李旦。垂拱二年（686年）正月，她下诏复政于睿宗。李旦深知母后不是出于本意，也就假戏真做，表示坚决不同意成武则天的还政之请。武则天见这儿子竟能如此准确地领会自己的意图，十分欣慰，也就顺水推舟，依旧把持朝政，李旦只是有个在文件上注册为帝王的名分。

李旦陵墓内室

李旦即位后龙椅未热就让座

永昌元年（689年），武则天开始使用周历。为了支持武则天的政治改制，数万人上表请愿，请求武则天改朝换代。处于政治波澜中心的名义上的帝王睿宗，更不能不有所表示。于是，他也上表请求母后荣登大宝，并恳请赐自己姓武。睿宗此举未必是出于本意，却使武则天的改朝换代有了一个台阶，也使睿宗自己得保平安。天授元年（690年）九月，武则天表示同意儿子睿宗和群臣的议案，于九月九日废掉唐朝的国号，改唐立周，自己称帝，李旦被降为皇嗣，赐姓武，徙居象征接班人居所的东宫。李旦虽然被立为皇嗣，又被赐姓武，但他的地位没有什么改变，仍然是个准傀儡。

一对难兄难弟

女皇武则天

李旦有发扬风格、三让皇位的义举。上面说的提交议案礼让亲妈算是第一次,从此有了中国历史上唯一的女皇君临天下,建立武周之政。第二次高风亮节的让位壮举是二让皇兄。圣历元年(698年)三月,武则天将废黜为庐陵王十五年的李显从房陵秘密接回来。睿宗得知后,立即"称病不朝,请让位于中宗",提出让哥哥当太子,自己放弃皇位继承权,主动靠边站。显然,睿宗称病只是一个借口,他是不愿意陷入和皇兄的政治较量。按照长幼次序,兄长被迎接回到宫中,就表明母后还是有意把兄长选立为继承人的。大把皇子都在馋巴巴地盯着太子这块"肥肉",为了得到太子之位,纷纷拉拢朝中大臣,以便日后之用。李旦让出这个位置,避开风浪,不仅彰显出他的明理和识趣,也使武则天可以名正言顺地重立唐中宗,同时也避免了他们兄弟二人之间的权斗。结果,睿宗这次以皇嗣身份让位给皇兄为皇太子,自己再次被封为不能接班的相王,态度不愠不火、心平气和,心理素质真是好极了!李旦看够,也尝够了事事由人摆弄、又要顾面子却没能力顾面子,最后弄得里外不是人的尴尬,那当帝王等于是被放在火上烤的滋味他实在是不愿再"风光"了,腻味了那些讨人嫌的烂事儿,所以才有了见荣誉(皇位)就让的高度"自觉"性和"主动"性。

神龙元年(705年),宰相张柬之等人发动政变,杀死二张(张昌宗、张易之)兄弟,逼武则天退位,拥立中宗。受此打击,武则天也于当年驾崩,享年八十二岁。李显复位后,恢复唐制,并封弟弟李旦为安国相王,拜太尉,以宰相身份参与国政。这兄弟俩都是性格孱弱的人。想不到一个

李旦向帝王哥哥提交"关于请求批准辞去太尉的申请报告"

月未满,睿宗就上表辞让,上交这两顶大官帽。见他态度坚决,中宗也只好答应。不久,中宗又别出心裁地把李旦立为"皇太弟",这是历史上从来没有的封号,意思是自己离职后可以由弟弟接任,这显然是对李旦一再推让皇位继承人一事的报答,由衷表示哥俩好。对于"皇太弟"这一称呼,李旦又坚决推辞,李显只得作罢。

李旦和他的哥哥李显是一对难兄难弟,两人有着相似的命运,都是二十二岁初次走上一国之君岗位,都是先后两次被安排当帝王,而且两次都是他哥俩互相交接、弟承兄位。中宗李显被自己老婆、女儿毒死,成了历史上最可怜的帝王之一;睿宗李旦同样懦弱无能,看着太平公主在自己头上作威作福也不敢有所作为。李显第一次只干了两个月傀儡帝王,李旦第一次上台只干了七个月,就各自被母亲拉了下来。这在中国历史上极为罕见。

有肉烂在锅里

李旦第三次的"高风亮节"是把皇位让到自己的儿子头上。中宗李显被毒死后,当朝宰相立即开碰头会,集体商议并由上官婉儿执笔记录,写了一份中宗"遗诏",确定由韦后以皇太后身份临朝称制,由少帝李重茂继位(便宜这小子了),而以安国相王李旦加太尉之职参谋辅政。后来,韦后的党羽从中横插一杠,认为不应该用相王辅政。实际上是韦太后一心想学武则天,串通女儿安乐公主,把持了朝纲。由于倒行逆施,韦后最终走上了穷途末路。还没等她们的计划实施,李旦的三儿子李隆基和妹妹太平公主就抢先发动了兵变,联络禁军将领拥兵入宫,杀掉皇后韦氏,彻底清除了以韦后和安乐公主为首的政治帮派,

太平公主一手拎下龙椅上的李重茂,为李旦腾出皇位

开除在位的少帝李重茂。太平公主伸出她那粗壮有力的臂膀,一把将李重茂从帝王宝座上拎下来,把皇位让给了自己的哥哥李旦。李旦立即打报告,依旧推让,在众人的强烈要求和拥立下才勉强同意,于景云(710年)元年六月二十四日即位于承天门楼,再次登上了自己毫无兴趣的帝王宝座。这实际上也是李旦"二进宫"当皇上了。

当了帝王后,依照惯例得定夺太子,这让李旦为难了很长一段时间。他的长子

是李成器,但次子李隆基的兵变之功显然比他的哥哥要大得多。最后,李成器响亮地提出向爸爸学习的口号,仿李旦先例,提出把太子之位让给弟弟。同时,大臣们也支持立李隆基为太子。李旦最后还是决定按绩效考核定人选,确定政绩、军功第一的李隆基为太子,同时又封长子李成器为雍州牧,并兼太子太师,地位也很高。这样便将一个很棘手的问题较好地摆平了。

李旦让皇位给儿子李隆基

李旦虽两次龙飞登基,然均非出自本人意愿。武则天册立的第一次自不用说,那是在母亲一手导演的戏剧中匆匆扮演了一次天子的角色。第二次做帝王同样是被迫的,李旦对此一直耿耿于怀,以至于专门发了一道《付史馆纪皇太子等劝进诏》:"隆基、太平公主……等以为宗庙不可无主,万机不可暂旷,且从人望,因定策禁中……乃顺众望,盖非朕之本心,实乃镇国太平长公主、皇太子、诸王、郡公之意也。"(《全唐文》卷十八《睿宗》)可见,李旦被奉为帝王,全出李隆基、太平公主等人意愿,此诏是在向史官表明自己被拥戴为天子的无奈,希望能够将此实情写进实录国史,让后世知晓其本无意于皇位。经历了太多坎

让出皇位的李旦惬意极了

坷之后,李旦似乎已经超脱于名位利欲了。此时睿宗自然深知自己的皇位是儿子挣来的,一直想早点把皇位让给儿子李隆基,自己去做逍遥自在、清闲无事的太上皇。

所以第二年李旦就传下诏书，要太子李隆基行使监国之权，相当于全权执政。第三年（712年）八月二十五日，在位仅两年多的睿宗果然再次禅让，知趣地传位于儿子唐玄宗李隆基，自己做起了太上皇。看见人家一线人员整天忙于公款吃喝，他心里平静如水。至此，睿宗的第三次让位也功德圆满地结束了。综观睿宗的三让皇位，一让母亲应系迫不得已，二让皇兄原是事出有因，三让儿子可谓心甘情愿。好在受让的都是自家人，所谓"有肉烂在锅里，肥水不流外人田"。睿宗三让天下，防高风险意识得以确保自己平安如初，有惊无险，就连司马光也评价说："相王宽厚恭谨，安恬好让，故经武、韦之世，竟免于难。"睿宗是不是真的"好让"，倒也未必。自中宗李显以后，李唐天子的威严便一落千丈，帝王只不过成了某种称谓以及他人弄权的工具罢了，有时甚至有性命之忧。李旦几个兄弟接连被废被杀，自然使他感触极深，"谈帝而色变"。

从家事纠纷中解脱出来之后，李旦对书法发生了浓厚的兴趣，每天的时间几乎都用在了练书法上。最后，他的草书和隶书都达到了很高的水平，能和当时的一些书法家相比肩了。史臣称睿宗"谦恭孝友，好学，工草隶，尤爱文字训诂之书"（《旧唐书》卷七《睿宗纪》），"谦恭""孝友"虽然有性格的因素，但更是情势所迫。真正雄才大略的皇嫡龙种，襄助父皇治理天下，万事应接不暇，哪有时间和精力"通训诂""工草隶"？！李旦的雅兴无非是借此消散满腹的无奈罢了。这家伙整天没事情干，只有舞文弄墨。李旦在位期间虽然没有什么大的政绩，但他果断地让位，还算是很明智的，让儿子李隆基有了施展才干抱负的机会，后来的事实也证明李隆基确实没有辜负他的希望，毕竟开元盛世的来临是在睿宗之后的历史延续。

敢把帝王拉下马

李旦之所以能够登上帝王之位，除了能干的儿子李隆基的拥立，还多亏了他那有谋略的妹妹太平公主。在拥立睿宗李旦的过程中，太平公主和李隆基姑侄配合得十分默契。李显龙驭上宾后，韦后成了太后，为掩人耳目，韦太后与上官婉儿将李显最小的儿子，只有十六岁的小儿子李重茂暂时送上皇位。韦太后临朝摄政，掌握大权，准备以后取而代之。宗楚客与武延秀共劝韦氏尽快除去相王李旦及其妹妹太平公主，以绝后患，但太平公主等人早有准备，李旦第三子李隆基抢先一步动手，带领羽林军夜入玄武门，尽杀韦姓一党，韦后、安乐公主和上官婉儿都在此次政变

骄纵的太平公主

唐太平公主石雕像

中死于非命。次日，膀粗腰圆的太平公主伸出她那粗壮有力的臂膀，一把将瘦弱得身无三两肉的李重茂从帝王宝座上拎了下来，李旦从此坐上了龙椅。

太平公主可是我国历史上赫赫有名的人物，她不仅是女皇武则天的娇宠女儿，而且几乎成了史家所称的"武则天第二"。她的血管里流动的是母亲那极不安分的血液。武则天总说我的女儿像我。这不仅是指外貌，还包括性格。太平公主从小骄横放纵，长大后变得凶狠毒辣，野心勃勃地觊觎那高高在上的皇位，梦想着像她母亲那样君临天下。历史上的太平公主与电视剧《大明宫词》中精灵可爱温柔的太平公主大相径庭，是一个生活在血腥的权力争夺和骨肉相残中的"政治女强人"。

历史上的太平公主名字不详，"太平"只是她的一个封号。这个武则天四十岁才生下的女人，注定要一生与权力斗争相伴。她的几个哥哥不是懦夫、弱智就是偏执狂。可武则天并不想把皇位给她，也许武皇觉得一个女人做帝王太苦，也许她觉得皇位还是给软弱的儿子更便于自己操纵。所以，她的两个儿子李显、李旦分别当了帝王，太平公主为此很不爽。

尽管政治上不得志，但在婚姻上老妈还是为她花了不少心思。太平公主十六岁那年，武则天想为她找个如意郎君，毕竟是一国之君的女儿，要讲究门当户对。于是，武则天每天托人介绍些类似突厥国王子啊之类的贵族过来，既在身份上没得说，还能算是和亲，缓解一下国际上的紧张形势。只是太平公主从小逆反心理严重，越是你硬要给她的东西，她越是不要，也不管东西本身好不好。别人约她见面，她就装病不出去，或者出尽丑相，以至到最后总结出专业的成套经验来。所以到有人把薛绍介绍过来的时候，武则天怕重蹈覆辙，就再不敢轻举妄动。当时薛氏家族势力强大，薛绍的母亲是李世民的女儿城阳公主，他父亲本身就是一驸马，绝对配得上太平公主。加上薛绍长得帅呆了，嘴又甜得要命，说起恭维话来一套一套的，女孩子都喜欢这样的类型。知道薛绍这个人以后，武则天就偷偷将他招进宫里仔细瞅过一两回，并要身边的侍从给出意见。看当时的情况，似乎人人都比较满意，于是就策划要他们见面，多数人赞同让薛绍经常来宫里，到太平公主出现最多的地方晃悠，假装无意地相撞和搭讪，这样就会显得很无心，很浪漫。你都看得出来的，整个过程一点技术含量都没有，也不知道是谁最先想出来的。薛绍这时已有妻室，而且娘家是个草根族，没有背景。武则天就让薛绍与前妻离婚，让太平公主嫁给了薛绍，这在故事的开头就说了，一点悬念都没有。

可以说，太平公主的两次婚姻都是"政治婚姻"。第一次是"李薛联姻"，太平公主十七岁那年嫁给了薛绍。武则天为了显示对她的无比宠爱，召集长安城几乎所有的轿夫抬嫁妆，一时堵车的、追尾的，那叫一个热闹！她下令全城放假一天，所有人停业聚集观看，当然红包、糖果之类是少不了的。据说当时被从天而降的密密麻麻的铜钱和苹果什么的击中并立即给埋进去活活憋死的市民不计其数。后因那些东西实在太多，难以清理干净，日子一久，都在街头烂掉。整整一年，整个长安城上空都笼罩在果肉发酵的醉人果酒气味中，三年后还有人用手从地上一堆堆大便状的东西里抠出铜钱来。当然，这是后话了。由于婚礼在晚上举行，沿路燃满了火烛，以至于把路边的槐树都给烧死了。那场面，"那是相当的壮观"。

李薛婚姻持续了七年，后来薛绍被诬告与唐宗室琅琊王李冲通谋反对武则天，被判极刑处死，太平公主仍回皇宫，成了寡妇公主。

唐宫贵妇

第二次婚姻是"李武联姻"，发生在武则天称帝前不久。武则天先是想把她嫁给武承嗣，但武承嗣体弱多病，名声不好，太平公主不愿意。武承嗣时为周国公，任礼部尚书，仗着姑母武则天的宠信胡作非为，经常夺人妻子。可想而知，对这样一个不解风情、不懂得怜香惜玉的暴发户，心高气傲的太平公主岂能委身于他？武则天后来又看中了自己的侄子武攸暨，可是武攸暨已有妻室，于是她就把武攸暨的妻子暗杀了，然后把太平公主嫁给了武攸暨。

靠！两次婚姻要了两个人的命，"政治婚姻"向来不讲人情！无论是遵从父命的第一次婚姻，还是遵从母命、充满血腥的第二次婚姻，太平公主都过得从从容容、心安理得。太平公主几次婚姻所遇到的都是弱智男人，没有一个配得上她的地位、美貌和智慧。唯一使她深深暗恋的，却是自己的侄子李隆基。经过多年的相处，尤其是联合李隆基铲除韦氏集团的并肩作战，太平公主被李隆基那种英姿果敢所深深吸引，她已经很久没有如此的激情了。她看着亲侄子李隆基从小长大，对于这个漂亮男孩慢慢长成英俊健硕的大男人，心里充满了复杂的情感。太平公主希望侄子成为一代君王，所以在李显被毒死不久，她就伸出粗壮有力的胳膊把韦氏集团所立的少帝李重茂从皇位上硬生生地一把拽下来，把皇权让给李隆基的父亲李旦，希望哥哥睿宗立李隆基为太子。但她同时提了一个条件：由她掌握朝政大权。于是，在这样的政治妥协之下，睿宗李旦继位了。可是天下人都知道，太平公主权势极大，呼风唤雨，江山实际上仍是太平公主掌控的，所有的大臣都归心于太平公主，当朝的七个宰相有五个是太平公主的门生。太平公主才是此时大唐真正的女皇，被称为"几乎拥有天下的公主"。李旦眼看着又要成为第二个李显，但历史不仅仅依靠惯性来演变，它也有戏剧性，年轻的李隆基绝非前太子李重俊之流可比。他雄才大略，懂得相机行事。在隐忍三年后，李隆基再次发力，一举粉碎太平公主的所有势力，太平公主自尽而亡。中唐时代的最后一个强势女人退出了历史舞台，此后终唐一朝，再也没有哪个皇室女性揽权干政，觊觎皇位。太平公主的死，结束了唐朝的"母系皇族"时代。

正如一位哲人所言，历史往往会发生惊人的相似之事，如果第一次是以喜剧面目出现，第二次则必以悲剧告终。太平公主虽不乏心机和才干，也曾纵横捭阖，得意于一时，但终未能承传母志，位列九五，只是在史书上留下许多五颜六色的斑痕而已。

女皇武则天
——有人怕，有人爱的媚娘

姓　　名：	武则天
职　　称：	圣神帝王
生　　卒：	624—705 年，享年八十二岁
老　　爸：	武士彟
老　　妈：	杨氏
最高职务：	大唐实际上的第四任一把手
帝王工龄：	十五年（690—705 年）
荣誉称号：	则天大圣帝
最大政绩：	破格用人，制度创新；开展女权运动；推行富民政策，她打理朝政的半个世纪，国库充足，富得盆满钵满
最大错误：	任用残暴酷吏，制造冤假错案
家庭出身：	商转干（有点类似计划经济时的农转非）家庭
本人成分：	太复杂，讲不清
接班人：	李显
最得意：	中国唯一女帝王
最遗憾：	好不容易开创的武周一朝最后还是交还李唐，自己白忙乎一场，还落得篡权变天的罪名
最愤怒：	在感业寺内为尼
现在住址：	陕西省乾县城北六公里梁山乾陵
个性签名：	当帝王难，当女帝王尤其难

女皇武则天画像

木材商人的发迹

时代点评

千古女皇武则天参政执政的50余年，上承"贞观之治"，下启"开元盛世"。皇皇盛唐，有着令人神往的宽容与开放，容得下更多的激情与梦想。武则天的勇气和智慧就在这样的环境下绽放。她亲身经历过一个君明臣直、彪炳史册的贞观治世，也亲手推动了一个典章焕然、风流富贵的开元盛世。她就在这之间传递着历史的雄奇与苍凉。

一直教导女子顺从的世界里雄飞高举，君临天下。在她的时代，禁区可以突破，命运可以改变，激情和梦想造就了千古流芳的大唐气象；在她的身后，正史和野史留下了种种扑朔迷离的记载，给这位传奇女子平添了许多神秘的色彩。

什么样的老爸能养育出这样一个惊世骇俗的女帝王？一查朝廷人事部门的干部登记表，武则天原来是唐初工部尚书武士彟的女儿。

魏晋以来，社会上形成了两大阶级——世代做官的和永远做不上官的，这就是所谓"世族"和"庶族"。当时的武氏还是个地方小姓，是介乎世家大族和平头百姓之间的门户。武则天的家庭成分，离王、谢这样的豪门还差得很远，但也不是"寒"到了底的小老百姓。武家原是世代干部家庭，到了父亲武士彟这里，虽然最初时惨了点儿，曾挑担子去各村卖过豆腐，但他后来搞建筑材料，经营木材生意致富，也算是当时的成功人士。那时候的木材，尤如今天的钢筋水泥，是最重要的建筑材料。隋末朝廷大兴土木，贪图享乐。武士彟看准机会，结交了不少负责主管工程基建的官员，一来二去就把生意做大了。史书上说他"家富于财，颇好交结"。武士彟富起来以后，娶了一位退职军官的女儿相里氏为妻。从这个姓氏来看，可能是胡人之后。老岳父在武士彟的人生路上还

武则天的老爸——木材商人武士彟

起了点作用，把他推荐到鹰扬府做了"队正"。这是隋代府兵制里的低级军官，大

概统领五十人，大致相当于现在一个加强排的尉级排长。

不过，他要是仅仅按部就班，一步一个脚印地干，似乎上进的可能性也不大，史书上没有记载他在打仗方面有何奇才。他的发迹，唐朝人都知道，是因为攀上了李渊。开唐帝王这样一个地位显赫的人，武士彟是怎么巴结上的呢？

早在隋炀帝时，杨广的堂弟杨达和宰相杨素奉诏营建东都。这个项目可是大有油水，武士彟闻风而动，备了厚礼，托了关系，终于见到了杨达。武士彟这人面相憨厚，但谈吐不俗。杨达一谈之下对他大为赞赏，不仅批给了武士彟一笔大单，做成一宗大买卖，还把他引荐给了高层社交圈里的一群达官朋友，这些人里面就有当时的殿前少监、卫尉少卿李渊。此后，李渊奉命到山西抓造反派骨干分子，行军中特意到熟人武士彟家住了一晚。武士彟有此机缘，当然尽心伺候，两人就此结成了铁哥们。等到李渊任太原留守时，就安排武士彟当了行军司铠，专管太原府武器装备的采购置办，这可是大大的肥缺啊。武士彟这一脚就登上了李渊的"首义"之船，开始了他军队后勤部长的生涯。未曾农转非，却混了个商转军、军转干。

武士彟急切地想要改变命运，遇事总是勇于出头，不断向上、积极进取的内动力和准确把握时机的领悟力，使得他成功地成为李渊举兵反隋的重要成员。李渊起事之初大量招兵，让刘弘基、长孙顺德二人训练，引起了忠于隋朝的副留守王威的怀疑：他莫非有反心？王威对武士彟很信任，就直截了当地对他说了招兵为何让别人管而不让自己人管的疑问。武士彟马上为李渊辩护道："所募新兵，素乏训练，今委以专人，乃治军之常法。且唐公（即隋封的唐国公李渊）为今之勋戚，受委重责，恐无暧昧之情。"

人物品鉴

在通往超级女强人的路上，武则天是一个罕见的没有性别自卑的少妇。作为中华帝国唯一的女帝王，她既是杰出的政治家，又是心狠手辣的女人；既是在唐朝太庙里千秋享配的祖母，又是一个颠倒阴阳而篡位的历史偶像。她的美貌、智慧、狡诈、狠毒、领导艺术、领袖魅力、卓越的洞见力，都为后世津津乐道。

武则天无字碑

王威半信半疑，又提出这刘弘基、长孙顺德两个家伙是什么玩意儿，都是征高丽的逃兵，应被追究罪责之人。武士彟又劝道："此二人乃唐公之客，而非唐公族人且曾为皇上侍卫。当此用人之际，启用也不妨。若按治二人，必使唐公不悦，方可堪忧！"忠于隋朝的副留守王威一向就畏惧李渊的威仪，听他这么一说，就不敢动了。事情一摆平，武士彟转身就将王威之言告诉李渊，使李渊有了防备。这是大功一件。其次，武士彟曾力劝李渊起事，"别再犹豫了！"他假托听到空中"有称唐公为天子者"，又梦见"从高祖（李渊）乘马登天，俱以手扪日月"，还专门草拟了个造反的可行性报告给李渊。于是，"高祖大欢，益以自负"——你们说我行，我大概真的就行！武士彟又将自己所撰的一部"兵书"献给李渊，其意自明。李渊心里有数，只是说："幸勿多言，事成之后，当同富贵耳！"对小人物来说，拍马也许是必要的，但关键时刻也真得提着脑袋干！

何以没能"媚"住李世民

恐怕地球人都知道，唐朝有个女皇武则天，艳丽绝色。唐太宗一见她的面就赐号为"媚"，说明她天生会勾引人。那么为什么就没能"勾"住李世民呢？一是李世民念旧，怀念死去不久的老婆长孙皇后；二是他不能接受武则天的铁血杀伐性格。

长孙皇后死后，后宫的人事问题看来要解决一下了。首先是妃嫔人数太少，与唐制不合，虽有编制名额，但老婆严重缺员。按唐朝关于帝王老婆编制的配备规定，国君应有一后、四妃、九嫔，这十四个女人都是帝王的正妻，下面还应有婕妤、美人、才人等一支庞大的老婆兼女官队伍。这以前有好几次放归宫女令其改嫁，走了不少人，急需补充。于是，内侍省就开始着手选美了。在一般情况下，选妃嫔是由内侍省挑好了请帝王过目审阅批准，但有时帝王也根据一些线索自己点名要人。这一次，太宗就是根据身边人的进言，点名要前都督武士彟的二丫头进宫当才人。君令如山，没什么商量！武"二囡"进

对李世民来说，武媚娘一日为妻，终身为媳

宫后，太宗见她果然姿容秀丽，就赐号"媚"。这个"媚"字，体现的恐怕不单单是漂亮，用现代话来说还表示性感。武媚娘的宫中生涯就此开始，最初只是个末等的妃嫔，在才人位置上一坐就是十一年，被太宗御幸也只有区区几次。在一群大小老婆队伍中，武则天不过是个边缘人物。宫中日短月长，武则天眼睁睁蹉跎了十一年，浪费了大好的年华。当然，这青春损失费她是没处要的。话又说回来，媚娘同太宗毕竟有过夫妻之实，怎么就没有"媚"住世民老兄？这里面有一个根本问题，就是男女吸引往往以互补型为佳。李世民有一匹马，太顽劣没人能驾驭。随侍在侧的武则天对太宗说：

武媚娘媚眼斜飘

"妾能制之，然须三物，一铁鞭，二铁挝，三匕首。铁鞭击之不服，则以挝挝其首，又不服，则以匕首断其喉。"太宗听了，对眼前这个花枝招展的女人会有什么感受？别说你我这样多愁善感的普通人会不寒而栗，就连从金戈铁马的生死中闯过来的沙场老将李世民也要退避三舍。这女人，太厉害了！简直就是赳赳武夫。太宗见这女孩如此刚烈狠毒，当即戒备起来。虽然太宗当时赞赏、鼓励了武则天，但他对这种男性化的女人从此就失去了兴趣。人都是缺什么爱什么，唐太宗是盖世英主，杀伐决断经历得太多了，内心很希望有个温柔贤惠、小鸟依人的女人做伴。而武则天可不是这样一个文弱型的小甜甜。相反，她是一副地地道道的铁石心肠、强硬性格。这就让李世民不得不敬而远之。同样强悍的唐太宗，对这种女性的阳刚之美或许能理解甚至欣赏，但不能接受，所以十四岁入宫的武媚娘在其后的十二年内都没有生育。

迷倒太宗的，另有人在。与武则天同时进宫的，还有一个才人叫徐惠。徐惠生于书香之家，四岁时始诵《论语》《毛诗》，八岁能作文，辞意精通，文名扬于京中，被太宗知道了，于是亲自点名召进宫。这个徐惠的气质与思想属于典型、正统的温柔型知识女性，正是投了太宗的所好。自长孙皇后死后，太宗就开始有些颓废，耽于享乐，对女色兴致尤其高。徐惠为此上疏劝谏，言辞间有长孙皇后之风，太宗大为欣赏，遂把她提拔为九嫔之一。看来太宗还是比较倾心于这类酷爱读书、手不释卷的风雅女人，而不看好武则天那种让人心寒的粗喇喇的驯马者。话说回来，太宗若是果真笑纳了武媚娘,以他强硬刚直的天性,也就不可能有后来的女皇了。

打造"革命"队伍

武则天登基的政治中心

唐朝的干部队伍

选拔人才的殿试考生人才济济

李世民逝世后,武氏与时俱进,不久就与新帝王唐高宗走在一起,并协助李治治国安邦。

武媚娘协夫(李治)参政不久,即开始了著名的武周"革命"。武则天的"革命"内容之一,就是拿反动的唯成份论的等级制开刀。中国怎样从一个贵族官僚占绝对统治地位的社会转型为一个人人都能才尽其用的社会?当时的中国是一个典型的贵族社会,贵族横亘在帝王和平民之间,具有相当大的势力,大到帝王都怕他们的程度。这是一个阶层固化、不流动的社会,当干部升官只有富豪贵族的份,普通百姓、草根人士永远别想出头冒尖。门阀制度这颗大瘤子形成于东汉,鼎盛于魏晋南北朝。隋文帝坐天下,大刀一挥,消灭九品中正制,实行科举,把门阀制度砍开了一个大口子。可是万事开头难,直到唐初,科举取官的人还是非常少,晋升速度也慢。武则天要坐天下,感觉自己能用的人手实在太少。

当时的豪门大户主要体现在一本《氏族志》上,里面有姓氏的就是有头有脸的士绅大族。"革命"就从这本书开始。武则天命人修订增删,改《氏族志》为《姓氏录》,强调的是"姓"而不是"族",一律不注明家庭渊源,只按官阶排等级,连军卒起家的士兵都可以与昔日士族平起平坐。从此，原有的贵贱界限彻底打破。《姓氏录》就像美国的《解放黑奴宣言》，解放了门阀制度下千千万万的下层人。不问你是地主老财还是贫苦农民，只要是对国家做了贡献的有功人员，都有资格被录入书中，都有机会做官。武则天在实践上也是这样，用人不怕你低贱，就怕你无能。就连当初要废除武媚娘皇后身份的宰相上官仪被自己杀死后，这个宿敌的孙女上官婉儿不过是入宫当侍女的小丫头，武则天也重其才华，大胆起用，使其最终成长为中国历史上唯一的女宰相。武氏老人家求贤若渴，派出十支人力资源工作小组到各地搜罗人才，不少乡村教师平步青云。她还创立了有名的"殿试""武举"和"自荐"制度，一直延续到后世，成为各代王朝选才的特别渠道。殿试一般在皇宫举行，由帝王出题，是进士科最高级别的考试。尤其"自荐"最有意思，无论农夫还是小贩，只要有能力，都可主动求官，不必花钱去买。

秦始皇的"革命"手段残暴，落下了一个暴君的恶名，但是他的郡县制、书同文等有诸种好处。武则天的"革命"内容之一是废除门阀制度，形成了"学而优则仕，干而优则仕"的用人机制。

在扳倒了干部选拔的出身障碍这座大山之后，武则天立即狠抓对各级官员的"普法培训"、思想教育，在百忙之中撰写了一部《领导干部行为规范》（《臣轨》），从十个方面对朝臣提出了高标准、严要求，比如：

"同体"：为臣者要与君王同心同德，在政治上与朝廷保持高度一致；

"至忠，推善于君，引过在己"：就是说，有功劳你不要自夸，成绩是皇上的，是领导的，有黑锅你应该自己抢着去背，把上司漂得清清白白、干干净净的；

"守道，以道清心正身，佐时匡主；名不动心，利不动志"：就是不为名，不为利，全心全意为君主服务。此外，《臣轨》还有公正、

武皇深知用"革命理论"武装干部头脑的重要作用，亲自编写干部守则，约束官员言行

匡谏、诚信、慎密、廉洁、良将、利人这七条要求。

武则天对干部向来就注重政治思想方面的素质教育，她让秘书班子执笔，主编了一系列教材，如《列女传》《百僚新戒》《乐书》《少阳正范》《古今内范》《青宫纪要》及《孝子传》，也赶起名人出书潮来了。以前儿子李贤不听话，她就送一些少儿必读书目如《孝子传》《少阳正范》，指导他怎么做乖儿子。现在武后是把所有官员当乖儿子来调教了，以践行她的"母仪天下"。武则天的《臣轨》常和李世民撰写的《帝范》合为一书，被称为《帝范臣轨》，17世纪传入日本，日本人给予了极高的评价："本朝读之，尤尊之，至若镰仓将军家皆读之，有助治道久矣，何啻中华而已哉。"

掐死亲生女

永徽四年（653年），武则天仍是昭仪（帝王老婆等级之一的称呼），还没有成为皇后时为唐高宗李治生了一个女儿，很得李治的喜爱，视为掌上明珠。当时王皇后没有子女，出于母性本能，对武昭仪的这个女孩也很感兴趣，常去看顾一下。永徽五年（654年）初春的某一天，王皇后又去武则天处，对这小女孩亲亲热热地搂抱抚摸了一番，无非是逗着玩玩。此乃人之常情，却被武昭仪阴险地加以利用。

扼杀帝王李治亲女的唐宫疑案

等王皇后一走，"昭仪潜毙儿衾下"（欧阳修《新唐书·后妃列传》）也就是说武昭仪偷偷地用被窝严严实实地压住不到一岁的孩子，硬生生地捂死了自己的亲生女儿。等到高宗来了，武昭仪假作没事人一样笑语欢言，待掀开被子一看，孩子已经死了！高宗惊问左右宫人，大家都说："皇后刚来过。"武昭仪顿时大放悲声，说是皇后怎么这么凶狠？！高宗哪里猜得出其中猫腻，大怒道："皇后杀我女儿！以往与淑妃互相诋毁昭仪，现在又干出这等事！"武则天陷害王皇后的阴谋得逞，皇后实在是有口难辩，说不清楚了，高宗愈加同情武昭仪。武则天为争权位，不惜扼死亲生女，此后还杀了四个亲兄弟、一个亲姐姐、两个亲儿子,那冷硬无比的铁石心肠简直让人脊梁嗖嗖发冷。不过话又说回来,一将功成万骨枯,想要当上一国之君,总难免要死几个人。况且在内宫,不是你吃了我,便是我吃了你,谁不是一双素手娇滴滴地干着伤天害理的事呢!女人并不是天生就热衷于鸡零狗碎,只是她们的空间太小,要想抢到糖吃,就不得不越发阴冷、狭促、歹毒。武则天诬陷王皇后杀女的事,或许有,但"亲手杀女"未必成立。唐朝专门收集唐初至德宗时事编成的《唐会要》说:"昭仪所生女暴卒,又奏王皇后杀之。"只不过"暴卒"原因不明,武则天给赖到王皇后身上去了。欧阳修老先生太有才了,在原素材上略加点染就无限上纲,性质也完全变了。

乾陵无字碑

不过,不管怎么样,女儿没有白死,武昭仪总算要换换头上的帽子——当皇后了。十一月初一,迎亲的太极宫和武宅两处都张灯结彩,武则天仪态万方,一副天下第一夫人的模样。礼宾司的司仪官为她戴好首饰、穿上凤袍,面北而立。双方工作人员经过一系列繁琐的程序,由武氏一方的代理人接过《皇后任命书》和皇后大印。礼毕,她就随着两位婚礼大使,率众浩浩荡荡入宫。朝内文武百官则在肃义门齐集,朝见新皇后,一个个兴高采烈地高呼"欢迎!欢迎!热烈欢迎!"百官朝见皇后,是本朝开国以来从未有过的典礼,自这一次礼仪制度创新开始,竟然成为惯例,妇女地位因之大为提高!

依据武则天形象塑建的洛阳奉先寺卢舍那大佛

年逾六旬依然精力旺盛的武皇

更辉煌的"革命"成果还在后面。690年，中国有两个年号，一个是唐载初元年，另一个是周天授元年，两个年号两重天，但都是一个主人——武则天。这一年九月，侍御史傅游艺领着900多个"民意代表"递上一份请愿书，强烈要求皇后武则天把国号改为"周"，名正言顺当大周的帝王。武则天深知这种"被迫"当帝王的特定先例，即不能一劝就当，要有一个半推半就的过程。按照劝进的规矩，武则天一开始自然没有答应"民意代表"的请求，但对这次行动是为了维护国家利益的主观动机还是加以肯定的，民意总代表傅游艺因而被破格提拔为五品官员。榜样的力量是无穷的，朝廷的各级官员、皇室成员、四夷的酋长、百姓的代表，还有僧人、道士们当下都明白应该怎么做了。根据安排，具有方方面面广泛代表性的官员和百姓"不厌其烦"，一而再，再而三地劝进。一般来说，经过三次劝进后，就可以"顺应潮流"了。武则天于是顺理成章地宣布改"唐"为"周"，接受了"圣神帝王"的尊号。武则天苦心孤诣终于登上了皇位，过往"烈士"的鲜血没有白流。武则天另立朝廷，害得李唐王朝不能一脉相承而在中途大大地咯噔了一下。

由于一生杀伐太重，血腥气过浓，武则天登基之后不想给世人留下冷酷残暴的印象，特意让人仿照自己的形象打造了河南洛阳奉先寺的卢舍那大佛——意为光明普照的慈悲偶像。北魏以来，从荒凉边塞走来的帝王们，一方面拜倒在佛祖脚下，另一方面把自己想象成法力无边的佛祖。他们留下了开窟造像的传统："凿石造佛，如朕帝身。"和他们一样，武则天也要当佛。佛祖拈花一笑间，由礼佛的女尼一步步登上乾元殿的帝王，顿时又幻化成了人间的永恒，曾经的妩媚与威严也升腾为庄严与慈悲，方额广颐的女皇凝固为"相好希有，鸿颜无匹，大慈大悲，如月如日"的大佛。千载之下，当我们仰望17米高的卢舍那大佛时，内心的震撼无与伦比。这究竟是艺术的魅力，还是女皇的威灵？

女皇武则天

特种职业

在永别前夫李世民之前，武氏在感业寺当过一段清寂的尼姑。但青灯暮钟相伴的尼姑经历并没有让武氏"戒色"。相反，主政之后，她就广蓄面首，自娱自乐。面首就是供贵妇人玩弄的美男子。面指脸蛋，首指头发，看来古代女性的审美观和现代人没有根本区别，她们也喜欢脸蛋出众、头发茂密的小白脸。常言道："饱暖思淫欲。"凡夫俗子尚且如此，何况位居九五之尊且永不服输的武皇呢？武则天年轻的时候荆钗布裙、缁衣光头，依旧不掩国色芳心。现在虽年过花甲，但养生有道，再加脂粉钗环，仍是姿色不减当年，依然精力旺盛，乐此不疲。

为了精挑细选这类特种职业者，武氏多次密派官员到民间秘密搜寻"人才"。武皇机要秘书上官婉儿亲自主管选美。出发前，武则天向她面授机宜：所选美男要鼻子大而隆直，阳刚健壮。后来被上官婉儿选入宫中的，果然个个貌比潘安。男子汉光有气质有英俊的外表并不够味，更要带一点野性才有魅力——年纪稍长的女性，都有这个渴望。选嫔妃只要有姿色就够了，但武则天的面首岗位却是有行业准入门坎的。不但要具备专门的职业技能，

武后出行总有面首伴随

武则天乾陵

武则天是一个善于用时间打败一切的人：汉武帝的茂陵被掏空了，唐太宗的昭陵被扫荡了，乾隆大帝连骨头都凑不齐了，单单武则天的"万年寿域"乾陵独善其身，是目前唯一未被盗掘的唐代帝王陵墓。她14岁入宫，耐心地经营了18年后终于当上了皇后，然后又用35年时间当上了帝王，死后又用1200年证明了自己陵墓的不朽。武则天生前征服了天下，死后征服了历史。任凭后人毁誉褒贬，她只在乾陵中微笑！

武皇眯眼打量新招选的帅哥

还需要心胸广阔，对于那些街谈巷议，能做到充耳不闻，坚信革命工作只有分工不同没有贵贱之分的道理。具备了以上几点，再加以机缘巧合，便能一展雄风，走上面首的辉煌道路，实践美丽也是一种生产力的绝对真理。但面首又是一个高风险职业，可怜那班徒有其表的俊男儿，由于功夫不到位总不能让武后称心，动不动就大发雷霆，进宫不出三五天就被侍卫捆了手脚，扔在御池中喂了蛇蝎。武后的女儿太平公主，一眼看穿母后的苦楚，于是亲自出马为母亲物色男宠。为了严格把关，公主自己先行试用反复比较，满意后再献给母亲，终于物色到难得的"宝物"送于母皇，真是知母莫若女。张易之、张昌宗、沈南谬、僧惠范这些以"阳道壮伟"而受武则天宠爱的人物，基本上都是经过太平公主亲自体验、细心挑选的。

有一次，武则天和姑妈聊天时问道："有没有那种看了就会爽快的男人呢？"（连这样的话都说得出口）"你朝堂上不是天天有一大堆男人吗？""不行！绝对不能是朝臣。爱上朝臣，我还能行政吗？""那就选和尚如何？和尚怕被逐出佛门，一定会守秘密，而且与政治无关……""自从玄奘二十年前去世以来，我从没看到过眉清目秀的和尚。姑妈，你看到值得倾心的男人时，记得要介绍给我哦！"姑妈突然想起洛阳有一个名叫冯小宝的江湖术士在市集卖药，长得皮肤白皙、体格魁梧，眉目清秀。姑妈就引荐冯小宝谒见了武则天。"你认为那个人怎么样？"谒见后，姑妈问了武则天。"马马虎虎。"绝不说人好的武则天说"马马虎虎"，就表示相当满意了。武氏还为冯小宝改姓为薛，起名怀义。这薛怀义也不是吃素的，上任后动不动就争宠吃醋，又是杀人又是放火，最后气得武则天把他一刀咔嚓了事。

美容——事关政治前途

每年十二月腊八之前，武则天都要给朝官们发送些"紫雪""红雪"等大品牌的面脂口脂化妆品。这既是制度规定的级别待遇，又是事关朝廷精神面貌的形象工程。不知官员们接到化妆品叩谢圣恩之后，是将其摆放在显著位置供起来，还是有粉擦在脸上、不擦白不擦，亦或是给夫人漂白美容用。武则天这一政策的精神实质是要求大唐的官员充满朝气，面容耐看。"面子"问题相当重要，所以要经常照照镜子，懂得保养，必要时还可以整整容、拉拉皮。否则，有可能提前结束一个官员的政治生命，因为武则天的退休政策对面容和年龄是有限制的。五品以上的官员，年龄虽然不老但"面容衰老者"，都要提前退休。

唐朝规定官员七十岁退休，可以说是很宽松的了。即便这样，有些官员到年龄之后仍不愿退休，和组织部门讲条件，无非是要为朝廷继续革命、发挥余热、给咱们大唐这座宏伟的建筑再添些砖加些瓦，说到底还不是为了自家的米袋子、菜篮子、小孩子、大房子。有一位兵部侍郎叫侯知一，年龄到了，人事部门按规定下发了关于侯知一同志退休的文件，文件上盖着帝王的大印，这就意味着武则天已圈阅。侯知一不知进退，给皇上打了一个报告，表示自己欣逢盛世，心情舒畅，身体健康，再干上几年也不成问题。为了证明这一点，侯知一竟在百官上朝时当着武则天的面展示自己的身体"倍棒"，史书上这样形容他："踊跃驰走，以示轻便。"依照当时朝堂的空间推断，侯知一这一番"踊跃驰走"应该是直来直去，类似于现今足球运动员体能测试时的折返跑。运动员们一提起折返跑就生气，气了想想侯知一，保住饭碗都不容易。

至于没有到七十岁但是身体残疾不能工作的，当时政策规定可以提前

兵部侍郎的"身体秀"

武则天和宰相娄师德

半退，保留散官或者勋官的级别。如果视力不济，老眼昏花，仕途也是要受到影响的。一天，退朝之后，武则天十分倚重的宰相娄师德走出城门，因为身高体胖再加上一条腿不得劲儿，他便坐在一条横木上等候随从把马牵过来。一位要进宫的县令看见陌生的娄师德坐在路边，便也挨着坐下，和娄师德寒暄起来。这时，县令在内宫当差的儿子从远处走来，看见父亲大大方方和宰相平起平坐，不由得大吃一惊，急忙高声提醒。县令听说身边的人是宰相，立即惶恐起来，起身便拜，连说死罪死罪。死罪倒不至于，但失礼是显而易见的。好在娄师德这人很亲和，说："人有不相识，法有何死罪。"那时候没有照片，更没有电视，县令不认识宰相是很正常的。县令看宰相大人如此平易近人，便趁势诉起苦来，说是上级嫌他的眼睛看不清东西，要求他提前退休，其实自己的眼睛看东西并不昏暗，晚上点着蜡烛还能给上级写报告。娄师德笑呵呵地说："你晚上能看文件写字，为什么大白天却分不出宰相呢？"县令听了吓得不轻，连声请求领导宽容，给予特殊照顾，让自己再干几年。宰相倒也宽厚，特批县令继续上班，干到七十岁。

武皇时的人事政策还有一些不成文的规定。比如，对于不能领会领导意图的，就可能要调整职务，调离岗位，文件上自然会说"另有任用"之类顾面子的话。"武周革命"时，为了打击李唐皇族势力，武则天决定好好利用李贞父子这个"谋反"案，把李室成员都网罗到这个案子里加以惩处。她找了一个名叫苏珦的监察御史来审理此案。按照她的想法，经过这么多年的教诲，大臣们应该对她的用意心领神会、尽力执行便是。没想到苏珦是个书呆子，他居然说找不到李唐皇族宗室诸王和李贞父子有牵连的证据！这让武则天太郁闷了，这证据没法找你还没法造吗？真是个榆木疙瘩！但是在内心深处，武则天还是敬重这种认死理的耿介之士的。老头子不善于紧跟领导，她有的是马屁精可用，所以也就不难为苏珦老夫子了。于是，她给苏珦扣了一顶大红帽子，先捧他一下，说"卿大雅之士，朕当别有任使，此狱不必卿也"，把他打发到河西做不冷不热的监军去了。

两男不敌一女

麟德元年（664年）十二月，宦官王伏胜举报，说武后常召道士郭行真进入宫禁，行"蛊祝""厌胜"之术。这"蛊祝""厌胜"之术就是暗地里咒人早死或者让人倒霉。当初王皇后之所以被唐高宗李治废位，罪状之一就是搞"厌胜"。那么，现在武后要咒谁，还煞有介事地请了专家来？高宗得了密报，大怒，又来这一套！他深恶有人在宫中搞这些名堂，太失皇后体统。再者，道士郭行真再怎么专家，也是个男人，居然可以在武后庇护下私自出入宫禁，这又孰可忍？盛怒之下，软弱的高宗也来了蛮劲儿：废后！

高宗手持废除皇后的诏书惊恐地看着武后

上次废王皇后是靠李义府起的头，现在李义府已经垮台，指望不上了，刚升入宰相不久的上官仪就成了高宗身边为数不多的心腹之一。上官仪是初唐名气很大的才子，通佛儒，善文章，五言诗更是写得好。高宗把他叫来，说自己实在忍受不了妻管严了，问他有什么主意。上官的位置虽然显赫，但本质上不过是个文学侍臣，城府还不够深，被高宗李治一问，一下子就卷到这是非窝里来了。不知他是早就对武后专权不满呢，还是仅仅为了附和高宗，张口就道："皇后专恣，人所共知，失四海之望。莫如将其废去，以安民心。"高宗心里一喜：这下可找到知音了，"耙耳朵，当不得"啊！于是就叫上官仪起草关于废除武皇后身份的最高指示。上官仪运足了文思，以敢把帝王拉下马、打倒国内最大的走歪门邪道当权派的造反精神，把废后诏一挥而就，据说开列的罪状有十数条之多。换了别人，早就跌下马来，但武后毕竟是武后，她的情报网在当昭仪时就遍布宫内，如今更是严密。皇上和上官仪的密议刚一出口，早有左右侍者奔告武后，武后闻讯大惊。她与夫君共结连理以来，历经一波三折才巩固了权力，算是患难夫妻了吧。况且平日政见又甚吻合，怎么突然就会有此变故？她毫不迟疑，立刻去见高宗。这边上官仪刚放下笔，草诏的墨迹还

支持废后的倒霉蛋上官仪

未干,高宗大概也正在推敲,忽见武后面带愠怒出现在面前,人"赃"俱获!看来眼线报告的属实。所幸诏书只是个草稿,还没有签字盖章,不具备法律效力。若晚来半步,任凭是谁也无力回天了!

此时上官仪可能已溜掉了,高宗面对武后,羞愧不已。武后当即质问自己到底有什么过错要被夫君休掉。接着,她不卑不亢地陈述了几年来辛苦辅政的事,软中带硬地问,为何不信妻子却信一个奴才,竟然不顾夫妻之情,妄弃无辜?这几句话一问,一下就把高宗制服。高宗连忙收起诏书草稿,但仍是惊魂未定,深怕武则天怨恨,便说:"是上官仪教我!"高宗连连道歉,待武后亲密如初。

这一废后大事,高宗想得太天真,也处理得太轻率了。武则天当皇后,迄今已有八年多,一直注意培植亲信。辅政之后,权力等于半个皇上,有权就有势力在,哪里会像王皇后,一纸诏书就能给打倒。现在要扳倒武后,不辅以武力,百不能成,跟文臣密谋能成什么事?!何况高宗还是个"耙耳朵",当面交锋,一触即溃。武则天之所以能举重若轻,一番言辞就把一场政变化解了,是因为她抓住了高宗的弱点。高宗被厉害老婆逼得无路可退,只好随她去了。

最冤的还是上官仪。他是个做诗的好料子,放着好好的五言诗不做,却做什么鸟宰相!他受高宗和武后的器重,任宰相一年多就达到了"独持国政"的地步。这已经是与武后的权力有所冲突了,还这么不小心,卷入了帝王两口子的"家庭矛盾",犯了"疏不间亲"的大忌。于是,上官仪就成了武后要杀的鸡、被高宗甩出来的替罪羊。上官老夫子吃透了做诗的格律,却没吃透伺候上级,特别是伺候皇后的禁忌。他付出的代价,自然是一颗才思敏捷的脑袋!

武皇后

唐玄宗李隆基
——多才多情的艺术明星

姓　　名：	李隆基
职　　称：	玄宗，亦称明皇
生　　卒：	685—762年，享年七十八岁
老　　爸：	睿宗李旦
老　　妈：	窦皇后
最高职务：	李唐第八任帝王
帝王工龄：	四十四年（712—756年）
最大政绩：	开创了中唐长达四十多年的最辉煌时期——开元盛世
最大错误：	被杨胖子迷昏了头，后期渎政误国，导致安史之乱。
荣誉称号：	至道大圣大明孝帝王
家庭出身：	帝王之家
本人成分：	高干子弟
接 班 人：	李亨
最 遗 憾：	发生了马嵬之变
最 愤 怒：	被迫赐死杨贵妃
现在住址：	陕西蒲城县保南乡敬母寺村泰陵
个性签名：	我的环啊！

唐玄宗李隆基画像

梨园老祖宗

幼年的李隆基便十分喜爱戏曲歌舞。六岁时，他在祖母武则天欢宴群臣的宴席上即席表演歌舞节目《长命女》，赢来一片喝彩。继位后，李隆基选定宫廷中的一片梨园作为排练歌舞的场所，在这里专门办起不收费的培训班教习演艺。"梨园"在唐中宗（705—710年）时还只是皇家禁苑中与枣园、桑园、桃园、樱桃园并存的一个果木园。园中设有离宫别殿、酒亭、球场等，供帝后、皇戚、贵臣宴饮游乐。经李隆基的大力倡导，在长满梨树的梨园里，弟子们为帝王和杨玉环表演各种舞蹈和参军戏、角抵戏。乾隆时进士孙星衍于嘉庆九年（1804年）撰写的《吴郡老郎庙之记》记载："……余往来京师，见有老郎庙（即玄宗）之神。相传唐玄宗时，庚令公之子名光者，雅善（霓裳羽衣舞），赐姓李氏，恩养宫中教其子弟。光性嗜梨，故遍值梨树，因名曰梨园。后代奉以为乐之祖师。"玄宗不仅亲自导演，还和杨贵妃鸾凤和鸣，以身示范。有时还指令当时的翰林学士或有名的文人编撰节目，据说诗人贺知章、李白等都当过编剧，曾为梨园写过上演的节目。从此，"梨园"便成为戏曲界的代称。

唐玄宗在"梨园"戏班，最喜欢扮演的角色就是丑角，无论角色大小都演。作为一国之君，自然要维护作为帝王的君威，于是在演出时，唐玄宗特意在脸部挂上一小白玉片儿用以遮面。到后来，这一扮相演变成丑角艺人演戏时在脸上勾画一个类似白玉片的白粉块儿，渐

梨园艺苑

时代点评

李隆基时代既是大唐中兴的最高潮，又是全唐历史由盛而衰的转折点。755年安史之乱爆发，已做了45年帝王的71岁老头李隆基仓皇西逃成都，但仍舍不得帝位，没当着众媒体宣布引咎辞职。太子李亨在千里之外的肃州灵武另立中央，循例遥尊远在西川的李隆基为太上皇。安史之乱平定后，李隆基回到长安，不得不追认皇儿抢班夺权的既成事实。安史之乱这一场中央与叛乱势力的大决战持续了7年之久，影响了整个唐朝中后期。

渐形成了今天戏曲舞台上的丑角脸谱。

因为唐玄宗,旧戏班丑角艺人的地位相对较高。梨园老前辈传说,过去戏班里的演员,无论你唱得再好、演技再高,在班子里的地位也是老二,唯有唱丑角的演员才算老大,因为尊"丑"就是尊帝王。如此说来,丑角是沾了唐玄宗的光了。在旧时的戏班里,其他艺人要做的事丑角都可以不做。比如,戏班里装有黄蟒、官衣、道袍、王帽、凤冠、九龙冠、圣旨、笏板、尚方宝剑等道具的箱子,没有艺人敢随便坐,但丑角演员就敢,连勾画脸谱也要让丑角演员先勾画。赶庙会唱戏要先敬"神",戏班艺人需要磕头跪拜,但丑角演员可以例外。丑角能拥有这样的地位和身份,真得感谢玄宗老爷子。所以后世艺人尊老李头为演员的祖师爷。旧时,各戏曲班

"梨园神"像

社都供奉的"老郎神"就是他老李唐玄宗,演丑行角色的更是把唐玄宗尊为老祖宗。

文艺大明星

很多皇位继承人在登基之前都会借助文章粉饰自己,而在登基之后便鲜有雅兴了。李隆基是个例外,他当帝王之前似乎没表现出对文艺的特别爱好。当时李隆基前后处在武氏集团和韦氏集团的政权高压之下,连个喘气的机会都没有,更别谈什么闲情逸致、诗词歌赋了。可是当了十来年帝王后,他突然就成了梨园曲艺的开山鼻祖,引领出空前绝后的文艺大繁荣。

那是一个明星荟萃、星光灿烂的时代。在李隆基的领导下,处于巅峰期的大唐盛世如潮水般涌现了一大批政治明星、诗词明星、书法明星、绘画明星,还有杰出的音乐家、舞蹈家、戏曲家等。

繁盛中的动荡 历代帝王 隋唐篇

明星荟萃

文艺大腕姚崇深得玄宗赏识,被封为宰相

中国史臣笔下稍有口碑的贤相能臣屈指可数。在这屈指可数的政治明星中,李隆基主政的开元天宝年间就有好几位,如姚崇、宋璟、张说、张九龄。这些人本身就有相当不错的文艺才华。张说是写作政论文的高手,张九龄的诗歌颇有造诣。文艺明星中,最为璀璨的无疑是诗人。老李做董事长的四十多年中,大唐的诗人队伍实在是太豪华壮观了:孟浩然、李颀、崔颢、王昌龄、储光羲、王维、李白、高适、常建、岑参、杜甫、元结、刘长卿、张继等。其中,孟浩然、王维、李白、杜甫这几位一流诗人都属国宝级甚至于世界级的。唐太宗一次暗访端门,看着新科进士列队而行,就得意洋洋,发出"天下英雄入吾彀中矣"的感叹。不知道李世民看到开之天宝年间这个更为壮观的诗人队伍会有什么感慨。

文艺明星当然远不止诗人,书法、绘画、音乐、舞蹈,哪一行都不乏顶级大师。唐代书法有张旭(草书)、颜真卿(楷书行书)、怀素(草书)、李阳冰(篆书),绘画有吴道子、王维、郑虔、曹霸、韩干、韩滉,音乐有李龟年、李鹤年兄弟,舞蹈有公孙大娘、李彭年。张贤亮说男人的一半是女人,李隆基的另一半杨贵妃不但善于跳舞,琵琶弹奏更是出色,"音韵凄清,飘如云外",诸王贵族都争着跟她学习琵琶技艺。杨贵妃之所以受宠,与她的能歌善舞、通晓音律不无关系。因为帝王也好这一口啊,两人有共同话题才能"天长地久"嘛。两人一个作曲,一个编舞,创造了中国历史

唐玄宗 李隆基

上最为华美的舞蹈。

　　李隆基自己在艺术上更是一个多才多技的全能乐师。他精通音律,听力灵敏,能够演奏琵琶、二胡、笛子、羯鼓等多种乐器,按照现在职位级别,至少是天王巨星级的高手了。玄宗最喜欢演奏的乐器是笛子和羯鼓,尤其对羯鼓更觉适意。据说,李隆基性情豪迈,因而不喜欢柔慢轻盈的琴声,琴声从容不迫;远不如羯鼓令人欢快而振奋。教坊艺人吕元真击鼓最绝,头上放一个水碗,曲终而水不倾动。玄宗在当太子时就闻知吕元真的技艺,多次派人召他演奏,而吕元真自恃才高,多次拒绝这未来天子的邀请。玄宗心中衔恨,报复的手法是令吕元真终身没有职位,而吕的同事则均受爵命。唐太宗时期的名臣魏征说:"亡国之君,多有才艺。"李隆基还不能算是亡国之君,但他是"导致亡国之君",不过,在多才多艺这一点上,他却当之无愧,音乐、诗歌、舞蹈、戏曲、编剧、导演,无所不能。著名的《霓裳羽衣舞》就是他创作而成。《霓裳羽衣曲》几乎就是一部唐代的《东方红》,在古代的大型歌舞曲目中最精彩、最具代表性。整个大曲描写了玄宗向往仙境、遇见仙女的梦幻故事。《霓裳羽衣曲》

诗仙李白

《霓裳羽衣曲》正在唐宫上演

创作全过程,玄宗先完成作曲、编曲,随后推出了舞蹈的演出形式。全剧结构复杂,乐调优美,技艺高超,无与伦比,具有高度的艺术和技巧水平。《霓裳羽衣曲》完成数年后,西凉府都督杨敬述进献了一支印度《婆罗门》曲。玄宗觉得此曲与《霓裳羽衣曲》有相合之处,正是自己梦寐以求的。于是将《婆罗门》曲糅进了《霓裳羽衣曲》中,使其成为一部完美的舞曲。杨贵妃入宫以后,对该曲进行了再创作,并配上舞蹈。此舞就成了杨贵妃的最得意之作,功盖赵飞燕。《霓裳羽衣舞》确实是唐代宫廷乐舞的杰作。由于失传已久,它的美妙之处无从形容。诗人白居易有幸在此乐舞出现一百年以后于宪宗朝观赏它,便兴奋地写下了《霓裳羽衣歌》。

　　内廷歌舞场中,李隆基经常是乐队中的一位成员。当教坊女艺人谢阿蛮舞蹈玄宗创作的《凌波曲》时,往往是宁王吹玉笛,玄宗击羯鼓,杨贵妃弹琵琶,马仙期击方响,张野狐弹箜篌,贺怀智击板。赏花宴上花酒飘香,玄宗一旁吹笛,为杨贵妃甜润的歌声伴奏。一个帝王有如此高的艺术创作水准,在中国历朝历代是很少见的。隋炀帝杨广也喜欢文艺,但是他心胸狭隘,不允许别人超过自己,因此没能造成文艺繁荣、明星辈出的局面。在这一点上,李隆基比杨广伟大得多,李隆基不嫉妒他人的文艺才华,他提供的文艺舞台空间足够人们施展各自的才华。正是因为有内行帝王的指导和激励,在这样的创作大环境下,才涌现出像李龟年、公孙大娘等一流的艺术家。这班人既不走穴,也没一个要出场费。"上有好者,下必有甚焉者"(辛文房《唐才子传》卷一《六帝》),爱好文艺且有作秀细胞的帝王,自然喜欢擢拔任用文学之士。

玄宗与杨贵妃夫伴妇舞

舞蹈在唐明皇时是大臣们的基本功,其好坏与否还影响着大臣的仕途。大臣舞风盛,臣妾人人学,这应该说是与玄宗的倡导有关。由于帝王喜欢,大臣们在赐宴的酒席上即兴舞蹈,表达心情的愉悦,也带有向皇上献媚取乐的用意。玄宗时工部尚书张锡表演《谈容娘》很成功,舞得精彩,大得玄宗的夸奖。后人常说,熟读唐诗三百首,不会做诗也会溜。就连长期伴随在唐玄宗身边风光几十年的高力士也能哼哼两句。他失势被贬往巫州后,看到路旁长满了荠菜却没人采摘,不由得触景生情,写了一首诗:"两京做斤卖,五溪无人采。夷夏虽有殊,气味都不改。"高力士的诗也是有感而发。在当时那样的社会,可以说三百六十行,行行出状元,而且动辄都是名垂千古,其中不乏特级明星。我们普通人,倘若一百年后能留下一百个字,就算混得不错了。而唐玄宗时代的众多明星,迄今都一千多年了,仍然如同日月行天,光芒不减,熠熠生辉!

著名的舞蹈家、音乐家、歌唱家杨玉环

隆基、玉环生奇恋

李隆基不但是政治上文艺上的明星，在风月场上也俨然成了全民仰慕的偶像，掳获了一批批粉丝追星族。都说男人的事业在疆场、在科场、在官场，女人的事业在情场。他老李却什么场全包圆了。男人嘛，有钱了就喜欢纳个妾什么的。帝王更不用说了，国家太平，四方朝贡，帝王在宫里闲得无聊，于是就"饱暖思淫欲"。正好，他儿子寿王娶了个漂亮媳妇，就是众所周知的杨玉环杨大美人。在一次参加咸宜公主的婚宴Party上，杨玉环与唐玄宗的儿子寿王李瑁一见钟情，并顺利地被录取为寿王妃。那年她年方十七岁，一个名不见经传的小吏之女，摇身一变成了皇族，玉环之相真是贵不可言。开元二十二年（734年）的一天，寿王与杨玉环新婚。老眼昏花的李隆基居然在花花人群中一眼就看到了雪肤貌美的杨儿媳，一时惊为仙子，真个是"回眸一笑百媚生，六宫粉黛无颜色"。当时唐玄宗最宠幸的爱妃正是寿王的母亲武惠妃，夫妻关系极好。所以，唐玄宗这个时候是属于那种即使有贼心也没有贼胆的人，对杨玉环顶多也不过是内心想想就算了。

但"幸运"的事很快就来了，武惠妃于开元二十五年（737年）十二月暴病身亡，唐玄宗的心开始活泛起来。在一次皇宫例行夜宴上，锣鼓锵锵一声响，正值感情荒年的老李，蓦然又看见丰盈娇憨的儿媳妇，二人眉眼传情，暗送"秋天的菠菜"。李隆基苍老的心一瞬间年轻了许多，竟然不顾人伦天理，常找借口让杨玉环进宫，这样不明不白地厮混了几年。为能长期得到杨玉环，唐玄宗煞费苦心，在高力士的一番周旋安排下，先令她出家做女道士，以洗白她的媳妇身份，再入宫为宫女，实际上暗地早已成了老李的盘中菜。这样的地下工作毕竟不方便，唐玄宗终于忍受不了和杨玉环这样偷偷摸摸的了，干脆在天宝四年（745年）公然将杨玉环娶过来。虽然唐玄宗这样做有点不地道，

杨玉环塑像

二月花神杨玉环

但毕竟老李家几代人这样的事情已经出过好几次了,包括寿王在内的人也只能默认了。大道学先生朱熹就讲过,唐朝李氏的祖先并不是汉族,原是鲜卑一类胡人。古代少数民族中本来就有子娶父妾的习俗,所以高宗召武则天进宫算不了什么。至于玄宗娶儿媳妇,古代少数民族中也有其例。

说花季少妇杨玉环对"老头子"唐玄宗有什么真挚的爱情,打死也不相信。但老李对小杨的感情可是动了真格的,对娇妻可谓百依百顺。杨贵妃一吃醋,他就担惊受怕,偶尔把她赶走又忍不住会想念她。有次杨美人跟明皇兄一赌气,竟然跑回娘家,搞得明皇兄只能上她娘家求她回来,模范老公也不过如此了。

仅仅一两次见面,情商极高的玄宗的魂就被杨儿媳这个胖女人给勾去了。这一勾去不要紧,顿时使整个社会出现一个以胖为美的时尚风潮,同时也立起了女性择偶标准的"先进模范"人物。一时间,嫁人当嫁李隆基、爱人当如李隆基……多少粉丝追着要寻求如此痴情的男人。说来也是,虽说历代帝王三宫六苑不缺美女,但

杨贵妃上马图

动了真感情爱得死去活来的并不多。白居易的《长恨歌》把二人歌颂得多么恩爱缠绵，什么在天愿为比翼鸟，在地愿作连理枝。一个男人本来有机会得到三千粉黛，却只集中精力专爱一人，对其他女子目不斜视，当下哪个男人能做得到？半老徐娘的杨胖子被缢而死，夫君对她仍念念不忘，搂着她的遗物期期艾艾地退位，腾出心思一味地追忆往昔，以喜新厌旧为世风的现今还有这样的男人吗？如今哪个女人有这福气？鳏夫思念前妻好理解，但李隆基没了杨玉环，后宫还闲着三千美女等他召幸呢，就不信三千人的职业技能水平还抵不过一个杨玉环？而且她死时都三十八岁了，一千三百年前人寿命短，若生育及时，这岁数的女人早当婆婆了。一个婆婆级别的女人叫拥有六宫嫩粉的男人惦记到动不动就"夕殿萤飞思悄然，孤灯挑尽未成眠"，而且还自觉自愿地守贞保节到"鸳鸯瓦冷霜华重，翡翠衾寒谁与共"——这份痴情，古往今来天上人间，也只有他老李同志了。

李隆基三千宠爱在一身

穷人有贞操观是正常的，因为你要胡搞没钱财，你想变心没机会。可人家李隆基生活在那么容易堕落的地方，却丝毫不放松对爱情

旷古佳人配绝世情痴

的执着坚守，经历五彩斑斓的各式挑逗仍然面不改色心不跳，哎，这得多深的感情投入啊！相信世间大多数男人对他们爱人的眷恋，连李隆基的千分之一也没有。当然了，可能有人狡辩：给我个杨玉环，二十二年我也不变心！嘿嘿，即便把四大美女打包发给你，你还想泡海外洋妞呢！人心不足蛇吞象，李隆基因为缺乏吞象冲动而让女人备感可亲可信可靠。

美丽惹的祸

然而，你爱你的贵妃不要紧，问题是红颜祸水淹没了一大帮人：虽不一定有主观恶意，却确确实实地带来了客观恶果。历史上有个逃脱不了的怪圈，但凡帝王多情，老百姓就遭殃。俗话说爱美人不爱江山。不过，李隆基他老人家可是既爱美人又爱江山。否则，他儿子在灵武登基，他不会气得说不出话来。说起来也可怜，创造了中国历史上最为繁荣的开元盛世的玄宗帝王，却被儿子变相篡了位，还被手下逼着

昭陵陪葬墓韦贵妃墓壁画

杀了心爱的女人。一个杨胖子，不知害了多少人，误了多少事，归根到底都是那美丽惹的祸。

让两代丈夫戴绿帽

745年，六十岁的唐玄宗终于如愿以偿地迎娶二十六岁的儿媳杨玉环过门，将她名正言顺地册封为贵妃。与李瑁有五年夫妻之实的杨玉环并没有因"离婚"另嫁而忧郁不乐，反而很快地进入了"新的角色"，与花甲之年的唐玄宗"在天做比翼鸟，在地成连理枝"。野史上说玉环与

一身横肉的安禄山

杨贵妃出浴

李白不清不白。唐玄宗把李白招到朝廷，本是给杨贵妃填词的，想不到李白也是个爱财贪便宜的主。玄宗让李白入宫作配唱用的诗词乐章时，李白佯醉不起。李隆基就向李白许诺：赋成乐章，送一套貂豹锦袍给你。李白立即酒醒，挥笔而成。李隆基有些不自在，他赐袍之允不过是戏言，没想到李白如此之快完成了作品，有些舍不得将锦袍给李白。李白看出了玄宗的心思，一把将锦袍夺了过来，李隆基不得已，只好给了他。野史上说李白写《清平乐》的时候是由高力士捧靴，杨贵妃就在一边借口帮着磨墨，半依半缠李大诗仙。在此前的一

次宴会上，贵妃还用自己的专用勺子喂李白喝汤，让爱才又爱色的李隆基在一旁酸得直咬牙。也可能是怕贵妃被勾引，李隆基一张圣旨把李白贬得远远的。

害半个唐朝歇菜

当然，这老男人与少妇的绝世之恋确也对社会发展有过一定的好处。李隆基和杨玉环，一个是音乐家，通晓音律，另一个是舞蹈家，能歌善舞，两人之间发展了一段志同道合的革命感情。他们为唐代的歌舞事业做出了杰出的贡献。唐玄宗创作《霓裳羽衣曲》后，杨贵妃稍加浏览，便依韵而舞，歌声婉若凤鸣莺啼，舞姿翩若天女散花，表现了一种飘渺神奇的意境，她对乐曲的领悟之深、表现力之强，令玄宗兴奋不已，亲自为其伴奏。

可问题是，唐玄宗是帝王，他的工作不是娱乐公司的 CEO 或技术指导，而是管理国家。杨玉环日日与唐玄宗寻欢作乐，使当年叱咤风云、创立"开元盛世"的唐明皇沉湎酒色，懒理朝政，带动了满朝文武都沉迷于声色，又毫无理由地给杨氏一家姐妹兄弟封官晋职。尤其是小杨同族远房哥哥杨国忠，这个从小行为放荡不羁、喝酒赌博、穷困潦倒、经常向别人借钱的"市井无赖"，是个流氓出身的恶棍，除了吃喝嫖赌搬弄是非打小报告外什么都不会。但在杨玉环的推荐下，杨国忠不到一年便身兼十五职（包括各种名目的领导小组什么的），成为朝廷的重臣，权力最盛时身兼各部门头衔达四十余职。杨国忠在生活上极为奢侈腐化，好大喜功，穷兵黩武，动辄对边境少数民族用兵，两战两败，不仅使成千上万的无辜士卒暴尸边境，给少数民族地区造成了灾难，而且使内地田园荒芜，民不聊生。753 年，关中地区接连发生水灾和严重的饥荒。玄宗担心百姓田地的收成，

杨国忠欺下瞒上

唐玄宗 李隆基

安史之乱

杨国忠便叫人专拿好庄稼给玄宗看。杨国忠专权误国，积怨太深。范阳军区司令官安禄山以此为借口，率领蕃汉混合兵团十七万人发动安史兵变，把帝王一家逼到了马嵬驿后，使战区的生灵减少了十分之九，黄河两岸的臣民挖树皮、掘草根充饥，用纸糊的衣服御寒，繁华盖世的洛阳成了一片焦土。经过这场巨变，唐王朝的强盛再见了，自此进入了不可挽回的衰落。

三千宫女活守寡

人们描写后宫，通常会用"后宫佳丽三千人"来作代表。实际上，三千不过是个虚数，拿唐朝的后宫来看，多达数万名美女。除了皇后，还有贵妃、淑妃、德妃、贤妃、昭仪、昭容、昭媛、修仪、修容、修媛、充仪、充容、充媛、婕妤等。其侍寝的顺序按照月圆月缺来定，每月的前十五日为渐满，所以从初一到十五就由地位低的轮到高的；后十五日为渐缺，十六到月底前就由地位高的轮到低的，皇后及三夫人有优先权，九嫔以下则"九九而御"，即每九个人共同承恩一夜。整体来说是皇后两夜，三夫人两夜，世妇六夜，御妻十八夜。嫔妃们"轮流当夕"，对帝王来说这绝对是苦役。好不容易轮上一回的嫔妃，逮住了帝王这块"龙肉"，还能不恶补一番？自然是使尽全身解数，如此几番，帝王是否还有性福可言？

闲置美女的青春在凋谢

后宫无幸女一个个终老皇宫

但唐玄宗李隆基却不受这性役之苦，他在成群结队美女如云的后宫佳丽中却只宠爱美女杨贵妃一人。"三千宠爱在一身"，是人都会有一种嫉妒心，甚至于顿生非分之想：男的恨不得自己就是李隆基，女的恨不得自己就是杨贵妃。可是却从来没有人换位思考，去想一下其余那两千九百九十九个人的命运，至少她们也都是曾经青春美貌的佳丽，都是他李隆基的老婆哇！那时候的佳丽们不但没有今天世界小姐、环球模特这般在舞台上、屏幕上摇曳生姿的光彩，没有今天的明星们稍有点鸡鸭嗓子就能当歌星大把挣钱的机会。可怜这些白领们整天只能看着几个没了男人味的太监们晃来晃去。实在百无聊赖了，只有回忆小时候"听妈妈讲那过去的事情"，或者扑一扑萤火虫、看一看天上的星星。萤火虫有光，但不能取暖；牛郎织女总有相会时节，这些后宫伊人却永远都没有人来眷顾。玄宗本有一个深爱的梅妃，但自杨玉环入宫后，梅妃渐渐失宠，终于被迫迁于上阳东宫，苦熬日子不得皇上临幸。有次唐明皇偶然忆起梅妃，就派人送去一串珍珠。梅妃触景生情，无限伤感，写诗一首，夹在珍珠里，退还玄宗。诗云："柳叶双眉久不描，残妆和泪污红绡。

长门自是无梳洗，何必珍珠慰寂寥。"德国著名文学家歌德还将这首诗译为德文，意思是："承君相爱赠珠翠，奈我妆台久未复临。自去君旁久不相见，你曾知怎样梳妆斗艳辉！"杨玉环死后，玄宗才又忆起梅妃。他派人查访，方知她已投井尽节。玉碎宫倾花萎地，柳眉芙面为谁妍？既然千挑万选把人家从各地弄到自己的宫中，却没她们什么事了，玩什么爱情专一，将她们一概置之身外。小而言之，是没有承担起大丈夫应尽的责任和义务；大而言之，让两千九百九十九个有血有肉有情有欲的美女资源浪费，一生都在守活寡，是惨无人道的剥夺人权！既然只爱杨胖子一个，不能给那些女人爱的滋润，干脆将她们遣散，放回民间，让她们过正常人的生活好了，装点门面哪里用得着那么多的女子！学一学你的曾祖爷爷李世民同志吧，他为了发展经济，增殖社会人口，把后宫的上千妃嫔都无偿奉献给社会上那些可能一辈子都讨不上老婆的鳏夫孤老。

多管闲事的书呆子

王昌龄是盛唐时期一个著名的诗人，但他出身贫寒，顶了天不过是太原郊区一个有几亩薄地的自耕农而已。人说背靠大树好乘凉，王昌龄别说大树了，背后连一根小草也没有。家里没有什么靠山，在官场上就不太容易混了。而诗人的性格又是浪漫无忌、心直口快的，所以王昌龄的仕途很是不顺，甚至比李白还要失败。开始的时候，王昌龄表示要学李白那样，走农村包围城市的路子，自下而上，先在民间打出一片名气，然后找个官员保举到玄宗帝王那里。可惜了，王昌龄没有李白会来事，不善于炒作，先从基层做起，然后一步一个脚印地走上层路线的路子终于没有走通。于是在三十六岁的时候，王昌龄打起背包，硬着头皮进京赶考去了。或许"是金子总会发光"，王昌龄总算捞了一个进士及第，而且直接攀上了高层社交圈，结识了李隆基的儿子、杨玉环原夫寿王。王诗人如果单单是一个进士的话，当然不太可能受寿王重视。但是，王诗人的才情在当时已是名动一方了，和李白、杜甫一样，活着的时候就已经是一个著名诗人了，不像曹雪芹这个倒霉的落魄文人，写出了名动天下的《红楼梦》，自己却穷困潦倒，凄惨离世。寿王敬重王昌龄的才华，王昌龄则找寿王当靠山，互补性让两个人的关系很快铁了起来。王昌龄这时还没当实官，有的是闲暇时间，那寿王更是闲人一个。于是，两个人经常在一起切磋诗歌学问，玩一把高雅，不时也做一回酒肉朋友。

寿王与杨玉环成婚之日，自然要请王昌龄来喝喜酒，当时唐玄宗也在场。王昌龄扫了一眼，就发现唐玄宗看儿媳妇色迷迷的神情不对。但是唐玄宗毕竟是皇上，

王昌龄进京赶考

王诗人也不好讲什么。唐玄宗也发现了王昌龄已察觉到自己的眼色不检点。不久,王昌龄参加了朝廷的博学宏词科殿试,正好又考上了。唐玄宗因为上次老偷眼瞧儿媳被王昌龄看破,所以这次找到机会就将王昌龄踢得远远的,让他当个什么任水县尉去了,不久又寻了个理由,索性把王昌龄再迁到江宁丞,彻底地眼不见心不烦了。

远在江宁做地方小官的王昌龄本来就不悦,加上是寿王的铁哥们,于是就对唐玄宗闹出来的丑闻不免有些激烈抨击,反正对唐玄宗的声名是大大的不利。唐玄宗知道后很气愤,心想我已经把你调到江宁去了,你还不知趣、不消停,居然指责起我来!于是,他又给了王昌龄一个小鞋穿,把这个"愤青"一下就贬到岭南去了。你不是喜欢指手画脚吗?去岭南种荔枝去吧!

就在这时,友人辛渐北上洛阳,王昌龄陪他从江宁到润州。一是送送朋友,二

王昌龄被贬官到偏远的龙标县

是顺便公费旅游一下，正好散散心。当两个人在芙蓉楼上喝酒时，辛渐很是担心地问："老弟啊，帝王的事你操的什么心！"辛渐打算替王昌龄活动一下，看看能不能调到京城去。谁知王昌龄却说："这事就不劳哥哥费心了，我得罪的是帝王，你就是去活动，那也是将白花花的银子

李隆基一纸调令把王昌龄打发到"老少边穷"地方去了

往水里扔。我实话告诉你，今年我去京城述职的时候，陛下对我横看竖看都不顺眼。你想一想，还有什么人能替我讲话！"不知道王昌龄是怎么想的，最后还是没有接受辛渐的好意。在做出来那首名传千古的《芙蓉楼送辛渐》。传达自己依然冰清玉洁、坚持操守的信念后，王昌龄就独自回江宁去了。

后来，由于杨贵妃爱上了吃荔枝，而正好岭南的荔枝是天下一绝。于是，唐玄宗就命令王昌龄八百里加急快件给送了过来。这次回到京城，王昌龄遇到了诗人李白。二人一见，大有英雄相惜、相见恨晚的架势，加上对高力士都相当的不感冒，所以两人在共同的爱好和敌人面前结下了深厚的战斗友谊。这次送荔枝，本来是王昌龄青云直上的好机会。要是换了白居易这样的官场老滑头，一定不会放过这个机会。因为你唐玄宗为了讨老婆欢心，不惜血本千里快递，反正又不花我一个子儿。

可是这倔强的王昌龄不，他讲义气，要为哥们寿王报夺妻之仇，于是就故意有几次没将荔枝按时送到。唐玄宗一看王昌龄那么不给面子，就又把他给贬官到今湖南省黔阳县当了一个小小的县尉。看见没，得罪皇上，日子是不好过的。王昌龄几次被贬，都是因为在杨贵妃的问题上站错了队。反正这一次唐玄宗算是彻底将王昌龄给变相发配到了不毛之地了。在唐朝，帝王如此针对一个人，一而再再而三地贬而不杀是很少见的。因为当时不少诗人都是王昌龄的哥们，唐玄宗不愿意得罪天下文人。王昌龄颇有些侠客狂士的精神，然而无论做荆轲或者做诸葛亮，其实他都有点不配。与荆轲相比，他多读了那么些书；与诸葛亮相比，他又显然缺少些心计。

唐肃宗李亨
——另立中央的象棋帝王

姓　　名：	李亨
职　　称：	肃宗
生　　卒：	711—762 年，享年五十四岁
老　　爸：	唐玄宗李隆基
老　　妈：	杨氏
最高职务：	李唐第九任帝王
帝王工龄：	六年（756—762 年）
最大政绩：	高举李唐大旗，撑起安史之乱的中唐危局。
最大错误：	历史上首开宦官直掌军权先例
荣誉称号：	文明武德大圣大宣孝帝王
家庭出身：	国家干部
本人成分：	高干子弟
接班人：	李豫
最得意：	最得意的事还没来就死了
最遗憾：	未彻底平定安史之乱
最愤怒：	下棋输了
现在住址：	陕西省醴泉县东北 18 里的武将山建陵
个性签名：	他奶奶的

唐肃宗李亨画像

草台班子匆匆上马

755年,中唐爆发了"安史之乱"。胡子拉碴、满脸横肉的安禄山串通部将史思明,率一众兵马,在战鼓隆隆声中,潮水般向帝京长安的中央军冲杀过来。好家伙!威震四海的大唐天朝竟被安禄山打得落花流水,一发不可收拾。官军兵败如山倒,谁还会替皇上卖命呢?杨贵妃那同族堂哥哥杨国忠为相以来,将兵部的兵权统吃,原有人马全都靠边站,他自己则在官军上下安插亲信,三军主帅、京畿护军和御林军的都统,都由杨国忠的子侄把持。他们这一拨人唯杨国忠之命是从。而掌握军

李亨头像

政大权的杨国忠,却是个赌博玩乐出身、根本不懂军事的养尊处优白白胖胖的家伙。他面对安禄山的反叛不知所措,其他有职无权的文臣武将则个个都变成了缩头乌龟!于是,年老心疲、醉心酒色的唐玄宗李隆基慌忙撇下首都,携带家小往西蜀一路逃命。至于谁来收拾残局迎战叛军,玄宗想你们爱谁谁,我可顾不了那么多了,逃命要紧!

李隆基外逃半道上,经过大臣们的苦苦劝谏,最后还是把太子李亨留在陕西,以便稳住民心军心。李隆基逃到四川做"太上皇"逍遥去了,留下一个安史之乱的烂摊子,总得有人收拾。

中国封建王朝的三百多个帝王基本上可分为三类:第一类是无作为的,你碰上了只有自认倒霉;第二类是有作为但也不大的,你碰上了也成不了什么大事;第三类是曾经有作为,后来走向了反面的。倒霉的唐肃宗正赶上了这一茬,在一派动乱中登台,

唐玄宗为避安史之乱,逃往西蜀

唐肃宗 李亨

注定要与叛军做个了断。李亨以太子身份受命于上苍之召、赴任于危难之际,不随父王入蜀而留在陕西抗敌。

玄宗走了,朝廷一时董事长之位空悬。756年,身为太子的李亨移驾灵武(今宁夏回族自治区灵武县)。为了号召天下义师勤王,众大臣未经请示最高领导唐玄宗的同意和批准,(相隔千山万水,又没有手机,上哪去请示汇报?!)直接把李亨推上皇位,年号至德,是为肃宗。李亨就在这偏远荒凉的一片草丛中立朝建制,匆匆即位,以和平方式抢班夺权,建起了一个草台班子,同时宣布父皇唐玄宗为国家特级帝王(遥尊西去的唐明皇李隆基为不管事的太上皇),硬是将生米煮成了熟饭。他心想:对不起了,老爸。你带着一班人逃到远远的西川,把我一人晾在这水深火热的前线,让儿独当一面。没个名正言顺的名分,许多事实在没法干,你就原谅孩儿先斩后奏的不孝吧,也省了你传位的麻烦了。李亨站稳脚跟后,就带着一班人马草草成立了前敌委员会。当时的文武官员全班人马不过几十人,身边内侍也只有七八条枪,比胡传魁强不到哪去。但是,新的朝廷既经成立,大旗一摇,天下人心为之一振,郭子仪当即领精兵五万由河北赶到灵武助阵,为平叛浴血拼杀。

大唐国军 PK 安史叛军

太上皇李隆基与新任帝王李亨交接班

758年,李亨从四川接回父皇玄宗,并在宣政殿举行隆重仪式,李隆基心不甘、情不愿地将印章传给李亨,当面确认了李亨的帝王身份,至此,国家最高领导权的政治交接算是最后履行了法律手续。

逃难不忘"将一军"

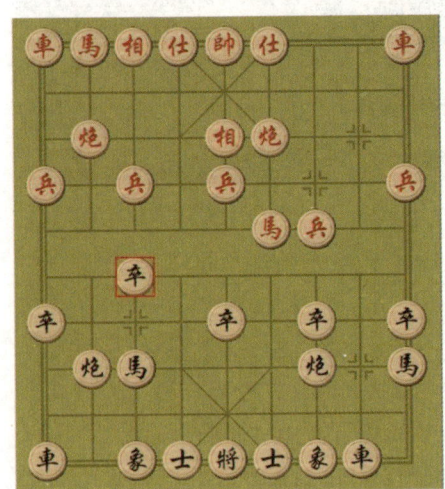

现代象棋

金属象棋

在中国象棋发展史上，说来你可能不信，唐肃宗李亨不但是个高级棋迷，而且还是现行木质象棋的首席项目策划人。即使与爱妃张良娣（后封为皇后）在战乱逃命途中，李亨也要动不动就"来一盘"，一副不怕风吹浪打胜似闲庭信步的样子。一路上，只要有哪怕是极短暂的休息时间，肃宗李亨都念念不忘象棋，与爱妃张良娣整天"将、将、将"。就算是四面八方飞来的战情求援急件堆积如山，他也不屑一看，只顾下棋作乐。有什么办法呢？他就好这一口。唉！在中国，能碰上像点样子的帝王，可能性比摸彩的得奖率还低！

象棋在中国流传已有千余年的历史，最初象棋是"金钢成形"的象形立体棋子，制作十分不便，因此千百年来象棋一直为达官贵人把玩，对普通百姓来说那简直是今天大多数人玩不起的高尔夫球，实在难以涉足。

原来的象棋是用金呀、铜呀等一些金属劳什子制作的，这种"金钢成形"的象棋下起来不时碰撞，会发出很大的声响。铜质棋子发出清脆的"啪啪"声传到屋外，老远都能听见。在战情紧张的情况下，面对如此国君，你急他不急，丞相李泌心焦如焚，忧心忡忡地向肃宗劝谏："现在国家处在生死存亡的关头，前方战士正在拼着性命打仗，您这样疏于政事，玩棋作乐，很容易引起将士的不满。若不悬崖勒马，有重蹈马嵬坡事件（士兵哗变，杀杨贵妃、国舅杨国忠等人）的危险，后果不堪设想啊！"靠！总有不怕死的大臣冒着杀头危险犯颜直谏。好在肃宗并没发怒，他认为李泌说的也不无道理，但军旅生活实在枯燥无味，棋还是要玩的，否则还不把人闷死！于是，肃宗为掩人耳目，指导手下人用一种叫作"于树鸡"的绵质软木雕刻成棋子，避免了铜质棋子硬碰硬的响亮金属声，玩起来既轻便又没有杂音。

这样，宫外文臣武将就听不到他们下棋掷子时发出的响声，也就不会心生怒怨了，肃宗帝王为此非常得意。李亨做梦也没想到，这种木质棋子问世后，很快风靡全国，虽然它还是象形棋子，但制作毕竟比铜形棋子简便了许多。人们称这种创始自唐宝应年间的棋子为"宝应象棋"。它是象形棋向文字棋过渡的重要里程碑，在中国象棋发展史上有着辉煌的一笔。唐肃宗的这一决策居然引出了象棋制作史上的一个大变革，无意间促成了象棋娱乐从贵族化向大众化普及的转变。这一歪打正着的历史功绩，实在是唐肃宗本人始料不及的。

东汉末孔明、元末刘伯温"帷幄之中下棋，千里之外决胜"，"闷来时，取过象棋来下，要学作士与象，得力当家。小卒儿向前行，休说回头话。须学车行直，莫似马行斜。若有他人阻隔了我恩情也，我就炮儿般一会子打。"（《桂枝儿·咏部八卷》）肃宗好像也不示弱，可惜却不学士象，不学卒车，偏偏学马斜行，高超的棋艺没用在本可借鉴通用的国事上，最后搞得家毁政亡。

为官一任，就应造福一方，李亨没有能稳住政治局面，使当时的百姓进一步奔小康，却为千秋百代的后人留下了一种普遍的智力娱乐方式，也算是他的一点功德吧。

都是为了一把龙椅

然而，李亨的象棋是注定下不自在的。拥有地方行政、兵马、财政大权的安禄山串通部将史思明，联合边境各族组成二十万联军，以"忧国之危"、奉密诏讨伐杨国忠为借口，于天宝十五年（756年）在范阳发动叛乱。杨国忠弄权为恶，与身兼范阳（今北京西南）、河东（今山西太原）、平卢（今辽宁锦州西）三镇节度使的安禄山勾心斗角、

隋唐定鼎门遗址

相互死嗑。安禄山看到唐玄宗荒淫昏乱，内地防卫力量薄弱，取而代之的野心膨胀起来。于是，高举"讨杨扶纲"大旗，发动了影响深远的"安史兵变"。

安禄山，营州柳城（今辽宁锦州市）人，为人狡诈，善逢迎。因请求做小他十几岁的杨贵妃的干儿子，很得玄宗欢心，取得信任，官运亨通，是当时势力最大的军阀。据说安禄山是一个体形庞大的胖子，后人甚至用"禄山之爪"来形容手掌大的人。就是这只大手，一把就将大唐拉到由盛转衰的道路。安禄山一路南下，不足两月，攻陷洛阳。不久又攻破潼关，活捉守将哥舒翰，直入长安。长安沦陷近百日，劫后的京城惨不忍睹。大屠杀发生在炎夏，到处都能闻到尸体的气味儿。这场安史之变，可是让大唐的人掉脑袋并见者有份的事。

一提"掉脑袋"，所有昏弱的帝王都会立马惊醒，大臣们说的千言万语，只有这三个字能听得进去。即使再昏庸的君王，让他掉脑袋他都是不干的。所以，唐肃宗李亨尽管酷爱象棋，但一自另立中央，立即整军经武，准备平叛，中兴唐朝。否则，他还能有好日子过吗？然而，李亨任用志大才疏的房绾谋划军国大事，这步棋走得太臭。房绾迂腐地效用古代车战之法，用两千辆牛车，两翼由步兵和骑兵掩护，与叛军安守忠在咸阳附近陈陶作战。敌军乘风纵火，拉车的老牛吓得四处乱窜，唐军死伤四万余人，房绾只带数千人逃归灵武。于是，唐肃宗李亨又任命大儿子广平王李豫为天下兵马大元帅，以郭子仪为副元帅。次年，郭子仪联合李光弼分兵进军河北，会师常山（今河北正定），击败安禄山部将史思明，收复河北一带。李亨又下令他们首先收复长安、洛阳两京，作为第一期工作考核目标。他郑重地对郭子仪说："复国事成与否，全在此举！"郭子仪当然也明白此战的重要性。但这时安禄山的军队气势正旺，能否拿得下来，还是个未知数。既然皇上委以重任，身为副元帅的他也只能在所不辞，因而悲壮地回答："此行不捷，臣必死之！"他把自己的生死与皇朝的兴衰、与董事长下达的目标责任制紧紧联系在一起，忠心可鉴，令李亨感叹赞赏不已。

安禄山拜见"干娘"杨玉环

唐肃宗李亨

安禄山叛军力量大大超过官军。大敌当前，内力不足，求助外援是弱势者的天然本性。当时，唐肃宗李亨可以求助的只有在北方沙漠刚建国不久的回纥汗国。乱世中的大唐失去了咄咄逼人的影响力，回纥不肯轻易出兵。天下没有免费的午餐，要想获取外援，就必须付出代价。为了搬到救兵，李亨向回纥开出的诱饵是"克城之日，土地、士庶归唐，金帛、子女皆归回纥"。也就是说，收复长安时，土地子民归大唐，所有美女和财产，任凭回纥奸淫烧杀或掳掠回国。泱泱大国开出如此耻辱条件，相信李亨在情理上并不情愿，而且此举多少有些开门揖盗的意味。唐肃宗为了保住自己的江山，不惜做出最大的民族牺牲，什么也顾不得了。

敦煌壁画中的回纥王子

安禄山这个千刀万剐的东西，谋反之初就遭报应：住在皇城长安的儿子安庆宗、女儿荣义公主两家人被朝廷处死，几十口人被剁成肉酱；狗头军师严庄被灭三族，二百颗脑袋满地滚；安禄山起兵不久腹背长恶疮，奇痒难忍，抓破了臭不可闻，巨大的躯体像个专放下水的垃圾桶。安禄山起事后，视力又急剧下降，不辨人与树。他在洛阳称

安史之乱祸国殃民

帝，接受百官的朝拜，恶疮发作，双目突然失明，宦官李猪儿只得匆匆宣布退朝。百官大惊失色，这可是古今未闻的凶兆。安禄山朝思暮想的那张龙床，背疮疼起来

唐军睢阳保卫战

张巡祠

根本躺不下去。于是,他每日狂怒、咆哮,有时挥舞斧钺追赶部下,将部下砍成两段,然后仰面大笑。高尚、严庄、李猪儿都遭他毒打。儿子安庆绪认为有机可乘,指使李猪儿将一柄利刃捅入安禄山肥猪般的身体。那李猪儿,十岁就跟着他,伺候他,据说弄得一手好菜,把他养到170公斤。安禄山发兵进攻干爸爸唐玄宗,没想到死在自己儿子手上。他想坐龙椅当帝王,儿子比他更想。安禄山死后,叛军群龙无首,势力大减。

这年,史思明、蔡希德率兵十万两路围攻太原,准备攻下太原。唐将李光弼率领军民于城外掘壕沟,在城内修堡垒,招用大量民工挖地道通到城外,把叛军攻城的人马云梯陷入地道,史思明留下蔡希德攻城,自己逃回范阳。李光弼选人组成敢死队出攻,杀敌七万,蔡希德败逃,唐军取得了太原保卫战的胜利。

唐军只有六千余人,却士气百倍,昼夜苦战,有时一天作战二十次,杀敌两万余人,尹子奇被迫率军回撤。三四月间,尹子奇再度围攻睢阳。叛军见唐军人少,麻痹轻敌,守将张巡率军直冲敌阵,杀叛将三十余人、士兵三千人,追杀数十里,大获全胜。睢阳之战,张巡精兵善谋,多次以少胜多,坚守十个月,大小战斗四百多次,以不足一万的兵力先后杀敌十二万多人,给安史叛军造成巨大打击。后期孤立无援,城中粮食、战马、老鼠、树皮、纸茶吃光,军民无以为食,张巡带头杀妾给将士吃,

唐墓壁画

守军此后饿了就在城内杀人为食。被杀者的老弱妇女都知早晚要死,毫无怨言,无一反抗,也无力反抗,身心早已麻木了。后守城将士终因疲饿过度,"指触即倒",城遂失陷,张巡、南齐云、雷万春等三十六将被杀。为了褒扬张巡,李亨下诏为其"立庙睢阳,岁时致祭"。

太原和睢阳保卫战,牵制了叛军大量兵力,对扭转战局起了重要作用。与此同时,唐将郭子仪率兵攻取凤翔,平定河东,肃宗由灵武进至凤翔,会集陇右、安西和西域之兵,又借回纥兵,收复两京。至德二年(757年)九月,唐军进攻长安,李嗣业率前军,郭子仪率中军,王恩礼率后军,与叛军李归仁交战。唐军初战不利,为叛军所败。李嗣业袒胸持刀,身先士卒,唐军手执长刀,排阵推进,所向披靡。唐将王难得被敌箭射中,肉皮下翻遮住了眼,他连箭带肉拔去,血流满面,战斗不止。叛军伏兵又被仆固怀恩和回纥兵击败,士气沮丧,一时大败,被斩首六万,践踏而死者不计其数,唐军乘胜收复长安。肃宗回到长安后,亲自到灞上慰问攻城将士,称赞郭子仪道:"中兴唐室,皆卿之功。"于是加拜郭子仪为司空,封代国公,派驻东都洛阳,负责清扫河北地区的叛军余孽。

上元二年(761年)三月,史朝义杀其父史思明,自立为帝。史朝义率兵攻宋州

唐军奋勇冲杀,史朝义兵败

（今河南商丘），为唐将田神功所败。宝应元年（762年），唐军在洛阳北郊大败叛兵，杀获甚众，史朝义败归河北。宝应二年（763年），史朝义败走范阳，穷困自杀，延续八年的安史之乱至此彻底平定。大乱像飓风般刮过去了，留下了一串惊人的统计数字：唐帝国每十个人中就有七个消失了，安史之乱导致三千万人丧生，尸体堆起来，超过珠穆朗玛峰。而所有这一切，只为一把龙椅。李亨也算是个倒霉蛋，在帝王位上当班六年，平叛讨逆就打了六年，正是安史之乱掐头去尾的主要时期。不过，平定安史之乱，死伤辛苦都是众将士的，功劳成绩多是他唐肃宗的，荣誉面子则是太上皇的。

给李家打工不落好

话说唐肃宗李亨在灵武即位，天宝十四年（755年）底来到凤翔不久就接见了一个瘦巴巴的小老头。只见他身上的衣服破破烂烂，衣袖露出两个肘子，脚上穿着麻鞋。李亨让小老头抬起头来，问有何事。小老头自称杜甫，说当前正是国难当头，安史暴乱的政治危机引发了全面的经济危机和社会危机（好在那时还没有金融行业），自己愿为朝廷效力。李亨一看

李亨接见杜甫

这个黑瘦黑瘦身无三两肉的小老头，就立即联想到当前的危机，觉得这家伙简直是大唐国难的化身，是灾难的形象代言人，所以就没什么好感。但看过他递上的应聘简历，经过一番面试，方知这人还真不简单。

杜甫出身于"奉儒守官"的士大夫家庭，有过"自谓颇挺出，立登要路津"的奢望，把"致君尧舜上，再使风俗淳"当作崇高的政治理想。有道是女人的事业在情场，男人的事业在疆场、在科场、在官场。他三十五岁开始，在长安应试十年（从三十五岁考到四十五岁，是人生最精华的年月，也是创业创收的最主要时期。他却不离不弃地一直在不断地复习高考，这要有多大的耐性？！）。这期间，他曾向帝王献赋、向贵人投赠，过的是"朝扣富儿门，暮随肥马尘，残杯与冷炙，到处潜悲辛"

杜老头忧国又想家

唐肃宗李亨任命杜甫为专提意见的左拾遗

的日子，最后才得到右卫率府胄曹参军的小官，也就是个库管而已，看守兵甲仗器，腰上挂一大串府库锁匙，走起路来哗啦哗啦响。安史之乱爆发，百姓流离失所，杜甫也带着家人逃难去了，在陕西境内流浪。杜甫与老婆子杨氏拖着二男一女，泥泞中连滚带爬，小女儿饿得大哭，惹得山间猛兽食欲大增而兴奋地长啸不止，所幸难民人数多，猛兽也不敢轻举妄动。杜甫一家流落到鄜州（今陕西富县）的羌村，那里群山环抱，贼寇难至，始得暂住下来，自然也没处办什么鸟暂住证。安顿好家小后，杜甫闻知肃宗李亨在灵武做了帝王，就立刻启程，告别亲人，只身投奔李亨，希望为国家出力。他走荒山过野岭，扬手拨荆枝，与猴争野果。奔向君王的力量如此之大，为国，为家，也为一己之前程。杜甫千辛万苦，白天走小路，半夜潜入官道急行军，还是被安史叛军胡兵捉去，押到长安。面对混乱的长安，听到官军一再败退的消息，这个两鬓斑白病歪歪的瘦弱老男人，情绪起伏，血脉贲张，写诗十余首，一半是名篇。

每逢危难也倍思亲，这次困居长安一年，杜甫不禁想起鄜州的老伴和儿女，于是写成《月夜》一诗："今夜鄜州月，闺中只独看。遥怜小儿女，未解忆长安。"叛军审问他，见他又老又瘦又脏，头发胡子白且乱，也审不出个所以然。他官小，名气小，没人认识他。而王维、郑虔等人就不同了，他们知名度高，这时被羁押在洛阳，因是名人反而吃尽苦头。

唐肃宗 李亨

叛军看实在审不出老杜什么，关他一段时间后，就把他放了。但释放后他没有急于回家去看那在鄜州"闺中只独看"的妻女，而是继续奔向帝王，可见他求仕的意志是何等坚决。他昼夜疾走，穿过唐军与叛军对峙的地带，从一座山偷偷爬到另一座山，耳听豺狼叫，眼见鬼火明。来到凤翔，得知新皇李亨已从灵武移迁在此，便找到大唐总公司求见董事长。老杜这一路上历尽艰险才见到新帝王，李亨被他的坎坷经历和耿耿忠心深深地感动了，正值朝廷人才奇缺，于是赐杜甫一个"左拾遗"的官职，岗位职务责任书上写的是专门向帝王讲真话，提建议和意见，参政议政。

岂料杜甫上任不久，便令肃宗不满。此时，唐军与叛军激战于陈陶，丞相房琯瞎指挥致大唐本已不多的官军四万人几乎全部战死。这个房琯是个典型的知识分子，能说会道，但不切实际。他与叛军打仗，竟采用春秋古人阵法，结果大败。他的政敌趁机诬陷他，告他贪污，肃宗下令查办。杜甫刚上任就碰上这档事儿，经过缜密调查，认定房琯贪污是冤案。杜甫作为左拾遗，虔诚地履行职责，他从来不会揣着明白装糊涂。他向帝王提交关于房琯同志战败有错无罪的报告，忠言直谏，为宰相一事鸣不平，言词铿锵如他的诗作。李亨大怒，认为他同房琯是一拨儿的，要一并问罪。幸亏有人讲情，老杜才勉强保住官职，虽仍任左拾遗，但有名无实，从此不受重用。官场恩怨纠缠，杜甫不知深浅，挺身而出，将好好的前程毁于一旦。人的命运真是没法说，有人养尊处优、白白胖胖，随随便便就能成功；有人灰头土脸、潦倒一生，竟然喝凉水都塞牙缝！我们这位一生忠君的臣子壮怀激烈，却于政治隔膜，不懂官场的游戏规则，他的失败和李白大同小异。杜甫无所作为，空怀报国之心，不免满腹牢骚。他用诗把见闻感受真实记录下来，成为不朽的"三吏""三别"（"石壕吏""新安吏""潼关吏"；"新婚别""无家别""垂老别"）。

他被冷处理，没资格进言了，于是想到亲人——眼下好歹有个一官半职在身，回家也可让妻子高兴高兴。杨氏带着三个孩子待在山沟里，她太苦了。于是杜甫请了个带薪探亲假，李亨巴不得，立即恩准，心想你个死老头子，就在你黄脸婆那儿长期上班吧，最好别再来烦我了，工资我照发。

帝王对提意见的杜甫爱答不理

一经获准，杜甫立马就去休年假，在那小住了一段时日，久别重逢，其乐融融。

不久，官军又打回去了，长安解放，老帝王和新帝王相继返京，外逃的官员也纷纷回来，七零八落的统治阶层又抱团了，又开始新一轮的倾轧、邀功、挤兑、陷害，百态纷呈。杜甫举家迁居刚解放的首都长安，也没办农转非，说来就来了。在这里，全家过了一段安稳日子。他官小，没人来挤兑他。王维、岑参、郑虔等人与他同在两省（门下省、中书省）任职，诗酒酬唱，不亦乐乎。耿直的杜甫尽忠职守，仍然常常向帝王提意见。可惜忠言逆耳，帝王就是不求真务实，不爱听真话。不久，杜甫仍被视为房琯一党，贬到华州（陕西华县）任司功参军，分管礼仪庆典、医疗教育。看起来似乎管的事不少。其实不然，那华州原来是没人去的穷山沟，办公桌上蝎子爬，苍蝇蚊子满天飞。一开始杜甫不愿意去，但一番感人肺腑的谈话，一阵思想动员工作，说得他热血沸腾，他就屁颠屁颠地打起背包出发了。到任后，积压了几个月的公文一下子堆到杜甫手上，想为民办点实事又没有办公经费，府库里没有粮食，账上没有财政收入。申请专项经费的报告交上去，每次得到的答复都是"要钱没有，要命一条！"他几次冲到山崖边发狂大叫，叫完了，又亲自动手清扫办公室，赶走蝎子和苍蝇，重新埋头工作。肃宗的不信任，杜甫是感觉得到的。他这一时期的诗作，无不体现出那时的心绪。

然而，就连这样虽然清苦却不至饿死的苦日子也过不长久，大唐又碰到特大干旱。加上战局多变，相州（河南安阳）大会战，六十万官军全线溃退。为补充兵员，官军到处抓人。杜甫过新安县，发现小孩儿也被官军拉去当兵。他发出疑问："中男

唐军在征讨安史叛军时到处征兵，老小都要

绝短小,何以守王城?"中男指十六岁以下的男孩儿,王城指洛阳。一片哭声中,杜甫安慰几个瘦男说:"况乃王师顺,抚养甚分明。"抚养分明之类,明知是谎话,杜甫也只能这么说。少年上前线,哭死也没用,除了安慰几句,他还能说啥呢?随着九节度官军在相州大败和关辅大饥荒,工资俸粮不能按时发放,灾年物价飞涨,他在华州那点薪水不足以养活全家几口人。尽管他工作出色,但华州姓郭的刺史总是挑他的毛病,不涨工资还扣钱。朝廷也是那样,小人嚣张,老实人吃亏。历朝历代,有光明磊落的贤相存在,也必有卑鄙龌龊的奸臣出现;有慷慨激昂的正直之士纾难排忧,也必有恶浊邪佞的无耻之徒兴风作浪。上帝有时就像小商小贩那样打小算盘,令人无奈:卖好白菜偏搭糠心儿大萝卜,售鲜黄鱼要配臭不可闻的烂带鱼。从来不给那些封建帝王一个理想的清一色执政班子,国运好坏就看你这个当皇上的是智还是昏。你用对了人,你江山坐稳;你看错了人,你日子就不好过。关键在于帝王的屁股坐在哪一边了。现在,杜甫是别指望李亨坐在他这一边了。一家人饿得实在受不了,杜甫就在乾元二年(759年)四十八岁时辞去了华州司功参军一职。杜甫的华州弃官,不但与当时关中一带战乱、饥馑有关,跟杜甫政治理想的幻灭有关,也跟他对肃宗李亨彻底失望有关。辞职报告交上去后,杜甫也不管批不批,就拖着一家人远走秦州(甘肃天水),随民众逃难,经秦州、同谷等地,到了成都,卜居成都西郊浣花溪畔的草堂。早先同在朝廷为官并见证杜甫为丞相房琯案而受屈的严武,此时已担任西川剑南节度使兼任成都府尹。这可是西南地区最大的官了,他喜欢杜甫的诗,见杜老头来到成都,自是十分高兴,就极力劝他出来当官。

老吃闲饭心里也不踏实,杜甫于是又投往严武门下,怀着为民请命的心再入官场,到严武手下做了个检校工部员外郎,挣钱养家。"杜工部"的称号由此而来。这个官看起来是管工程的,但战乱年代哪有建设项目?没有包工头找他,就没有什么实权,更没有油水可捞。不过,员外郎好歹是个官,每月多少有几锭银子捧回家给老婆

严武劝杜甫出来当官

杜甫来到成都自种自食

去农副产品批发市场买些便宜货。由于严武向李亨上表举荐，李亨才知道杜甫跑到天府之国去了，想想老头有点可怜，就给敬爱的杜老御赐了个身佩的绯鱼袋。按规矩，上班要佩带这东西，于是很多急于进身的年轻人看他不顺眼：这糟老头子神气个啥呀？严武常到草堂来看他。以他地位之高，却待杜甫如兄长。一个踌躇满志正当年，一个白发萧然历尽沧桑，却显得神态安详。严武赠金，杜甫笑纳，连客套都免了。严武也常派人接杜甫到府中喝茶，尊杜甫为老师。杜甫坐在马车上，架着腿，悠悠穿过成都的街区。这腿，站过煌煌朝堂，也走过千山万水。成都草堂这几年，是杜甫生命中最后的好时光。安史之乱，成都远离战火，繁华仅次于扬州。杜甫写"两个黄鹂鸣翠柳，一行白鹭上青天"，情绪蛮好。严武不死就好了，这样的好日子可能会持续下去。

好景不长，严武不久就死了，杜甫再度飘泊，在夔州住两年，继而漂流到湖北、湖南一带，最终病死在湘江上。杜老为李唐大业工作了一辈子，失业、医疗、养老三大保险他一样没捞上。说来说去，反正给李唐家打工干活，最后都落不到好。你看唐朝有哪个文臣武将一生顺遂的？那个大笔一挥就把老杜贬出十万八千里的李亨，根本就不知道也不想知道我们伟大的诗圣这些悲苦。即便知道，恐怕也会想：我自己都泥菩萨过河了，哪还顾得上你这个一脸苦相的老病秧子？！

白领太监领导帝王

历史学家在对历朝帝王的政绩考核中，都认为唐朝的李亨不但没有什么重大的功劳可资表彰，而且在历史上犯了一个绝大的错误，那就是让那些动了特殊手术没了男人味的娘娘腔们直接担任官军乃至中央各部门的一把手，导致此后的唐朝不间断地发生军人造反、地方割据，国家不得安宁，太监当政、阴阳失调，哪能建成和谐社会！虽说大唐宦官受重用始自玄宗时的高力士，但太监执掌军权始自唐肃宗李亨。此后代宗、德宗居然不思前车之鉴，一代代将这"优良传统"发扬光大！当然，

唐肃宗 李亨

东汉也是亡于宦官干政，明朝时王振、刘瑾、魏忠贤也闹得天下大乱，然而这两朝的太监都还要凭借帝王的宠信才敢狐假虎威。只有唐朝宦官正式担任官爵军职，拥权自重，有法定的民事权力。也难怪，自唐玄宗中期以后特别是到了倒霉蛋李亨主政时期，各地军政实力派根本不听中央招呼，安史之乱就是朝廷文武重臣搞的鬼。所以安史之乱后，朝廷对各地将军的信任大不如前，除了禁军和郭子仪这些肝胆相照的老将们外，唐朝帝王在军中已无可以信任之人。就是在这种大的环境下，各地方本来属"自己人"嫡系地位的实力派从帝王的依靠对象变成了皇家的怀疑对象，而宦官这一从小与帝王一起游玩长大的特殊群体，则自然成了帝王的依靠力量，从而在政治舞台上发挥前所未有的作用，离不开又躲不掉。帝王老儿这才不得不走太监的门子，重用宦官，没人好相信了，只能信任自己的家奴。没想到家奴一旦反戈一击，祸患更大，躲都没处躲。发展到最后居然视天子为门生，谁当帝王完全凭他们一句话，对一国之君随意生杀废立。作为唐朝的大东家李氏皇族，为了保住帝位，也只得巴结、顺从这些男保姆。从唐穆宗以后到唐亡的八个帝王，竟有七个是由太监拥立的。"谁是我们的敌人，谁是我们的朋友？"这个依靠谁、团结谁、打击谁的治国安邦的首要问题，在李亨这里始终没弄明白。

太监敢在太岁头上动土，太岁却只能忍气吞声，看家奴脸色行事，开其端者便是李亨的太监李辅国。

说起这个李唐家奴李辅国，许多人都知道他长得相貌丑陋，初小文化而且还是初级阶段。少年进宫那玩意儿即被割去，开始时在太子李亨所住的东宫只是个喂马的。但自从李亨在灵武宣誓就职临时大"总统"后，所有军政大事就"一以委之"，李辅国开始执掌军权。等李亨回到首都京师后，李辅国专任首都军区司令，直接掌管内外值守的卫戍部队。太监只要掌控了军队，镇住京城就足以控制帝王和百官，再借帝王诏旨打击地方，挟天子以令诸侯。中唐以后军人造反、藩镇割据，原因固然很多，但最主要的

李辅国当年只是个单纯的小太监

太监偶像

张皇后初与李辅国互相勾结

还是不服气中央机关的无性阶级专政即太监掌权。李辅国就因为"专掌禁兵"才无所顾忌，敢"口为制敕"，那几个丑字歪歪斜斜地写在纸上后直接当最高指示施行，这已不只是权倾人主，而是代行君权了。李亨岂能不知，也想诛杀李辅国，却畏惧他手握军权，不敢动手，只能揣着明白装糊涂。此时他才尝到大胆交权的滋味了。

李辅国的官一路升到"国防部长"，还兼了好多行政职务。但他仍不满足，竟向李亨狮子大开口要求当宰相。李亨不好当面拒绝，就说："以你的功劳什么官都能当，只是不知在朝臣中的威望够不够。"言下之意是你在广大干部中的威信太差，群众基础还不行，民意通不过。后来私下一征求意见，果然没一人同意，副相裴冕甚至说我臂可断，他宰相不可得。

这时，朝廷又乱起来了。朝廷不乱，好像它就不是朝廷。宝应元年（762年）二月，唐肃宗患病；四月，唐玄宗病死；肃宗因父皇的死病情更重。李亨宠爱的老婆张皇后同他宠信的李辅国趁机作乱。这两个人原是一拨儿的，一直互为表里，内外专权。但此时李辅国已大权在握，不再需要背靠张皇后这棵大树了。张皇后也觉得李辅国太过专权，便有意除掉他。往日在马嵬兵变、灵武分兵及肃宗即位之初团结协作的亲密战友关系和联合阵营结盟，由于形势的变化而出现了破裂，牢不可破的革命战斗情谊也渐渐消失了。死嗑的双方眼看当下皇权悬空，各自的私欲在原有的基础上急剧膨胀，必欲除掉对方而

唐肃宗 李亨

后快，确保自己大权独揽。皇后与太监斗，各下狠招。张皇后首先试探着对太子李豫说："李辅国现在所怕的就是你我了。现皇上病危，李辅国暗中阴谋作乱，犯的罪上天都不会饶恕他！不可不诛。"这意思摆明了就是要二人合起伙来干掉李太监。太子李豫何尝不知，但他实际上不愿介入这狗咬狗的争斗，始终没松口同意动手。张皇后见太子没有指望，就打算改立肃宗的次子越王为太子，再由越王杀李辅国。她找来越王李系，如此这般一说，问越王："你敢做这事不？"越王早就想顶替父职，可惜政策不允许，制度

李辅国见肃宗死去，就索性用绳子勒死了张皇后

已定由当太子的哥哥李豫接班。现在听张皇后一说，觉得机会来了，惊喜若狂，毫不犹豫地答应下来，企图借此取代太子哥哥的第二梯队地位。两人当即从内侍中挑选二百多名勇武之士，全副武装起来，在长生殿后面埋伏，然后传召太子，准备把他抓住废掉。岂料消息走漏，太监动作更快。李辅国从内线地下党得知此情报，立即率兵埋伏在凌霄门，等奉召太子李豫来后，便告诉他张皇后的阴谋。太子不信，硬要进宫，李辅国的人索性把太子软禁起来，并发兵长生殿搜捕张皇后。张皇后听

到兵变的消息，急忙跑到肃宗的寝室内躲避。不料李辅国胆大妄为，竟带着禁兵闯入肃宗的寝室，当着肃宗的面去扯张皇后的头发。张皇后哀求肃宗救命，肃宗重病在床，眼睁睁地看着老婆被家奴欺负却身不能动，无能为力，一急闭住了气，嘴唇上下颤抖着说不出一句话。五十二岁的李亨本已孤独卧床没人管，已是要死之人，又亲眼见妻子被这强横的男保姆押去受死，自己贵为九五之尊，却无力保护，一时受惊气愤过度，不一刻就咽了气，追玄宗去了。李辅国见李亨死去，就索性用绳子一把勒死了张皇后。紧接着为李亨开追悼会，请太子李豫光荣就任。李豫战战兢兢走向那龙椅，这便是代宗帝王。

宦官李辅国

唐代宗李豫
——全唐第一个长子继位

姓　　名：	李豫
职　　称：	代宗
生　　卒：	726—779 年，享年五十四岁
老　　爸：	肃宗李亨
老　　妈：	章敬皇后吴氏
最高职务：	李唐第十任帝王
帝王工龄：	十八年（762—779 年）
最大政绩：	彻底平定了安史之乱
最大错误：	既没有什么惊天动地的大作为，也没出现太大的失误。
荣誉称号：	睿文孝武帝王
组织鉴定：	总的来说，他是一个比较合格的守成之君，不是圣明大帝，也不是昏庸之君，五五开。
家庭出身：	国家干部
本人成分：	高干子弟
接 班 人：	李适
最 得 意：	平定安史之乱
最 遗 憾：	从老爸手中接过烂摊子，十几年后，他把一个更烂的摊子传给了子孙。
最 愤 怒：	太监作主
现在住址：	陕西省富平县西北三十里檀山元陵
个性签名：	创业艰辛守成不易

唐代宗李豫画像

三皇"洗三朝"

民间有"洗三朝"之俗，即婴儿出生第三天，父母长辈都要为其从头到脚全面认真洗浴一遍，这几乎已成为约定俗成的汉族仪式。各地做法不尽相同，但基本过程大同小异：用艾熬成温热的清水，给小孩洗澡。前来祝贺的亲友拿银钱、喜果之类的东西，往洗澡盆里搁，叫作"添盆"。洗婆根据亲友所投物品不同，口念不同的吉祥话。例如，若搁枣儿、栗子，就说"早立子儿"；若搁莲子，就说"连生贵子"；等等。洗完后，有的还用葱在孩子身上拍打三下，取聪（葱）明伶俐之意。洗三时，亲朋好友纷纷以红包贺礼，主人则以糕点等款待，并留亲友吃"洗三面"。普通百姓要"洗三朝"，皇家更要"洗三朝"。据记载，"洗三朝"在唐代即已出现。开元年间，社会稳定，百姓安乐，歌舞升平，婚丧嫁娶都很讲究。皇宫里每逢"洗三朝"这些事，平时戒备森严的警卫门禁都不由宽松许多，人们对新生命的到来喜形于色，并用乞讨洗儿钱的形式助兴。唐代诗人王建在他的《宫词》中写道："日高殿里有香烟，万岁声长动九天。妃子院中初降诞，内人争乞洗儿钱。"当时规定，"洗三朝"要选择三天内的吉日，天子的太子要太牢（即三牲皆备）行礼，大夫的长子用少牢，士人的长子用一猪，庶人的长子用一猪。

民间"洗三朝"

时代点评

李豫青少年时在开元天宝太平盛世享尽荣华富贵，中年开始倒霉，遇上安史叛乱，在沉重的政治起伏中苟延残喘，疲于奔命，成了"北漂一族"。这是一段从噩梦中醒来却又无法摆脱恐惧梦魇的日子，也是一个令人忧伤与无可奈何的时代。李豫和儿子德宗父子俩成了最后目睹过大唐繁华盛世的两位国君。

726年，代宗李豫出生后，爷爷唐玄宗李隆基十分兴奋。李豫生下来的第三天，李隆基就来到儿子李亨的宫里，想看看自己的第一个孙儿。他命赐金盆一只，为皇孙洗浴，这在当时已是盛行朝野的人生第一个礼仪。

正式洗沐时，李隆基和皇儿李亨兴味盎然地端坐在椅子上，喜孜孜地看着一群宫人围在金盆周围,里面的清水早已试好温度,不冷不热正合适。大家都在等着内侍把小李豫抱出来入浴。但是,等了好久却迟迟未见出来,玄宗派人催问,才有人抱出一个又白又胖的大小子来。不料,玄宗一看就叫道:"不对,这哪里是我的皇孙?!"宫女慌了,见瞒不过皇上,就如实说了真情。原来,李亨的吴氏(肃宗即位后被封为章敬皇后)年幼体弱,李豫先天发育不足,没有龙孙应有的让人一见就爱的喜庆像,所以宫女怕老帝王怪罪,惶惑不安,就先来抱宫中最近十几天出生的体貌丰满而好看的婴儿临时替代一下,为的是图个朝中上下皆大欢喜。不料被李隆基一眼就看出破绽。他也不怪罪谁,当场对大家说:"小孩初相多是这样,长得好不好,不是你们所能决定的。快把我的亲孙儿抱来一观。"不一会儿,宫人就抱出李豫,外裹红绫黄帛,内衬白柔丝绵。脱净后的李豫瘦小如鼠,众人托扶着放入盆内,哇哇大哭,玄宗却哈哈大笑。皇子李亨则趋前观望,饶有趣味地看着老宫人慢慢抚摸着擦洗。李隆基父子不急不躁地一直等着小李豫洗完,进行落脐灸囟,即去掉新生儿的脐带残余,敷以明矾,熏灸婴儿的囟顶,表示新生儿就此脱离了孕期,正式进入婴儿阶段。包裹好衣物,首先抱上来给帝王爷爷。玄宗接过仔细端详,眉开眼笑,摸着细皮嫩肉的屁股,好像是托着一块豆腐那样柔软。微弱的脉搏跳动着生命的节奏,间歇性的一两声啼哭奏响着生命的序曲。玄宗越看越喜欢,对凑在一边看的皇儿李亨说:"此儿福禄,要超过你。"逗玩了好一会,他转头又对侍候在侧的高力士说:"此一殿有三天子,乐乎哉!"后来,果然李亨、李豫父子都相继继承了祖上的皇位,但李豫即位在李家历史上与所有前

皇宫"洗三朝"

唐墓出土的双童图

朝有两点不同：第一，他在全唐是第一个以长子身份当上帝王的；第二，他完全是由太监拥立才坐上龙椅，而不是靠了老爸的一纸遗书或颁旨让位才冠冕堂皇地登基御极的。

李泌挺李豫

李泌是李亨当年的草根朋友。据说李泌七岁能写文章，燕国公张说称他为"奇童"，宰相张九龄呼之为"小友"。肃宗李亨在灵武即位时，李泌前往谒见，陈述国家成败的原因，得到信任。但他不想做官，"愿以客从"，参议国事。他常常陪着帝王乘车出入。专权的中书令崔圆、宦官李辅国，看到帝王对李泌重视，就十分嫉妒。李泌怕自己受祸，托故请求退隐衡山。帝王答应了，赐给他隐士衣服，并替他修建了隐居房屋。

邺侯书院——李泌当年隐居处

李豫三十岁那年，父王李亨在决定天下兵马元帅人选时，原打算任命既有统军才干又有较高威信的李豫的异母弟弟建宁王李倓。但此时担任朝廷宰相的奇士李泌提议说："建宁王贤能英勇，确是元帅之才，但广平王是长兄，有君人之量，尚未正位东宫。当今天下大乱，众人所瞩目者，自然是带兵打仗的元帅。若建宁王大功既成，陛下虽然不想立他为储君，追随他立功的人也不肯答应。太宗帝王和太上皇的事，不就是例子吗？"听了李泌的话，李亨觉得有理，当即任命时为广平王的李豫为兵马大元帅。从此，李豫被推到了平叛的中心。

李豫被委任为兵马元帅，凡有事外出，李泌就在帅府坐镇；李泌有事外出，李豫就值守帅府。二人尽心尽力，配合默契。当时军务繁重，四方奏报，从早到晚随时送来。李亨指示全部

贼有才的李泌

战情通报都先送元帅府，由李泌先行开拆过目，军情急切者，重新封固后连夜向宫禁之中通报。若属一般军务，则待天亮后再禀。而禁中宫门的钥匙及符契，肃宗这时也都委托李豫与李泌掌管。

此时，张良娣与李辅国二人在朝中权倾一时，气焰熏天，招致皇子李豫以及李倓兄弟二人的警觉与不满。李泌为了大唐的中兴，同时也出于对张良娣的专权不满，曾劝阻肃宗李亨立她为皇后。建宁王李倓英毅果敢，年轻气盛，无所顾忌，常不分场合地向父王李亨陈诉张、李二人专权骄横，谋害哥哥广平王李豫。这样一来，皇子二李同张良娣、李辅国之间的关系变得更紧张了。颇知用权的张良娣并没有坐视不顾。她很策略地劝肃宗把天下兵马元帅广平王李豫立为太子，再改任建宁王为兵马元帅。张良娣企图在广平王和建宁王之间制造嫌隙以分化他们，而且把事端牵扯到李泌身上。有一天，李亨向李泌提及此事："广平王担任元帅负责平叛已有些日子了，现在朕打算要建宁王全面负责征伐，又担心引起不良后果。若立广平王为太子，既确定他的储君地位，又能让建宁王发挥作用，先生以为如何？"李泌一下就明白这是张良娣的阴谋，立即直言不讳地劝阻肃宗，及时制止了张良娣的计划，确保了李豫继续掌兵并在此后顺利继承皇位。后来李辅国被诛，李豫终于即位。李泌复出从政，后位至宰相，被帝王封为邺侯。

单骑服单于

匈奴称其君长为单于，回纥是匈奴人后裔，单于也可即指回纥人的首领。回纥军侵犯唐朝边境，代宗李豫手下大将郭子仪曾独骑入回纥军中，凭借自己的威望和软硬兼施的谈判公关能力，几句话就说服了大军压境的回纥重兵。

郭子仪一生历仕唐玄宗、肃宗、代宗、德宗四朝，二十余年中，身系朝廷安危重任，为中唐军事主将，但在官场中却几起几落。等到肃宗李亨驾崩，李豫继位，郭子仪又受到猜疑，再次被削去兵权，改任看守肃宗坟茔的山陵使。郭子仪手下有一名大将叫仆固怀恩，不满意唐王朝对他的待遇，发动叛变，派人跟回纥和吐蕃联络，欺骗他们说，郭子仪已经被宦官鱼朝恩杀害，要他们联合反对唐朝。765年，仆固怀恩带领回纥、吐蕃几十万大军进攻长安，没想到刚走到半途上，他就得急病死了。回纥和吐蕃大军继续进攻，一直打到长安北边的泾阳（今陕西泾阳），长安受到威胁。大军压境，形势危急，唐代宗和朝廷上下都震动了。宦官鱼朝恩劝代宗再一次逃出长安。由于其他大臣的极力反对才没有逃走。大家一致认为，要打退回纥、吐蕃，只有指望郭子仪。于是，李豫不得不再一次征召郭子仪出山，升任为统兵大元帅。

那时候，郭子仪手下没有多少兵力。根据侦察到的情况，回纥和吐蕃两支大军虽说是联军，但是也在闹不团结。他们本来是仆固怀恩引来的，仆固怀恩一死，谁也不愿听谁的指挥，两股力量捏不到一块儿去。郭子仪知道这个情况，决定分化敌人。回纥的将领过去跟郭子仪一起打过安史叛军，有点老关系，郭子仪就决定先把回纥将领拉过来。当天晚上，郭子仪派他的部将李光瓒偷偷地到了回纥的大营，去见回纥都督药葛罗。李光瓒跟药葛罗说："郭令公派我来问你，回纥本来和唐朝友好，为什么要听坏人的话来进攻我们呢？"药葛罗奇怪地说："郭令公还活着？听说郭令公早已被杀，你别骗人了。"李光瓒告诉药葛罗，郭令公现在就在不远处。但是回纥将领说什么也不相信。他们说，要是郭令公真在这里，那就请他亲自来见个面。李光瓒回到唐营，把回纥人的怀疑向郭子仪回报了。郭子仪说："既然这样，我就自己去走一趟，也许能劝说回纥退兵。"将领们认为让元帅亲自到敌营去太冒险。郭子仪不顾诸将的苦劝，决定亲赴回纥大营策反，做思想政治工作，劝说对方退敌。有人提出，派五百个精锐的骑兵跟郭子仪一起去，万一回纥人动起手来，也有人保护。郭子仪说："不行！带了这样多兵去，反而会坏事。我一人去就可以了。"说着，就命令兵士给他牵过战马来。儿子郭晞上前拦住他的马说："您老人家现在是国家元帅，怎么能这样到虎口去冒险呢？"郭子仪说："现在敌人兵多，我们兵少，要真的打起来，不但我们父子两人生命难保，国家也要遭难。我这回去，如果和他们谈判成功，那就是国家的幸运；即使我有什

皮影戏郭子仪点兵

懿德太子墓仪卫队

么三长两短,还有你们在嘛!"说罢,他跳上了马,策马扬鞭,向回纥军营方向驰去。

回纥兵士远远望见有人骑马过来,连忙报告药葛罗。药葛罗和回纥将领们大吃一惊,命令兵士摆开阵势,拈弓搭箭,准备迎战。郭子仪到了阵前,摘下头盔,卸掉铁甲,把枪扔在地上,拉紧马缰,缓缓向回纥营靠近。药葛罗和将领们目不转睛望着来人,异口同声地叫了起来:"啊,真是令公他老人家!"郭子仪在回纥人中有很高的威信,回纥人一向称他为郭令公,表示对他的尊敬。当时,大伙一起翻身下马,围住郭子仪下拜行礼。郭子仪跳下马来,走上去握住药葛罗的手,和气地对他说:"你们回纥人曾经给唐朝立过大功,唐朝待你们也不错,为什么要帮助仆固怀恩闹叛乱

郭子仪单骑访回纥

唐懿德太子墓壁画

呢。我今天到这儿来,就为了劝你们悬崖勒马。我现在是单身到这儿,准备被你们杀掉,但是我的将士会跟你们拼命的。"药葛罗当即抱歉地说:"令公别这样说。我们受了仆固怀恩的骗,以为帝王和令公都已经死去,中原没有主人,才跟着他上这里来。现在知道令公还在,哪会同您打仗呢?"郭子仪说:"他们吐蕃和唐朝是亲戚关系,现在也来侵犯我们,掠夺我们的百姓和财物,实在太不应该啦!我决心要回击他们。如果你们能帮我们打退吐蕃,对你们也有好处。"药葛罗听了郭子仪是非鲜明、义利俱备的话,心服口服,连连点头说:"我们一定替令公出力,将功补过。"郭子仪对回纥王晓以利害,回纥王于是临阵倒戈,两军联手攻击吐蕃,吐蕃大败。仅凭他多年征战的威名,不费一兵一卒就再度保全了京城。郭子仪几起几落,仍忠心耿耿效命朝廷,唐代宗这才深悔不该对他横加猜忌,因而赐予他"铁券",意即保证在任何情况下,都决不再加罪于他。为了向郭子仪表示恩宠,李豫除了对他给予优厚的

礼遇外,还将自己娇生惯养的掌上明珠升平公主嫁给郭子仪的幼子郭暧为妻。

太岁杀太监

李豫即位后,太监李辅国获得皇上李豫恩宠并成为政治依赖,手握兵权,军国大事均由他说了算。他甚至对代宗说,您只须呆在宫中玩你的,放心吧,外面的事有我呢。此后,朝野上下只知道有李辅国,不知道有代宗李豫。代宗慑于李辅国手握兵权,只好委曲求全,事无大小,都要请示他才能定夺。有时动不动就被这娘娘腔的家奴训斥,李豫只能忍气吞声,毕恭毕敬,甚至偶尔还要向李辅国作个口头自我批评、写个检查什么的,只差没给李辅国这厮做牛做马洗内裤了。

帝王恨李辅国恨得牙根都咬酸了,实在忍无可忍了。李豫有一次密谋派人暗杀李辅国,偷偷安排一个偏将装扮成盗贼,在一个风高月黑的夜晚乘李辅国不备刺杀了他,不留任何痕迹,然后还煞有介事地下令追捕盗贼。一个皇上,居然用偷偷摸摸的非法手段去干一桩名正言顺的合法大事,事后还派宫中使者慰问其家属,为死者开追悼会,视同因公牺牲。汉朝陈琳曾对大将军何进说过:"对付太监,只需要一个看牢房的小兵就可以了。"而大唐代宗以堂堂天子之尊,对付一个宦官应该一纸诏书甚至嘴巴一撇就可置之死地,现在却使出下三烂的手段杀自己的家奴,留下千古笑话。不过,他总算是为自己也为老爹报了多年的仇恨。

代宗杀李辅国其实不是为了消灭宦官势力,只想除掉李辅国一人罢了。代宗的

古代宦官雕像

意思，是想告诉宦官们：李辅国只是因为太不把我放在眼里，我才杀了他；但是他是有功于朕的，所以朕保留了他的家族和荣誉。你们只要好好干，做出有功于国、有功于朕的事业和功勋来，不愁没有高官厚禄。

中国上下五千年，历朝历代宫中太监且不去说好坏忠奸，能在中国历史上留下印迹者的并不多，像李辅国这样的太监宰相，只赵高和他两人而已。大凡乱国枭雄，都有一套超乎常人的厚黑心术，李辅国是此中圣手。阿谀奉迎，溜须拍马，他不学就会；翻云覆雨，落井下石，他无所不能；谋害同类，残杀异己，他从不手软。从亲王、宰相到皇后、帝王，有用时可成为他的手中权杖，无用了则手起刀落，"咔嚓"一声，干净利落。李辅国一生忙碌，谋权固位，巧取豪夺，拥城国之富，最后却落了个身首异处，尸弃荒野。

宦官雕塑

老公打老婆

唐代宗李豫的宝贝女儿升平公主，就是著名传统戏剧《打金枝》中女主角的原型。升平公主的公爹郭子仪，在平定安史之乱中战功赫赫，起到了最为关键的作用，是唐中期的中流砥柱。郭子仪因此得到李唐王朝的器重，被封为国公，任天下兵马副元帅，最后晋封"汾阳王"，并获唐代宗颁发终生享受不予处斩待遇的免死证（"铁券"）。有此光荣勋章，朝廷无论如何都不会加罪于他。为了表示诚意，董事长李豫还将自己的女儿升平公主，嫁给了郭子仪的六儿子郭暧，郭暧因此受封为侯爵。这对小夫妻当时都只有十三四岁的年纪，逆反心理正强，且一个出身在天下第一家庭，一个处于顶极富贵权势的大腕之家，巨有权有势，各自的脾气当然就好不了。尤其是升平公主，由于父皇的娇宠，自幼养成一副不知天高地厚的大小姐脾气，时不时撒娇发横，宫中的人都得依着她的性子来。她自恃金枝玉叶，深得唐代宗之宠，处处以皇家宫规、君臣大礼管束制约丈夫。

唐代郭子仪

而郭暧这个胡子拉碴、满脸横肉的壮汉，生就一副刚直不阿的性格，男人有男人的自尊，他并不想借助皇家谋取什么名利，因而也压根就没想过要怎样呵护善待升平公主。靠！这样的一对小夫妻，还能不出事？！终于，在新婚燕尔过去之后，两个人骄傲的个性便开始冲突，直至有一天PK得不可开交。

起因是有一天郭子仪做寿，郭暧的哥哥、大嫂因弟媳升平公主不来拜寿，就戏嘲郭暧怕老婆，是个耙耳朵。自尊心极强的郭暧气愤之下，指责升平公主在家宴上居然高坐在公婆之上，又不敬酒说些"祝公公婆婆身体健康寿比南山"之类的话，要求升平公主向爹妈补行致敬礼。公主是什么？公主是帝王的女儿！名分上她是"君"，而驸马一家不过是"臣"。即使在成亲的喜堂上，婚仪都要倒过来，由公婆向儿子媳妇跪拜叩头。现在郭暧居然要升平公主向公婆行民间的儿媳礼仪，升平公主可受不了啦，对丈夫的要求气愤至极，反唇相讥，"你小样，不得了了！居然让老娘给你那两个老不死的致敬行礼？笑话！"这下不得了了，两人就你一句我一句地争吵起来。郭暧婚后几年来一直积压着的怒气借着酒劲发作起来，抬手就给了公主老婆一个耳光，恨恨地说："你这个身无三两肉的小东西！仗着你爹是帝王，

优裕宫廷生活中的升平公主

戏剧《打金枝》：郭暧与妻升平公主

就耀武扬威吗?我告诉你,我爹他是根本不想干帝王这个差事,否则的话,还轮得到你家?"升平公主没想到郭暧居然敢动手打自己,更没想到一向很少动气的驸马居然说出这样无法无天的话来。她不知夫君平时很少动粗是看在老丈人面子上,如果公主不是帝王女儿,谁理她!

"打狗还得看主人呢,如今竟敢打到我公主头上来了,是可忍孰不可忍!"公主突然遭遇家庭暴力,顿时气得脸色都变了,立即驾着私家车哭着回宫告状,要求父王惩罚郭暧为她出气,不能便宜了那小子!看见了没?得罪了公主是不好

郭子仪画像

过的。不过,代宗李豫和皇后听了女儿的投诉,并没有"谁让我女儿痛苦一阵子,我就让他痛苦一辈子"的意思,反而责备女儿不该不去拜寿,对正在气头上的女儿说:"驸马说的可全是实话呀,假如当年你公爹有心要做帝王的话,谁也挡不住他,这天下早就不姓李而姓郭了。"皇上老儿实话实说,倒也没护短。但公主不肯认错,一味撒娇。李豫没办法,就高声说要斩郭暧为女儿出气,吓得公主反倒没了主意。

那边郭子仪得知儿子打了公主,而且还说了一句要命的话,够枪毙几次的罪了,顿时吓得手脚发抖。这句话的后果可轻可重,帝王完全可以借这句话把郭家满门抄斩。大惊失色之下,郭子仪把这个不懂事的儿子捆了起来,直送宫中,向帝王亲家请罪。董事长李豫面对负荆请罪的郭家父子,不仅没怒,反而哈哈一笑,亲自为女婿松绑,并向郭子仪说了一句至理名言:"不痴不聋,不

唐代宗李豫

作家翁。小儿女们几句戏言气话是闺房琐事,我们做长辈的何必计较,老大人权作耳聋,当没听见这回事算了,又何必去管这种夫妻闲事呢?"李豫不愿为儿女私事伤了君臣和气,绝不能让女儿一时的小资脾气坏了国家大局。所以郭暧不但没因此成为死亡候选人,还进一步被提拔以示器重。最后,代宗宣谕免除小夫妻之间的一切宫规和君臣大礼,责令公主为公公拜寿赔礼,劝导小夫妻和好如初。帝王亲家居然这么轻易就放过自己,倒真令郭子仪大松了一口气。但是为了警戒少年无忌的儿子,回到家里,郭子仪还是拿出大棍,亲自动手把儿子痛打一顿。领军打仗的郭子仪力气可不小,何况这一顿棍子其实是打给董事长李豫看的,更是又狠又准,直打得郭暧几乎昏了过去。毕竟还是自己的丈夫,看见郭暧硬扛着不求饶,一边的升平公主可心疼了,只好红着脸求公爹罢手,不能再打了。郭子仪早就等着儿媳这句话了,立刻放下了手里的棍棒。

郭暧的老婆的舅舅李适继位为德宗之后,吸取了这场"打金枝"的教训,下令修改礼仪,规定公主还是应该向公婆行礼恭让。升平公主经过这场"打金枝"的事件,成熟了不少,对夫君一口一个"达令!"小嘴甜得跟蜜似的,叫得郭暧骨头都酥软了。

代宗李豫妥善处理女儿、女婿家庭风波的这段逸事趣闻,被好事的后人编成戏剧,广为传唱,成了今天的经典喜剧《打金枝》。

茶仙荐茶圣

唐朝喝茶已经很普及了。自从唐宋以来,中国茶风渐盛,皇亲国戚、达官显贵、僧人道士均以尚茶为荣,而且出现了一大批品饮的行家里手。唐代宗李豫本人更是特别喜欢喝茶,完全是个爱茶粉丝,也是个品茶行家,宫中也录用了一些善于品茶的人供职。据说,唐时竟陵(今湖北天门)智积和尚善于品茶,不但能辨别所喝是什么茶,沏茶用的是何处水,而且还能判断谁是煮茶人。这种品茶本领一传十,十传百,人们把智积和尚看成是"茶仙"下凡。这消息传到了李豫帝王耳中,他半信半疑,就下旨召来智积和尚,决定当面试试。

智积和尚被召到宫中。宫中煎茶能手,用上等茶叶煎出一碗茶,请智积品尝。帝王的茶肯定是很好的,可是积公谢恩后接茶在手,轻轻喝了一口就放下茶碗,便再也不尝第二口了。帝王问他为何不饮,积公起身摸摸长须笑说:"我喝惯了我徒弟陆羽泡的茶,再喝别人的茶都不想喝了。天下真正懂茶道的,没有人能超过我这徒弟的。"李豫问陆羽现在何处？积公答道："陆羽酷爱自然，遍游海内名山大川，品评天下名茶美泉，现在何处贫僧也不知道。"李豫听罢，立即派人四处寻找陆羽，终于在浙江吴兴县苕溪的天杼山上找到了他，并把他召到宫中。

陆羽同学是复州竟陵（今湖北天门）人，一生嗜茶，精于茶道，以著世界第一部茶叶专著——《茶经》闻名于世，对中国茶业和世界茶业的发展做出了卓越贡献，被后世尊为茶圣。可是，别看他生后红得发紫，生前却不咋的。让你想不到的是陆羽同学竟是个可怜的弃儿，连父母是谁不知道，姓什么也不知道。他本是父母遗弃在路旁，被天门龙盖寺的智积和尚在路上捡到的，当即带回庙里养大，并为他取"陆"为姓，以"羽"为名，以"鸿渐"为字。乖乖，多么好听的一个名字？！要不是史书上白纸黑字说他长得丑，还真以为小陆就是一个神仙似的帅哥呢。养在和尚庙里，陆羽从小学的当然就是打坐念经了，青灯古佛，煞是难熬，就偷空读了许多古书。九岁时，这小朋友有一次没头没脑地问："师父，咱们当和尚的，活着时没有兄弟，

献茶品茶木刻

陆羽烹茶图

死了又没有后人,古人说'不孝有三,无后为大',恐怕我们这职业就是传说的不孝吧?"老和尚一听,得,敢情这小东西跑步进入青春叛逆期了,这才屁丁大个小孩,居然就对神圣的佛教信仰产生了怀疑,若不重罚,以后还不上房揭瓦、欺师灭祖啊?于是,老和尚狠狠地把他撵去扫臭哄哄的厕所,后来嫌不够累,还给他加派了个差,让他负责放牧三十头牛(看来这和尚庙不是一般的富啊)。小东西不简单,放牛的时候还用竹棍儿在牛背上练字玩儿,顺带着给牛挠痒痒。您看,陆羽从小学习这么刻苦,长大要不成个人才,还真对不起他划得伤痕累累的这三十张牛皮。可是时间一长,陆羽就想:"一辈子待在这破庙里,能学成啥东西?"于是,他找一个机会从庙里逃跑了。他逃到一个戏班子里,靠着自己那张赵大叔一样的猪腰子脸,专门演

陆羽品茶

唐代宗 李豫

小品，很快就成了一个颇有名气的演员。业余时间，这位新明星还搞点创作，写下了三卷本的小品集《谑谈》，终于有点自学成才的意思了。唐玄宗天宝年间，他参加了所在天门市搞的一次文艺汇演，"市长"听完汇演中陆羽自学成才的感人事迹后落下了眼泪，当即把他推荐到在天门火门山隐居的邹大教授那里深造。几年以后，原在朝廷中枢做官的著名诗人崔国辅被贬到天门任职，正好遇到毕了业的陆羽下山。两人一见，极为投机，天天搅在

小和尚陆羽放牛写字

一起钻研泡茶技术。几年以后，陆羽周游天下，整天穿着小背心、大裤头，钻山沟，一边考察一边记笔记，把天下河流的水质情况以及各地产茶的优劣都摸清楚了，然后就整理笔记，写起了《茶经》。

话说代宗李豫见陆羽其貌不扬，说话有点结巴，但言谈中还是看得出他学识渊博，出言不凡，甚感高兴，当即命他煎茶。陆羽立即将带来的清明前采制的紫笋茶精心煎后，献给帝王。代宗接过陆羽亲自煮烹的茶，轻轻揭开碗盖，一阵清香迎面扑来，果然茶香扑鼻，清汤绿叶，真是与众不同，精神为之一爽。再看碗中茶叶淡绿清澈，品尝之下香醇回甘，连连点头称赞好茶。代宗李豫心想，都说智积老和尚会品茶，真会假会啊？今天我倒要试试。连忙命陆羽再煎一碗，让宫女送到书房给积公去品尝，

也不告知老和尚他徒弟来了。积公接过茶碗，喝了一口，连叫好茶，于是一饮而尽。他放下茶碗后，走出书房，连喊"渐儿何在？"帝王忙问："你怎么知道陆羽来了呢？"积公答道："我刚才饮的茶，只有他才能煎得出来，别人煮不出来，所以我徒儿必定是到宫中来了。"代宗听罢，心想，这老和尚还真有两下子，由此十分佩服积公和尚的品茶之功和陆羽的茶技之精，就留陆羽在宫中供职，培养茶师。后来代宗见他学问大，又请他去做太子府图书管理员和中央音乐学院教授，他都没干。陆羽不羡荣华富贵，不久就又回到苕溪，专心撰写那还没杀青封笔的《茶经》去了。

茶圣陆羽塑像

唐德宗李适

——蜕化变质分子

姓　　名：	李适
职　　称：	德宗
生　　卒：	742—805年，享年六十四岁
老　　爸：	唐代宗李豫
老　　妈：	睿贞皇后沈氏
最高职务：	李唐第十一任帝王
帝王工龄：	二十六年（779—805年）
最大政绩：	废除租庸调制及一切苛捐杂税，实行两税法。
最大错误：	重用宦官，纵容藩镇，加重了唐朝危机。
荣誉称号：	神武孝文帝王
组织鉴定：	志大才疏，心胸狭窄，贪婪成性。
家庭出身：	国家干部
本人成分：	高干子弟
接班人：	李诵
最得意：	彻底平定安史之乱
最遗憾：	无力解决朝臣矛盾
最愤怒：	被困奉天
现在住址：	陕西省泾阳县西北四十里的嵯峨山崇陵
个性签名：	没妈的孩子像棵草

唐德宗李适像

从多予少取到"唯物主义"

当年讨伐安禄山、史思明叛军时,唐德宗曾为天下兵马大元帅,相当有锐气朝气。所以平乱以后,以其功拜尚书令。唐德宗继位之始,也曾经励精图治,除旧布新,使时局为之一振。李适继位之初,崇尚节俭,减少各地进贡,宣布废除苛捐杂税,陆续出台各项扶持民生的减负政策。就在任命崔佑甫为宰相的两天后,唐德宗发表最高指示,诏告天下一律停止向中央进献鹰鹞之类的宠物。隔了一天,德宗又公布少取多予的惠民政策,规定山南枇杷、江南柑橘每年只许进贡一次以供祭祀宗庙,其余的进贡一律停止。几天后,他再一次颁布诏书,宣布废止南方每年向宫中进贡的奴婢和春酒、铜镜、麝香等,禁止天下进贡珍禽异兽,甚至规定银器不得加金饰。为了显示自己的决心,他又下令将文单国(今老挝)所献三十二头舞象,放养到荆山之阳;对那些专门供帝王狩猎的五坊鹰犬统统放归自然。同时,还裁撤了专供中央官员休闲消遣的文艺演出团体(御用戏班)的演职人员三百人,放出宫女百余人。如此密集的惠民措施,显示出雄心勃勃的新气象。

但是,自从因没钱发不出驻京部队官兵工资奖金而导致朱泚兵变发生,最终使自己逃出首都、国家差点易帜变天以后,李适似乎意识到钱虽不是万能的,但没有钱是万万不能的,执政理念由惠民让利瞬间变脸为"唯物主义"。从这时起,他不仅开始喜欢钱财,而且下令各地向中央进贡,经常派出特派员直接向各部委办局以及地方政府公开索取,当时一概称为"宣索"。各地节度使多以进奉名义讨帝王喜欢,并借此额外盘剥百姓,所得财物大部分自吞,进奉只是十分之一二。有的每月进奉,称为月进;有的竟每天进奉,称为日进。德宗每年收取的进奉多则五十万缗,少则三十万缗,已成为制度。李适前期是一个好同志,到了后半期放松了思想认识,逐渐蜕化变质,从禁止地方额外进贡的立场转变到大肆聚敛钱财,悄然完成了从一个节俭楷模到贪婪

唐德宗李适像

皇殿森然

之君的蜕变。

从人类学的角度来看,帝王家系的退化程度要甚于常人。这主要有以下三点原因:一是太过优越的物质生活;二是太过紧张的宫廷斗争;三是太过狭窄的精神世界。这三"太"导致中国封建统治者的体能、行为力、决策力、适应力逐渐下降。所以中国古代出现那么多的弱智、白痴、呆傻儿式的帝王,是一点也不奇怪的。正如一块土地,肥力耗竭殆尽,还能指望打出什么好庄稼吗?

李适作为唐朝第十代帝王。古人说"君子之泽,五世而斩"。你都第十世了,不斩何待?

中国 CEO 与日本粉丝

虽然唐德宗贪婪成性,当时的重臣却有特正派的。贞元年间的宰相陆贽就是一个清廉的楷模。那时每天都有跑官要官、跑部"钱"进的地方官员来找陆贽拉关系、走后门、递条子、攀交情。可陆贽一个都不收。他母亲去世,在三年守孝期间,各

名相陆贽像

地藩镇纷纷赠送厚礼,可他一份没要。一些想通过送礼巴结这位朝中重臣的人老大不满,埋怨他不近人情。为此,德宗暗地派人向他送"秘旨",叫他不要"清慎太过",说当今就是这世道,靠你一人改变不了。"你太过清廉和谨慎了,简直到了偏执的地步。各道、州、府到长安来,送给你一些礼物,是人之常情。你全都拒之门外,一律不收,那是很不合乎情理的。其实,如果送你一根马鞭、一双皮靴之类,收下了,也是无伤大雅的。"李适还保证绝不会以收受贿赂将其送交司法部门法办。历朝历代,混蛋帝王很多,但从没有像他这样直言不讳地劝臣下纳贿,苦口婆心地动员掌管国政的宰相搞腐败。陆贽对领导的"关爱"并不领情,说:"利于小者必害于大。贿道一开展转兹甚,鞭靴不已,必及衣裘,必及金璧。"按说,皇上既已发话"平常之礼,但收无妨",你陆贽谢恩照办就是了,即便有人举报,也有这块响当当的挡箭牌——这可是别人求之不得的尚方宝剑啊!可这位宰相大人就是"抗旨不遵",还讲出了那么一番要想反腐倡廉必须防微杜渐、否则就会量变转化为质变的大道理。如果整个朝中都像陆贽这样刚正不阿、清俭廉洁、直言谠论、端庄崇实,唐德宗有可能

陆贽为兴办佛教事业捐献私家宅基地建起的能仁禅寺

将他的聪昏周期率拉长一点，可包围着他的却是卢杞、裴延龄以及宦官窦文场、霍仙鸣之流，阿谀奉承，投其所好。

虽然帝王劝宰相酌收"薄礼"，陆贽却一直坚守自己的信条"轻者重之端，小者大之源"，不因"轻者"而心动，不为"小者"而收受，是他的一条底线。陆贽不但不要外财，还为国运奉献私利，为兴办公益事业捐献自家宅基地，建起了福业院，后改称报国院，现为改建后的能仁禅寺。这样的官，政治素质当然是没的说。难怪李适事无巨细，都请陆贽参酌决定，人们都称陆贽为"内相"，德宗本人也亲切地直呼陆贽为"陆九"，并在陆贽年迈递交辞呈要求回乡养老时断然拒绝，老九不能走！

陆贽

确实，对于大唐江山来说，真的是"老九不能走"啊！陆贽十八岁就考取进士，先是当帝王秘书。德宗年间，长安城里风云突变，五千泾原军因饥寒交迫，举旗造反。李适仓皇出逃，泾原节度使朱泚乘机入宫登基称帝，大唐国祚危在旦夕。年轻的翰林学士陆贽越墙而出，追随德宗帝王至乾县，连续几次劝德宗把"今盗遍天下"的起因都揽到自己身上，主动承担责任，"陛下宜痛自引过以感人心"。于是李适主动作了自我批评，下诏罪己，说国家动乱到这个程度，"皆由上失其道而下罹其灾"，各地叛军除朱泚外，都是无罪的，只要归顺，"一切待之如初"。这孤立一小撮、团结大多数的政策一出台，"四方人心大悦，士卒皆感泣"。此后，德宗又采纳了陆贽的一系列策略，终于平定了叛乱，挽救了危局，使唐王朝从危亡的关头逐步恢复。陆贽三十九岁受命为宰相后，广开财路，改革减负，制定边防御敌方略。陆贽向李适的大量奏议报告，成为历代宰相的为政典范，史学界推他为"中国十大名相"之一。苏东坡的名篇《乞校正陆贽奏议进御劄子》，向宋朝神宗帝王大大夸奖了陆贽一番，建议帝王把陆贽的报告放在办公桌旁边,"置之坐隅,如见贽面,反复熟读,如与贽言,必能发圣性之高明,成治功于岁月"。

开征茶税逼县长自焚

德宗李适敛财的新政之一,是实施制度创新,在历史上首次开征茶叶税。

饮茶在盛唐时期盛况空前,"茶为食物,无异米盐";王公士族,无不饮者,穷日尽夜,殆成风俗。当时除了四川和江南茶风日盛外,黄河中下游地区也盛行饮茶,大凡交通沿线,随处都有茶摊、茶铺,不分贵俗,投钱可饮,十分方便。江南各地的茶叶源源北上,舟车相继。不只江南江北产茶,中原地区以至黄河之北也开始种茶。茶已成为当时人们日常生活的必需品,也成为国内外市场上的重要商品。因此,种茶、贩茶也就成为十分有利可图的行当。这时,德宗李适在大臣们的议论中,看到了茶已与盐、铁一样为百姓日常所需,有利可图,便开始想点子了。

品茶

唐德宗时坊肆赛茶会

建中四年(783年),

唐德宗 李适

唐朝茶市

掌管财政税收的户部侍郎赵赞敏锐地看到，饮茶的风气已在百姓中普遍形成，便向德宗提议征收茶叶税，十税其一。德宗很快就采纳了这一建议，于当年开始在全国对茶叶进行征税，由负责征收盐铁税的盐铁转运使兼管茶务，在产茶州县的商运要道设官抽税，税率为1/10，每年可得钱四十万贯，茶税一举成为国家的一项重要财政收入。茶税之法从此建立起来。当时除茶之外，漆、竹、木等也同时被列为征税对象。这就是千百年来一直征收的农林特产税的最早起源。

唐德宗开征茶税，国家自然财源滚滚，却不知有人因此付出了生命的代价。开征茶税的红头文件下达后，有个名叫何易于的益昌（今四川昭化）县长，陷入了两难的困境。因为他非常清楚，不征茶税，违拒诏令，是杀头的罪！而要征茶税，益昌穷困之地，百姓本已生存艰难，若要再强征茶税，百姓必定是死路一条。何易于对这道最高指示审视再三，觉得反正自己里外不是人了，便指示暂把文件搁置一边，不传达不贯彻不执行。属吏思虑再三说："如果我来顶罪被杀头后，您能否免除被流放之罪？"何易于却说："我既然不以保全自身来移害于百姓，也决不会让你们来为我替罪。"说罢，他毅然自焚。何县长死后，当地百姓崇敬至极，纷纷祭奠。上级则因对何县长的才干颇为赏识，也就没有再上报治他抗旨

唐墓壁画：茶作坊

不遵之罪。这是由李适征收茶税引出的一个自杀式抗议死难者。

连续几代的人肉搜索

幸福的家庭都是相似的,不幸的家庭各有各的不幸。李适的人生并不幸福:他十四岁就失去母亲;805年正月,儿子李诵又突然中风口哑,不能讲话。人生三大不幸就差中年丧妻了。当然,他的妻妾是绝不会缺失的。

李适的亲娘姓沈,今浙江吴兴人,世为冠族仕宦之家。开元末年,以良家女被选入东宫,太子李亨将其赐予长子李豫为妃。天宝元年,沈氏生子李适,即后来的德宗。安史之乱中李隆基匆忙出逃,皇子皇孙妃嫔中来不及跟从者,大多陷于敌手,被乱兵拘禁于东都洛阳宫中,其中就有沈氏。当时还是广平王的李豫未及带上沈妃一同上路,致沈氏沦入叛军之手。后来唐军收复洛阳,李豫奇迹般地见到了沈氏。却因马上要北上打仗,军情紧急,所以只得把沈氏依旧留在洛阳。不久,史思明再度举兵叛乱,重陷东都洛阳,沈氏重新落入叛军之手,从此下落不明。待到史朝义败亡,

仿建东都洛阳宫的隋唐城

谁是真太后?

朝廷重新收复东都,却再也找不到沈氏所在。李豫即位后,派人四处寻访生死不明的沈氏,十余年间都没有结果。李豫十分宠爱沈氏,与沈氏失散后,多年来冷淡其他姬妾,直到出现了独孤贵妃。如果李豫不是对沈氏情深意重,也不会立李适为储君。

李适登基后,立即尊沈氏为皇太后,派人继续寻访母亲的下落。他专门成立了一个寻找太后工作的庞大领导小组,以睦王李述为领导小组组长全权负责寻找皇太后,工部尚书乔琳为副组长协助工作,遍寻天下。

不久,有一位老妇人陈述自己就是太后,洛阳宫中忙派出旧日服侍的宦官宫女去识别。女官李真一以前曾长期陪侍沈氏,知道沈氏早年因为斫肉糜喂德宗时左手指受伤。她见老妇人同沈氏长得一模一样,年龄也一致,左指受伤,就认定是沈氏,迎入宫中,报告德宗。德宗大喜,奉她为太后。不料几天后,高力士养子高承悦密奏德宗,说老妇人并非沈太后,而是他的姐姐,为了怕事情败露后连累自己,所以

唐代贵妇人

举报以避祸。德宗忙命高力士养孙樊景超再去识别，果然是他的姑妈、高力士的养女，老妇人这才惊恐认罪。原来，她年轻时常在宫中与沈氏在一起，相貌酷似，年龄一样，左手指因剖瓜时不小心也受过伤。因见皇上找母急切，为贪图荣华富贵，才演出了一场冒名顶替的丑剧。樊景超如实奏报，请求加罪于老妇人，德宗答说："我宁愿受一百次骗，仍希望有一次是真的，以了结心愿，如果惩办了这老妇人，此后就没有人敢来报告太后下落了。"所以对冒名顶替之罪并不追究，且当即下令释放老妇人，没有加罪。德宗的性格，不似他父亲温厚，有些暴躁、猜忌刻薄。但以这种暴躁的性格能够说出这样宽容的话，并且对假冒之人宽而待之，可见其思母之切。

这之后，自称是太后的还有好几人，一经查验，都对不上来。李适为寻母耗费了大量精力，但真正的沈太后始终未能找到。寻访沈后工作一直持续到代宗的曾孙、德宗的长孙宪宗为止，宪宗将沈后衣冠葬于代宗的元陵。德宗的丧母之痛，其实代表着整个李唐王朝的伤痛。安史之乱以后，繁华不再，盛世远去。大唐终于渐渐沉沦，在10世纪初结束了它的使命。

唐顺宗李诵
——候补二十六年转正六个月的哑巴帝王

姓　　名：	李诵
职　　称：	顺宗
生　　卒：	761—806年，享年四十五岁
老　　爸：	德宗李适
老　　妈：	昭德皇后王氏
最高职务：	李唐第十二任帝王
帝王工龄：	六个月（805—805年）
最大政绩：	锐意改革，采取了一系列有利于民生的措施，史称"永贞革新"。
最大错误：	不重视舆论宣传，只做不说。
荣誉称号：	至德大圣大安孝帝王
家庭出身：	国家干部
本人成分：	高干子弟
接班人：	李纯
最得意：	书法
最遗憾：	中风失语
最愤怒：	萧妃被杀
现在住址：	陕西省富平县东北二十千米的虎头山丰陵
个性签名：	有话说不出

唐顺宗李诵像

帝王之最

在中国帝王中，唐顺宗李诵是唯一一位哑巴帝王，在位时期只有几个月，在唐朝帝王中任期最短，但却有着比别的帝王更多的掌故。

等待接班的时间最长：他在779年十八岁时就被立为太子了，一直到805年四十四岁才继承帝位。由于父亲德宗在位时间长，他做太子长达二十六年，而且在这二十多年里，他还一直受到父皇的猜忌而时时自危。这说明李诵忍耐心极强，没有提前抢班夺权。

在位时间最短：顺宗在位期间，没有以帝王身份过一个新年。即位当年的新年，他就已经是太上皇了。算起来，顺宗在位时间不足200天，在整个唐朝帝王中，他是在位时间最短的一位。（中宗身后的李重茂唐隆政权更短，但史学界一般不把它纳入唐朝的皇统之中，所以忽略不计）上岗六个月就退位，当然不是自己干得不好，而是"健康原因"，实际是因政治斗争力量对比的情势使然。

> **时代点评**
> 安史战乱已经平息，但国库空虚，人口锐减，割据势力依然严重，尾大不掉。

退二线最快：上任只有短短几个月，还没来得及给自己的几个老婆排座次，就从帝王直接做上了太上皇，这不仅是唐朝帝王中，恐怕也是中国历史上所有帝王中进入太上皇最快的帝王了。

他是李唐一代中，唯一一位在退位后才改年号的帝王：属于唐顺宗的年号"永贞"是在他退位以后才改的。顺宗在贞元二十一年（805年）八月四日退位为太上皇，尽管继位的宪宗帝王是在八月九日才举行就职典礼，但顺宗八月五日下诏改年号为永贞时的身份已经是太上皇。

顺宗的后宫嫔妃都没有与帝王身份相配套的后妃身份：她们在史书中的皇后名分都是多年以后追加的谥号。这是因为顺宗在位时间短，还没有来得及册封的缘故。有意思的是，顺宗的嫔妃虽然没有皇后和皇妃的名号，但她们都从皇太子时的良娣、良媛直接加封为太上皇后、太上皇德妃，属于越级提拔。

亲儿成为皇弟：顺宗有一个亲生儿子，由于德宗帝王李适非常喜欢这个孙子并收他做自己的干儿子，于是自己的儿子便成了自己名义上的弟弟。这在世界人伦史上是绝无仅有的。

留下了唐代帝王中唯一的工作流水账：在所有的唐朝帝王中，只有李诵留下了完整的《顺宗实录》，即帝王每日工作日志，实际上是一册政务流水账。该书共五卷，作者是一代文豪、号称"文起八代之衰"的大文学家韩愈。有人认为韩愈和宦官俱文珍等关系密切，因而这一实录中涉及宦官的文字语多回护，但毕竟留下了有关顺宗情况的第一手记录，弥足珍贵。

初次所加谥号字数最多：唐太宗初次加的谥号为"文帝王"，是一字谥，唐高祖初次加谥号为"大武帝王"，是二字谥。后来的唐朝帝王初次加谥号时，经常是四字谥，再后又多五字谥，唐朝末年还有懿宗的谥号"睿文昭圣恭惠孝帝王"，是七字。初次加谥就有"至德大圣大安孝帝王"七字的，顺宗是第一位。

只做不说

唐顺宗李诵是一个只做不说的人。即便当帝王以后决策表态作指示，也多是对官员的提议、申请、求问以点头或摇头示意。李诵一生中，无论是接受爷爷代宗帝王的小老婆做自己的二老婆，还是把自己的亲生儿子送给老爸当儿子、给自己当弟弟；无论是身为皇太子时的深藏不露，还是登基后的革除时弊；无论是面对父皇对舒王李谊的偏心，还是儿子对自己的进逼；无论是宦官强求他选立储君，还是逼他退位；无论是位居九五，还是成为太上皇，几乎看不出他的抵触拒阻。能够面对现实，是顺宗一生的最大特色。当然，他只做不说并非完全是因为自己声带渎职、喉咙罢工、失去说话能力，无法与人交流，还因为他深知此时无声胜有声。他亲身经历了藩镇叛乱的战火历练，也见识了朝廷内外文臣武将的勾心斗角，在政治上逐渐成熟起来。所以，他把个人的喜怒哀乐深藏心底。

长期以来，李诵对于别人谈论的事情，总是三缄其口，即使对自己身边的亲信宦官，也未尝假以颜色，对朝廷上下的人物，他基本上都是若即若离。他当太子时娶肃宗女郜国公主的女儿为王妃，贞元三年八月，郜国公主因丈夫早死而寡居，与朝官发生不正当关系。德宗知道了这些情况，非常生气，把她幽禁起来，还取消了她的公主称号，又派人把李诵的王妃——郜国公主之女杀死。由于事情牵涉到李诵，德宗将他找来，狠狠地批了一通。顺宗李诵被父皇斥责，就仿效肃宗在天宝年间做太子时的故事，请求与萧妃离婚。此事发生以后，德宗萌动了废李诵改立舒王李谊的念头，并且把宰相李泌召入宫中商议，想立三弟李邈的儿子舒王李谊为接班人，幸得李泌反复规劝，说老婆是别人的好，儿子是自己的好，侄儿继承皇位只会祭祀其生父，最后才使德宗醒悟，保住了李诵的太子之位。在这一事关自己终生命运的过程中，李

唐顺宗李诵

诵自始至终一言未发，不置一词。经过这场变故，本来就小心翼翼的李诵更加谨慎了。有一次，他参加在鱼藻宫里举行的一个临水饭局，陪老爸喝酒。宴会当中，彩船装饰一新，宫人引舟为棹歌，丝竹间发，德宗欢喜异常。李诵在父皇询问他的感受时，只是引用诗中"好乐无荒"一句作答，没有直言以对正面回答。

李诵当帝王候补人二十六年间，只在一件事上对父皇发表过意见，那就是贞元末年阻止德宗任用裴延龄、韦渠牟为相。德宗晚年因为在位时间长了，对大臣的猜忌和防范心加重，不再放权给宰相，使身边的奸佞小人得到信任和重用。裴延龄、李齐运、韦渠牟等人依靠德宗

唐墓葬壁画

唐顺宗 李诵

的宠信，排挤诬陷陆贽等能臣贤士。普天之下，对裴延龄等人盘剥黎民、聚敛财富而得进用都切齿痛恨，朝廷之上，正直之士更是敢怒不敢言。身为太子的李诵有一次趁父皇下棋连赢几盘心情特好的时候，向老爸提出这些人不能重用，否则我李唐王朝就要完了，得到德宗的肯定和赏识，最终果然没有任用裴延龄、韦渠牟等人为相。韩愈评价李诵在帝王预备期内"天下阴受其赐"，大概就是指这件事而言的。

其实，李诵不说而做、少说多做的事还真不少。建中四年（783年）十月初三，雨雪风寒，奉调出关的泾原节度使（治泾州，今甘肃泾川县北）姚令言率领五千士兵经过京师，前往前线作战。由于在天寒地冻中跋涉多日，这支军队又累又饿又冷。行经京师时，大家都期待朝廷能给他们一份优厚的赏赐，可是负责犒军的京兆尹王翃仅给他们煮了一锅大白菜炖胡萝卜，再加一人两个黑馍。士兵们心里拔凉拔凉的，他们抱怨、愤怒并出现骚动现象。有人咒骂道："我们马上就要死在敌人手上，可连饭都不让我们吃饱，凭什么让大伙拿小命去对抗白刃？皇宫里有宝，不如去把它劫了再说！"于是士兵们一呼百应，涌向长安城。乱兵冲入城中，喧声震天，谁也挡不住他们。德宗李适慌忙下令禁军紧急集合、抵御乱军。可是，帝王的命令下达多次，却始终不见一名禁军前来护驾。负责传令的宦官窦文场和霍仙鸣哭丧着脸慌慌张张地进来回报："皇上，根本无兵可调啊！"李适傻眼了。原来卫戍司令（神策军招募使）白志贞一方面隐瞒了数年来警卫部队的阵亡减员人数，另一方面又接受那些处于征召之列的富家子弟的贿赂，用他们的名字替补。这些纨绔子弟虽然名列军籍，

快跑吧，追兵来了！

李诵持刀殿后,护卫父皇

人却天天在长安鬼混,一天也没进过军营,所以事到临头,天子根本无兵可调。就在德宗李适茫然无措的时刻,乱兵已经砸开皇宫大门蜂拥而入,一百多名宦官侍从拥着德宗、诸妃等人从禁苑北门仓皇出逃,此时只见太子李诵一人持刀殿后,手举一把亮晃晃的宝剑在队伍的最后且战且退。后来,在四十多天的奉天保卫战中,面对朱泚叛军的进逼,他仍然身先士卒,登城拒敌。将士们在他的督促激励下,无不奋勇杀敌,取得了奉天保卫战的胜利,确保了李适的安全。

秀才"造反"

唐顺宗时有个著名的永贞版内阁班子,全套人马就是二王八司马。

唐顺宗李诵重用改革派的二王(王叔文、王伾),以八个知识分子(八司马韦执谊、韩泰、陈谏、柳宗元、刘禹锡、韩晔、凌准、程异)组成咨询委员会,轰轰烈烈地搞起了历史上著名的永贞改革运动。

李诵上任之前,还处在帝王预备期内,就经常与高薪聘请的家教棋师王叔文、书法老师王伾(就是史家所称的"二王")在东宫议论国家大事,如何改革政治弊端。为了实现改革目标,"二王"首先做好组织上的人才准备,物色了一批年富力强的知名人士,

李诵与后妃

唐顺宗 李诵

最著名的当推中央监察部门的监察御史刘禹锡、柳宗元，一个小小的影子内阁渐渐就成形了。

顺宗执政后，尽管因为突然中风，不能说话，上朝时只能拉个帘子，自己坐在后面处理政务，但他还是倡议并成立中央发展研究中心，重用自己影子内阁的成员们，任命韦执谊为宰相，王叔文为综合政策秘书（翰林学士），王伾为高级研究员（门下省左散骑常侍）兼秘书，刘禹锡为负责农田建设及粮食调配的工部屯田员外郎，柳宗元为掌文教外交的礼部员外郎。这些三十岁左右的青年才俊（基本是监察部和六部衙门少壮派），在吏治、军事、财经等方面各有所长，成为永贞革新领导小组的重要成员。这样，一个以李诵帝王为总后台、王叔文为主导的革新集团正式形成。

"永贞革新"的目的，在于挽救"安史兵变"之后的晚唐颓运。当时的大政方针多由王叔文提出主创性意见告诉联络员王伾，王伾入内宫见宦官李忠言和妃子牛昭容，李、牛二人再转告最高领导人顺宗。顺宗则将自己的终裁决定告诉牛昭容，牛昭容又交给李忠言，再由李忠言最后传话王伾，王伾出宫找王叔文，王叔文裁断

刘禹锡像

改革派文臣柳宗元

之后，再会商韦执谊，由韦执谊起草成文件，交六部贯彻执行。二王八司马大刀阔斧地改革积弊，短时间出台诸多顺应民心的重大举措。尤其是"中央五条"，得到最广大干部群众的热烈拥护。一是裁撤欺行霸市的宫市和五坊小儿，长安人民欢欣鼓舞，"人心大悦"。宫市负责宫中采购的部门，但宦官经常以皇室采购为名掠夺平民，耀武扬威地巧取豪夺，欠账不还，长期打白条记账赊账。五坊指雕坊、鹘坊、鹞坊、鹰坊、狗坊，是宫中专门捕捉动物供皇家玩乐的处所。五坊小儿（唐朝对宫中服役的人多称为小儿）简直是一批流氓，依仗皇宫权势，故意将网张在人家门口或者井口。有人走近，就诬称惊动了朝廷需要的鸟雀，一阵痛打，直至拿钱来才肯罢休。二是罢免大贪官、首都长安市市长（京兆尹）李实，一时"市井欢呼"。三是放还宫女三百人，教坊女乐六百人。这批人的家属来宫门迎接时，哭泣声和欢悦声响彻街道。四是调整干部政策，把长期流放在外的优秀干部重新召回。五是豁免了民间对官府的各种旧欠，停止官税以外的各种供奉，免除了百姓积欠各级政府的税赋总计价值约53万贯（钱）、匹（绢）、束（丝），大力减轻百姓负担。有了这几条，人心振奋，为改革开了个好头。《云仙杂记》中说，刘禹锡每天席不暇暖，处理大量公文和来信来访，当机立断，才干卓越。这些改革派过于激切，以百米跑速度接连推出力度极大的改革措施，结果欲速而不达。顺宗和"二王"想先打造出清正廉洁节俭的宫廷政府，稳固群众基础，收拢民心，重塑皇室的威严。但他们太浪漫太过于理想主义了，国家积弊已深，企图采用"休克疗法"或"震荡疗法"短短几个月就焕然一新，极难！

很快，改革从经济、军事、政治几方面都碰到了深层次矛盾——宦官和藩镇这两大势力的财路及权力，双方逐渐撕破了脸。特别是要夺宦官的军权，这更要了太监的命了。宦官领袖俱文珍知道，由别人统兵以后，就没自己什么事了，"王叔文的阴谋如果实现，我们都要死在他手里！"他秘密通知各地将领，不要听从王叔文集团的将领范希朝的调遣，削去王叔文翰林学士一职，使王叔文见不到帝王。不少藩镇拥兵自重，上书要求身体不好的顺宗靠边站，让太子亲政。一时间，朝廷内外反改革势力互相呼应，给改革派造成了极大压力。正在此时，王叔文因母亲去世被迫离职尽孝，决策指挥中心事实上瓦解。王伾大恐，火急攻心，竟中风躺倒，失去了活动能力。第二年，新帝宪宗御极，下诏命令五十四岁的王叔文自杀，革新派其他成员也都被一一贬官。"三王八司马"如西风残照，逐渐凋零。只有程异因善理财，后来又得到重用，其他人从此淡出权力中心。

这次彗星般耀眼而短促的革新，由于两位旷世文豪刘禹锡和柳宗元的卷入，更加令人瞩目。文人似乎从来就不是真

改革派领袖王叔文像

正搞政治的料,更何况是带有纯文人气质的人。但他们毕竟加入了进去,而且好像还是比较认真的。然而革命不只是请客吃饭,更不只是写文章。"永贞革新"的146天,给后世留下了很多启示和教训,成为绵延千年的一个沉痛话题。

柳宗元塑像

唐宪宗李纯

——三把手

姓　　名：	李纯
职　　称：	宪宗
生　　卒：	778—820年，享年四十二岁
老　　爸：	顺宗李诵
老　　妈：	庄宪皇太后王氏
最高职务：	李唐第十三任帝王
帝王工龄：	十五年（806—820年）
最大政绩：	平定藩镇叛乱，重振中央威望
最大错误：	起用宦官监军
荣誉称号：	圣神章武孝帝王
家庭出身：	国家干部
本人成分：	高干子弟
接班人：	李恒
最得意：	讨平藩镇
最遗憾：	在解决宦官问题的最好时机却纵容太监
最愤怒：	被宦官谋害
现在住址：	蒲城县城西北七千米的金帜山景陵
个性签名：	天不助我！

唐宪宗李纯像

第三天子

　　李纯六七岁时，有一天被祖父德宗帝王抱在膝上逗引作乐。德宗问他："你是谁家的孩子，怎么在我的怀里？"李纯道："我是第三天子。"这一回答使德宗大为惊异。作为当今皇上的长孙，按照祖、父、子的顺序回答为"第三天子"，既闻所未闻，又很契合实际，德宗帝王不禁对怀里的皇孙增添了几丝喜爱，在他十一岁时就被册封为广陵郡王。屁大点的孩童，竟然说出这样霸气的话，其聪明勇决可媲美高祖太宗。李纯自幼喜欢读贞观之治、开元盛世时期的祖业资料，对先祖创造的大唐盛世向往无比。后来，他从一个普通的郡王到登上最高权力的顶峰，仅仅用了四个月的时间。这一刻来得太快了。他的父亲顺宗硬生生等了二十六年才好不容易当了六个月的帝王，就被以儿子为首的朝臣势力赶下来，这儿子得有多霸气？李纯说"我是第三天子"没错，因为806年这一年，他就是第三个当上帝王的！

　　依靠宦官的拥立迅速取得最高权力的宪宗，一登基就在政治上大显身手。即位后不久，升平公主进献女子十五人，被他严词拒绝。又过了几天，荆南的官员献上两只毛龟，作为新帝王即位的祥瑞。宪宗下诏说："我继承皇位，心里面珍贵的是治国贤才，而奇花异草，珍禽异兽，都是虚华不实的装点。从今以后，所有祥瑞之类的事情，统统报告给有关部门就行了，不要再报告我；珍禽异兽更是要赶快停止进贡。"对国家社稷的关心、对娱乐享受的淡漠，有利于稳定动荡的政局，增强朝臣们的信心；同时也说明他血气方刚、英明果断、奋发有为。宪宗执政期间，励精图治、勤勉有加，经济上提倡俭朴，勇于革新，使得国家财政状况极大好转。他任用继代宗时期的刘晏以后又一能臣李巽，李巽甚至比刘晏创造了更多的财富。在政治上，宪宗所用宰相多可谓"社稷之良臣，股肱之贤相"，君臣相互扶携，在唐王朝的后期创造出一番新鲜生动的景象。唐宪宗李纯作为中晚唐帝王的一个亮点，与太宗李世民、玄宗李隆基

老帝王抱小孙子

同为唐朝帝王中比较突出的代表。

瞧这一家子

宪宗帝王李纯自幼遭遇战乱，宪宗帝王李纯的母亲王氏，是李纯曾祖父代宗李豫的妃子；李纯另外有位同父异母的兄弟被祖父德宗收养为子；宪宗李纯自己的婚姻关系也有些莫明其妙。贞元九年（793年），时为广陵王的宪宗娶郭氏为妻。郭氏，是尚父郭子仪的孙女，她的父亲是驸马都尉郭暧，母亲则是代宗长女升平公主。升平公主与郭暧之间的故事后来被人编成了一出《打金枝》的戏剧，流传很广。由于李纯的丈母娘是代宗长女，这样算来，郭氏与顺宗李纯是姑表兄妹，郭氏就长了宪宗一辈。或者说，论辈分，宪宗要比自己所娶的妃子郭氏低了一代。他们成婚后，时为皇太子的顺宗因为郭氏母贵，老亲家及其祖上都有大功于李唐王室，所以对这位儿媳表示出无比的宠爱。宪宗自己对这位妃子也不怎么冷落，贞元十一年（795年）也就是他们婚后两年，郭氏生下儿子李宥，即后来的穆宗帝王。

唐宪宗李纯像

李唐皇族有着北方少数民族鲜卑族的血统且唐朝民风开放，理学未产生，汉族传统的伦理观对人的影响相较后世较小，这是这种家庭关系出现的重要原因。

吃别人嚼剩的"馍"

李唐皇室选妃不太计较出身，求真务实的检验标准只有一个，那就是长相和身材。宪宗李纯对名妓杜秋娘的迷恋就是一段千古传奇。

杜秋娘原是金陵的一个青楼歌妓，天然丽质，不施粉黛走在路上的回头率也超高。她谈吐高雅，能歌擅诗，成为纨绔公子的追逐焦点。镇海节度使李锜听说她的艳名，便去见杜秋娘，一见之下十分倾心，将她带入府中为妾，杜秋娘也欣然相从。此时李锜已六十七岁了，秋娘只有十五岁。李锜看中杜秋娘色艺双全，杜秋娘也看中李锜的权势。后来，李锜举兵造反，兵败被俘押送京都。李锜被擒的前夜，撕下衣襟写下自己的冤屈，对杜秋娘说："你把这份状子藏在裙带里。假如我受到极刑被处死，你一定会被送入皇宫，有机会碰到帝王，你就把这份状子给他看。"杜秋娘含泪应诺。李锜被送到长安果遭腰斩，不出他的预料，全部侍婢包括杜秋娘尽数送入皇宫。杜秋娘的窈窕身影很快就深深地吸引了唐宪宗，李纯心动之下便召幸杜秋娘。见到帝王之后，杜秋娘把手里李锜的帛书呈给了帝王，李纯看后，内心颇为感叹李锜的冤情，遂厚赐李锜的遗属，命京兆府厚葬李锜。杜秋娘从此以后更得李纯的宠幸，成了他最心爱的妃子。

唐代宫女

这个杜秋娘，就是写下千古名作《金缕衣》的女子。李纯后宫佳丽三千，但是杜秋娘一首《金缕衣》足以让其他人黯然失色，因此她在宪宗的心里始终占有一席之地。宪宗的后妃郭氏是汾阳王郭子仪的孙女，因为郭子仪功勋卓著，所以朝廷上下对郭氏与别的妃嫔态度不同。元和八年群臣先后三次请宪宗立郭氏为皇后，当时宪宗怕郭氏得到尊位后钳掣他不能再随意去看杜秋娘，因此找借口推脱，迟迟没有下旨封郭氏为皇后。

谁曾想到，貌美才殊的杜秋娘，最终并没有得到好的结局。元和十五年，宦官陈弘志毒死了宪宗，穆宗李恒继位。秋娘这时已三十多岁，但风韵不减当年，她又被穆宗召幸。为了掩人耳目，穆宗命杜秋娘为皇子漳王的保姆兼家教。穆宗也很短命，杜秋娘后来又经历了敬宗与文宗两朝。文宗太和年间，漳王受诬陷被废，唐文宗下旨让杜秋娘归老还乡。回乡后，杜秋娘衣食无着，过着朝不保夕的生活。一些名士听到她的困境都十分同情哀伤，杜牧为此写下一首长诗，记叙她的身世经历。后世遂以杜秋娘泛指美女，比如白居易《琵琶行》："曲罢曾教善才服，妆成每被秋娘妒。"

平叛又反恐

唐王朝到宪宗李纯接手时,早已千疮百孔,藩镇割据、朝臣结党、宦官专权,国家内忧外患越演越烈。面对祖上遗留的烂摊子,他从容收拾,果断处之,削平藩镇,巩固中央集权。

元和元年(806年),宪宗李纯刚刚即位,西川节度使刘辟就举兵叛乱。李纯派兵讨伐。刘辟屡战屡败,最后被俘,送到长安斩首。元和九年(814年)九月,彰义(淮西)节度使吴少阳死,其子吴元济匿丧不报,自掌兵权。朝廷遣使吊祭,他拒而不纳,继而举兵叛乱,威胁东都。第二年正月,李纯决定对淮西用兵。淮西地处中原,战略地位重要。自李希烈以来,一直保持半独立状态,宪宗对其用兵,表明了改变这种状态的决心。元和十二年(817年)七月,宪宗任命自愿亲赴前线的裴度以宰相兼彰义节度使。裴度立即奔赴淮西,与随邓节度使李愬等,举兵进攻吴元济。九月,李愬军首先攻破蔡州,大败淮西军。吴元济没有料到李愬军进展如此迅速,最终兵败就擒,持续三年的淮西叛乱宣告结束。李纯对淮西用兵,震动很大。淄青节度使李师道感到了对自己的威胁,就假意帮助官军讨伐吴元济,实际上企图巩固自己的地位。他首先派人暗中潜入河阴漕院(今河南荥阳北),杀伤十余人,烧钱帛三十余万缗匹,谷三万余斛,把江淮一带集中在这里的租赋都付之一炬。接着,派死士到京师暗杀力主对淮西用兵的宰相武元衡。不久,又派人潜入东都,打算在洛阳焚烧宫阙、杀掠市民,整个城区笼罩在一片恐怖气氛中。李师道的恐怖手段,虽然也曾使一些人动摇,但宪宗不为所动,

裴度像

宰相裴度像

始终坚持用兵。同时李纯在宫中大肆搜捕节度使派在宫中的奸细,先后处死了为首的几个头目。吴元济败死,这下该轮到李师道恐惧了,于是他索性公开举兵叛唐。元和十三年（818年）七月,李纯调宣武、魏博、义成、武宁、横海各地武装前往讨伐。大兵压境,使李师道内部矛盾激化,其属将刘悟寻机杀了李师道,淄、青、江州之地复归唐有。作为这次平定淮西叛乱势力的统帅,晚唐杰出的政治家裴度出生的河东闻喜（今山西闻喜县礼元镇）裴柏村是中国宰相第一村,先后出过宰相五十九人。

中国宰相第一村

宪宗英明果断,对待藩镇割据,采取强硬措施,一平刘辟,二平李锜,三灭吴元济,四平李师道,先后降服了西川、夏绥、镇海等不服中央的地方势力,使各路节度使重新向中央缴纳赋税,接受朝廷任免官吏,有效地削弱了藩镇势力,加强了中央集权,重振了中央政府的威信。虽然宪宗最后没有对河北三镇动武,只是接受了他们形式上的归顺,毕竟唐王朝又重新在名义上统一起来了。

唐穆宗李恒
——上班旷工缺勤，玩乐从不请假

姓　　名：	李恒
职　　称：	穆宗
生　　卒：	795—824年，享年三十岁
老　　爸：	宪宗李纯
老　　妈：	懿安皇后郭氏
最高职务：	李唐第十四任帝王
帝王工龄：	四年（821—825年）
最大政绩：	公款旅游吃喝玩乐，带头消费扩大内需。
最大错误：	玩乐不请保健医生和安全顾问，以致打球中风病死。
荣誉称号：	睿圣文惠孝帝王
家庭出身：	帝王之家
本人成分：	太子党
接 班 人：	李湛
最 得 意：	咱是三个帝王的老爸
最 遗 憾：	人家三十而立，我却三十而离。
最 愤 怒：	中风
现在住址：	陕西渭南市蒲城北光陵
个性签名：	唉！我刚玩上瘾就……

唐穆宗李恒像

他就好这一口

穆宗李恒即位时二十六岁,这正是一个可以大有作为的年龄,当年太宗就是二十九岁登基,玄宗则是二十八岁。遗憾的是穆宗没有仿效太宗、玄宗的励精图治,而是纵情享乐,毫无节制。

满朝文武尚在为宪宗李纯治丧期间,李恒就毫不掩饰自己的玩乐之心。父王李纯下葬以后,他越发没有节制。很快,他就带着亲信随从狩猎取乐去了。皇太后郭氏移居南内兴庆宫时,李恒借机带领六宫侍从在兴庆宫大摆宴筵。李恒每三日来神策军驻防区一次,但不是来给官兵鼓劲打气、犒赏奖励,而是听说部队体育工作做得好,在此可以观赏角抵、杂戏等表演。他在宫里大兴土木,又不注重工地安全,在修假山时发生倒塌事故,一次就有七位工人被压死。当永安殿新修成的时候,他在那里观百戏。在永安殿,李恒设"密宴"以取乐,连他的嫔妃都参加。除此之外,他还用重金整修装饰京城内的安国、慈恩、千福、开业、章敬等寺院,并特意邀请吐蕃使者前往观看。

李恒还征发神策军两千人疏浚父王时期就已淤积的宫中鱼藻池。池水开通后,他就在鱼藻宫大办宴会,观看宫人乘船竞渡。临近九九重阳,李恒又想大宴群臣。担任拾遗的李珏等人上疏劝谏:"陛下刚刚登临大宝,年号尚且未改,宪宗帝王园陵尚新,如果此时在内廷大举宴会,恐怕不合适。"李恒根本不听,在重阳节那天,特意把他的舅舅郭钊兄弟、朝廷贵戚、公主驸马等都召集到宣和殿饮酒。

有一天,李恒突然下诏:"朕来日暂往华清宫,至落日时分当即归还。"此时,正值西北少数民族引兵犯境,神策军中尉梁守谦带领军四千人及八镇兵赴援,形势很是紧张。御史大夫李绛、常侍崔元略等跪倒在延

唐墓壁画中的宴饮图

英殿门外死谏。李恒竟然对大臣们说："朕已决定成行,不要再上疏烦我了。"任凭谏官们把大道理说得头头是道,你说破天去也是无用。第二天一早,李恒就从大明宫的复道出城前往华清宫,随行的还有神策军左右中尉的仪仗以及六军诸使、诸王、驸马千余人,一直到天色很晚才还宫。

历朝都有不怕死的大臣。对于李恒的"宴乐过多,畋游无度",谏议大夫郑覃等人又一次冒险死谏:"现在边境吃紧,形势多变,如果前线有紧急军情奏报,不知道陛下在什么位置,如何是好?另外,陛下经常与优伶戏子在一起,对他们大肆赏赐,这些都是百姓的血汗,没有功劳怎么可以乱加赏赐呢!"李恒看到这样的表章感觉很新鲜,就问宰相这都是些什么人。宰相回答说是谏官。李恒就对郑覃等加以慰劳,还说"当依卿言"。李恒的态度使宰相们高兴了一阵子,但实际上他对自己说过的话根本不当回事,转过身,李恒依旧我行我素。

李恒甚至觉得,经常宴饮欢会,是件值得高兴的事。一天,他在麟德殿与大臣举行歌舞酒宴,很兴奋地对给事中丁公著说:"听说百官公卿在外面也经常欢宴,这说明天下太平、五谷丰登,我感觉很欣慰。"丁公著却持不同看法,他对李恒说:"凡事过了限度就不是好事了。前代的名士,遇良辰美景,或置酒欢宴,或清谈赋诗,都是雅事。而我朝自天宝以后,风俗奢靡,酒宴以喧哗沉湎为乐。身居高位、手握大权者与衙门的杂役一起吆三喝四,无丝毫愧耻之心。上下相效,渐以成俗,造成

穆宗李恒像

唐墓壁画中的舞女图

了很多的弊端。"丁公著说的没错，李恒对丁公著的这番说辞也觉得有道理，表示虚心接受，但就是坚决不改。

李恒这种近乎疯狂的游乐，到长庆二年十一月才有所收敛。原因是他有一次在打马球时发生了意外。当时有一位内官突然坠马，由于事发紧急，李恒十分恐慌，遂停下来到大殿休息。就在这一当口，李恒突然双脚不能着地，一阵头晕目眩，结果中风，卧病在床。李恒中风以后，身体一直没有康复。长庆三年（823年）正月初一，李恒因病没有接受群臣的朝贺。病中的李恒曾经想过长生不老，和他的父皇一样迷恋上了金石之药。处士张皋曾经上疏，对李恒服食金丹一事提出劝阻。不过，李恒还没有等到丹药毒发就在长庆四年（824年）正月二十二日驾崩于卧室，时年三十岁。正是贪生之心太甚，反而加速了他的死亡。

也有三分政绩

穆宗李恒即位后，大肆封赏，游乐无度，但政绩也不是完全乏善可陈。

制订办案章程

李恒比较重视对刑部、大理寺、御史台三大司法部门官员的任用，强调要选拔"有志行词学，兼详明法律"者。牛僧孺就是这样一个人，谁惹了他都没有好果子吃，属于既有坚定的原则性又非常有才的官员。在长庆元年五月，针对元和以来"刑狱淹滞"的现状，李恒让宰相牛僧孺对执法部门的办事规程和时限重新做了规定。凡属于大案难案，大理寺35日内详细审核定断以后，上报刑部，刑部30日内要向皇上奏闻。中等程度的案件，大理寺30日、刑部25日内办毕。小偷小摸、鸡零狗碎之类的治安案件，大理寺25日、刑部20日办毕。至于案件大小的标准，凡所断罪20件以上为大案难案，10件以上为中等程度的案件，

牛僧孺像

10件以下为小的治安案件。办事不认真或者超限者，将根据责任大小追究有关官员责任。牛僧孺的这一草案，很快得到李恒的批准，并公布于众。此一议事规则和办案程序大大提高了执法机关的办事效率和行政责任意识。

严处科考舞弊案

最值得一提的是李恒对长庆元年三月科考舞弊案件的处理。这届科举考试的主考官是礼部侍郎钱徽和右补阙杨汝士。考试之前，宰相段文昌因为接受了考生杨浑之家藏的书画，就面托钱徽，后又写了书信保荐。本来唐朝科举选拔过程中，考生举子以个人才艺向朝廷权贵或者贤达自举(唐朝时称为行卷)，或者请人向主考官讲情都是人所共知的潜规则。翰林学士李绅也同时为自己喜欢的考生周汉宾向钱徽写了举荐信。当年白居易十六岁初入长安，就带着自己的几首诗谒见当时的大名士顾况，期望得到他的举荐。顾况乜斜了一眼白居易

唐朝科举考场

唐朝和边睦邻，使回纥社会秩序井然

的名字，大笑着随口说了一句："长安米贵，居大不易。"意思是说，长安的房租和伙食都很贵，要在这儿混饭吃恐怕不容易啊。顾况漫不经心地翻了几页白居易的诗集，陡然看到一首咱们今天家喻户晓的《草》："离离原上草，一岁一枯荣。野火烧不尽，春风吹又生。"顿时大惊失色，连声赞道："有才如此，居亦何难！"这次情况却有不同，当礼部放榜后，段文昌和李绅推荐的杨、周二人全部落第，而朝廷中其他高干子弟如宰相裴度的儿子、杨汝士之弟杨殷士、李宗闵的女婿苏巢等十四人高中。段文昌气不过，就认为钱徽选举不实，将他告发。李恒倒也坚决，遂下诏令中书舍人王起、主客郎中白居易对中举者进行复试，题目是《孤竹管赋》和《鸟散余花落》。按照李恒的意思，试其诗赋就是考查他们的真实才能，看看考试是否真有猫腻。经

复试，高中的十四人除了三人还算粗通外，其他的全部落选。结果一公布，真相大白，李恒立即将钱徽、杨汝士等贬出朝廷，涉及此案件的官员大多遭到处理，宰相段文昌不久也出镇西川。

巩固民族团结

在中原历代王朝的统治中，如何处理好与周边四邻的关系，始终是一件大事。在穆宗当政之前，日益膨胀的吐蕃势力和回纥势力都给唐王朝造成了很多麻烦。穆宗即位后，吐蕃也曾经多次袭扰唐朝的灵武、盐州、泾州等地。后来由于周边形势的变化，也因为穆宗采取的措施比较得当，唐朝与吐蕃、回纥之间的关系都得到了改善和加强。

长庆元年（821年）五月中，穆宗下令，让妹妹太和公主下嫁回纥联姻，回纥派出了近两千人的迎亲队伍，使者带来骆驼一千匹、马两万匹作为聘礼，李恒也为和亲举行了极其隆重的礼仪。送行那天，穆宗亲送到通化门，朝廷百官也都一起向公主辞行，场面甚是壮观。这使双方进一步发展了和亲友好的关系，也使得吐蕃势力被孤立削弱。长庆年间和亲回纥，解除了对唐西北地区的威胁，促进了双方经济文化往来，使双方关系度过了一段和睦时期。不久之后，吐蕃得知这个消息，感觉到自己很快就会被孤立，于是在六月间发兵攻打青塞堡，结果却被盐州刺史李文悦赶走。几天之后，回纥方面表示为了严防吐蕃侵扰，将会出动一万名骑兵到北庭，一万名骑兵到安西，以便迎接公主，表达对和亲的诚意。到了七月，太和公主从长安出发，前往回纥。九月，屡遭内乱和自然灾害的吐蕃也遣使请求与唐朝结盟，穆宗答应了他们的请求。十月十日，唐朝派出宰相、京兆尹、金吾大将军等众多官员与吐蕃在长安西郊会盟，相约从此不再侵犯对方的领土。

长庆三年（823年），为了纪念唐蕃双方的会盟，吐蕃赞普赤祖德赞在西

矗立于西藏拉萨的甥舅和盟碑

藏拉萨大昭寺门前立下一块"唐蕃会盟碑",一直保留到今天。它也被称为"长庆会盟碑"或者"甥舅和盟碑",上面书写着汉藏两种文字,记载了唐朝和吐蕃之间的历史渊源及唐蕃双方会盟的经过,成为汉藏两族友好相处的物证,也是今天研究吐蕃历史文化的重要文物。

唐蕃长庆会盟,是我国民族关系史上的重大事件,使双方和睦共处,增进了双方的经济文化交流。

大昭寺前的唐蕃会盟碑

五个儿子三个帝王

穆宗李恒有五个儿子,其中三个依次继位。父子共四位帝王是中晚唐宦官专政、藩镇割据催生出来的政治"硕果"。

按照立长规矩,穆宗去世后,长子李湛继位,李湛时年十六岁,是为唐敬宗。李湛同他老爸穆宗李恒一样贪玩。他经常一天到中和殿击球,一天又转到飞龙院看戏,第三天又在中和殿大摆宴席,与朝中高官欢饮!他曾经在宫中举行了一次体育盛会,马球、摔跤、散打、搏击、杂戏等,项目很多,参加者也很踊跃。敬宗李湛甚至命左右侍卫、宫廷内侍、后宫妃嫔分成若干组,骑着驴打马球。他的夜生活尤其丰富,歌舞笙乐十分热闹。李湛极少上朝。宰相裴度请帝王每月多上几次朝,以震慑河北的藩镇。李湛觉得既然自己上朝有这么大作用,那一段时间上朝也就勤快了一些。敬宗时发生过一场非常荒唐的变乱。当时长安城里有个名叫苏玄明的术士,和朝廷染坊的工匠张韶关系不错。有一天,两人在一个小饭馆里喝酒,苏玄明对张韶说:"我给你算了一卦,从卦象里看,咱们肯定能坐在皇宫的大殿里吃饭,共享富贵。现在帝王整天踢球游猎,不在宫里,这正是咱们干大事的好机会。"张韶当时可能是喝

唐人宴饮百戏图

多了，听了之后居然信以为真，当时就和苏玄明联络了一百来个染坊里的工匠，把兵器藏在柴草车里，准备混进城门寻机作乱。但是装柴草的车里装了那么多兵器，看起来非常沉重，半路上就有人来盘问。张韶一心虚，立即杀了问话的人，和党羽们换了衣服，一群毫无训练也不懂战术章法的乌合之众拿着兵器，呐喊着冲进宫去。李湛这时正在清思殿踢球，太监们一看有人冲进宫来，急忙紧闭宫门去报告帝王。但乱党们行动也很迅速，很快打破宫门冲了进来，李湛措手不及，只好狼狈逃跑。左神策中尉马存亮一看帝王跑到自己军营来避难，觉得受到莫大的信任，感动得涕泪交流，亲自背着帝王进了军营，立即派手下的将士去攻打叛党。帝王又担心太皇太后和太后的安全，马存亮便又派了500骑兵去把太皇太后和太后接了过来。再说张韶和苏玄明进了清思殿，往帝王睡的床上一坐，就开始吃早已做好并摆在餐桌上等李湛进食的御膳。张韶本来就没有什么远大理想、行动纲领和具体步骤，现在吃上了御膳已觉得心满意足，对苏玄明说："还真跟你说的一样！"苏玄明大吃一惊，说："你只是吃饭就满足了吗？我们随时都会被逮捕砍头的。"张韶这才害怕起来，刚想要逃走，就遇上官军杀来，张、苏二人和众多乱党都被杀死。一场不可思议的偶然风波就此结束。

敬宗李湛死后，穆宗第二子李昂即位，是为唐文宗，时年十八岁。文宗帝王是一位勤于政事、有心兴国的好帝王，但天不假年，三十二岁时就去世。李昂另有专章细述，此不赘笔。

李昂英年早逝，穆宗第五子李炎继其兄位，是为唐武宗。但他的即位，却是一个让人哭笑不得的误会所致。李炎作为唐文宗的五弟，原本只是一个普通的王爷，与皇位的距离如同北京到纽约那么远。一次外出游乐时，他在邯郸结识了一位王姓歌女，一见倾心。两人相欢不久，王姓歌女被李炎带回自己宅第金屋藏娇，安享王府生活。当时在位的唐文宗想立哥哥敬宗之子晋王李普做接班人，可惜这孩子命薄，五岁就死了。这时正受宠的杨妃就极力向文宗推荐安王李溶。宰相李珏这时站出来力劝立唐敬宗第六子、陈王李成美为太子。经过一番较量，宰相最终战胜了皇妃，李成美顺利成为皇储。一病不起的唐文宗在弥留之际，让宦官枢密使刘弘逸与宰相李珏等协助李成美先行代理国事。但另外两个大宦官仇士良、鱼弘志觉得如果陈王李成美登基，有拥立之功的就是刘弘逸与李珏，与己无干，自己可能会坐冷板凳，于是公开提出李成美年幼多病，应更换太子。文宗想争辩却只剩一口气在进进出出，宰相李珏反对了半天，手里没有兵权，也只能是动动嘴皮子而已。仇士良伪造文宗的诏令，册立安王李溶为皇太弟，派神策军赴十六王宅迎请安王李溶即位。当时安王李溶和颍王李炎都极受哥哥文宗喜欢，而且都住在十六王宅。因事情紧急，仇良英派去的神策军没有弄明白到底要接谁。他们一大群人匆忙来到十六王宅时，面对两扇大门，站在门口傻了眼，到底进哪扇门呢？宫中的仇良英反应还算快，马上派一个信任的手下追了上去。然而这人也没搞清楚，到了只是说："迎接大的……"意思是安王年长于颍王，应该迎接安王李溶。神策军听后还是一头雾水，搞不清这"大的"是指年龄大的还是个头大的。王府里面的安王李溶和颍王李炎都听到了外边的喧哗，但是他们都不敢贸然行动。就在两个大男人发怵之时，颍王李炎从邯郸带回的王姓歌女极其镇定地走出王府，来到满脑子浆糊的士兵面前大声说："你们所说的'大的'就是颍王殿下，颍王身材魁伟，当今帝王都称他为'大王'，颍王与你们仇中尉还是生死之交，这等大事，你们可要谨慎，一旦出错是要满门抄斩的！"众人一听，大眼瞪小眼，不知道眼前这个女人说的是真是假。王姓

唐城原城墙

歌女转身回府把藏在屏风后边的颖王李炎推出来。众人一见，李炎果然人高马大，所言不虚。众官兵二话没说，立马拥颖王上马，护送至少阳院。宦官发现迎错了人时，已经来不及更换了，只好将错就错，册立颖王为皇太弟。几天后，文宗病逝，李炎即位，即唐武宗。

唐武宗李炎像

唐文宗李昂

——有心救国，无力回天

姓　　名：	李昂
职　　称：	文宗
生　　卒：	809—840 年，李昂被宦官毒死在大明宫中，享年三十二岁
老　　爸：	穆宗李恒
老　　妈：	贞献皇后萧氏
最高职务：	李唐第十六任帝王
帝王工龄：	十四年（826—841 年）
荣誉称号：	元圣昭献孝帝王
最大政绩：	带头勤政节俭
最大错误：	出生太晚
家庭出身：	国家干部
本人成分：	高干子弟
接 班 人：	李炎
最 得 意：	没人敢骂我纨绔之帝
最 遗 憾：	甘露之变没成功
最 愤 怒：	被家奴毒死
现在住址：	陕西富平县城西北 15.3 千米的雷村乡与齐村乡交界处的天乳山之阳的章陵
个性签名：	好你个太监！

唐文宗李昂像

满朝尽是粗布衣

李昂以穆宗次子、敬宗二弟的身份即位,并不是先帝的遗嘱,自敬宗李湛被宦官李克明杀死以后,太监王守澄为了树立自己的权威,联合朝臣拥立李湛年幼的弟弟李昂即位,是为唐文宗。由于没有先帝遗命,文宗应当以什么方式登基即位,王守澄搞不明白。左思右想之后,他听从了笔杆子韦处厚的主张,先以李昂原名"江王李涵"的名义宣告平定宫廷叛乱,说明"江王李涵"有功于国家;然后百官再三上表劝他登基,说明"江王李涵"有广大官员的拥戴;再以太皇太后署名颁布册文,指定他为继承人,说明"江王李涵"即位具有合法性,然后举行宣誓就职典礼。李昂先是于宝历二年(827年)十二月十日在紫宸殿外穿着便装与朝中官员相见,十二日正式在宣政殿即位,即位后改名为李昂。

虽然继位似乎名不正言不顺,但李昂却很有作为。他一即位,就一反其父兄贪

李昂即位的宣政殿

玩怠政之风，励精图治，刻苦节俭，重视官员的选拔，采取一系列振兴图强的措施。

李昂是个勤勉的帝王。哥哥敬宗李湛每月只上朝二三次，李昂则每逢单日就上朝，而且要求把各种节假日或者不上朝的活动尽量安排在双日，以便不影响单日上朝。李昂对于军国大事，从朝廷用人到国库储藏，从各地灾情到水利兴修，从大政方针到具体措施，无所不问，他总是详细地与参加每次朝会的重臣反复讨论。李昂为了节约开支，大量精简政府公务人员，先后将皇宫的女乐二十四人遣归原籍，放还宫女三千人，裁撤教坊乐工、内监一千二百七人，将皇室打猎用的五坊鹰犬统统放掉，禁止各地进贡宝物珍玩绢绣。李昂的这些作为，是对宦官仇士良之流以声色犬马珍玩宝器蛊惑人君的"为宦之道"的一种反击。

唐文宗李昂

李昂是个朴素的帝王。他不仅自己处处节俭，还严禁臣下衣着豪华，更反感那些生活奢靡的人。有位驸马戴了很贵重华丽的头巾，他狠狠批了一顿。有位公主在参加宴会时穿的衣裙超过了规定，他就下令扣除驸马两个月的俸钱以示惩戒。当时有一种桂管布，是桂林地区生产的一种木棉布，质厚而粗糙，有一个官员穿着桂管布做的衣服拜见皇上。文宗一见，就认定此人是个忠正廉洁的臣子。他自己很快也做了一件桂管布的衣服，文武百官纷纷跟风。一时间，朝廷内外，文臣武将，太监宫女，都专找粗布衣料裁制服饰，官员杂役都是清一色的民间布衣装扮，以致京都乃至附近各州的桂管布供不应求，价格飞速上涨。

李昂规定上朝迟到要惩罚，众臣上朝谁也不敢缺勤迟到

合是阿舅

　　唐文宗李昂做上皇位后，次日就为自己的生母萧氏上尊号曰皇太后。其母萧后生活好起来后，不免想起仍在家乡的弟弟，因而十分伤感。文宗一直有扶立生母娘家亲戚的打算，但他的生母萧氏是闽人，早年父母双亡，姐弟相依为命，在兵荒马乱中，姐弟为避兵劫逃出村中，却不幸途中失散，早已失去联系。现在姐姐做了皇太后，整夜哭泣思念失散的亲弟弟。为了满足母后的心愿，表示自己的孝心，文宗下令闽越一带地方官员悉心察访，想找到失散多年的舅舅。不久果然冒出一个原在户部当过"茶纲役人"的人来，此人叫萧洪，声称自己就是萧后的弟弟。文宗自然喜不自胜，下令把他带到长安与母后见面。见面时，姐弟俩抱头痛哭，"呜咽不自胜"，场景十分感人。文宗也为找到了亲舅舅而十分高兴，大宴群臣，欢庆了好几天，并委任舅舅为金吾将军、检校户部尚书、河阳节度使、迁检校左仆射、廊坊节度使等重要官职。

魏峨宫殿

　　可是好景不长，萧洪当节度使时，太过狂傲，得罪了当时权倾朝野的大宦官仇士良。仇士良不知怎么知道萧洪是个冒牌货，便推出一个叫萧本的福建人来，说萧本才是帝王的亲舅舅。帝王一听，怒不可遏，马上命令把萧洪抓起来交御史审问，萧洪本来就是假冒的，一审问立刻现出原形，被流放到边境，接着"赐死于路"。而对于萧本，文宗并没有详细核实，而是封萧本为赞善大夫、卫尉少卿、左金吾将军，连萧本早已去世的曾祖、祖父和父亲也分别被追封为太保、太傅和太师。此外，还赏赐巨额珠宝钱财热闹非凡。

可是时隔不久，忽然又有一个名叫萧弘的人，毛遂自荐地说自己才是萧太后的弟弟，萧本也是假的。文宗听后，顿时傻眼了，这怎么又冒出来一个舅舅呢？但经过慎重考虑，他决定就认一个萧本，其他一概不认。可是，朝臣们却不依不饶，他们争着面奏或上书，说萧弘才是真正的国舅。昭义节度史刘从谏上书说"若含垢于一时，终取笑于千古"。文宗无奈，只得取消原议。但是，他接受了前两次教训，没有立马给萧弘加官进爵进行封赏，而是先派御史中臣、刑部侍郎和大理寺卿等人组成联合调查组共同审查此事，待审清后再行定夺。经过一段时

争当国舅爷

间的三堂会审，终于真相大白，原来萧弘和萧洪、萧本一样，都是"冒牌货"的国舅爷。得知真相后，文宗恼怒至极，立即下令将萧弘也作流放处理，并颁布诏书说："萧洪之恶迹未远，萧本之覆辙相寻。弘之本末，尤更乖戾。"结果，后来的两个意想攀龙附凤的骗子也终究被绳之于法，落了个"投之荒裔"的应有下场。

据说元和、长庆时，两京百姓在大街小巷里见面打招呼时多说"合是阿舅"，文宗找国舅的事正好与"合是阿舅"的说法相应验。

《晋江县志》对此也有记载："萧妃村在十四都画船浦南。乃唐文宗母贞献太后故里。太后因乱，去乡里时，父母已丧，有母弟一人。及入王邸，不通家问。文宗以母族鲜，亲诏访于故里。太后有真母弟不能自达。时有萧洪、萧本、萧宏皆乡里无赖，先后诈冒觊国恩，以伪妄流徙远死。终太后之世，不获亲弟也。郡人名其居曰'萧妃村'，俗讹为'烧灰村'。"

木头脑壳

李昂心里嘀咕："这个该死的木头脑壳！"

唐文宗李昂遇上过一次下属无意犯讳的事，弄得他好一阵恼火，又不便发作。李昂自小读书认真，手不释卷，常常随着书中的情节抚掌欢呼，也常常随着书中的情节扼腕叹息，文学水平非常高。逢到科举殿试，他还会亲自命题。这天，李昂和翰林学士裴素、柳璟君臣三人在一起谈论文学，裴素总是提到陈子昂，动情之时完全忘了唐文宗姓李名昂，陈子昂的"昂"字与文宗同名，应该违讳，但裴素并未注意到这一点呀。在一旁的柳璟倒是旁观者清，几次给裴素递眼色，连文宗都看见了，但裴素却浑然不觉。李昂觉得有必要提醒一下。他没有直接指责裴素犯了忌讳，而是旁敲侧击地说："陈子昂字伯玉，亦应呼陈伯玉。"意思是说，陈子昂另有他的字号，应该以字称呼他陈伯玉，别老是拿我的名字挂在嘴上，没大没小的。但那个木头脑瓜的裴素，仍然未注意这一点，还在津津乐道地一口一个陈子昂，毫未察觉自己的政治失误。

好在唐文宗脾气好，对下属这种犯忌讳的行为不予深究。

唐文宗 李昂

三斧子下去

在太监包围中的李昂是个势孤力单的君主。文宗虽然被宦官拥立，但对宦官却非常痛恨，一心要除恶务尽。他也曾对从中唐开始就横行朝野的强大宦官势力砍过三斧子，只是这斧子既不锋利，砍得又不"稳准狠"。

文宗即位后，通过科举考试选拔人才，力图改变朝中以宦为主的官吏结构。大和二年，李昂诏令举行"直言极谏科"的策试。李昂喜欢读《贞观政要》，特别仰慕魏徵，就下诏寻访到魏徵的五世孙魏謩，并把魏謩任命为右拾遗，也是属于专门提意见的谏官。同时，任命宋申锡当宰相，想依靠宋申锡尽除宦官。宋申锡素以清正廉洁著称，很得百姓爱戴，在官员中威望较高。在当

宰相李训像

时世风日下、朋党骤兴之际任他为相，确实起到了鼓舞正气、激励百姓的效果。但唐文宗也有许多文人共有的特点：善谋不善断。当断不断，反受其乱。李昂一系列拨乱反正的行为，立刻引起宦官的警觉，加之宋申锡在铲除宦官的斗争中，保密工作没做好，事机泄露，导致宦官先发制人，诬告宋申锡勾结漳王李凑（穆宗第六子）谋反。文宗只好舍车保帅，把宋申锡降级使用，第一次除宦斗争失败。

太监头目王守澄从宋申锡事件得出结论，必须严密监视唐文宗，控制他的一言一行，才是万全之策。大和八年（834年）秋天，王守澄推荐御医郑注给文宗治病，又推荐心腹李训给文宗讲解《易经》，二人成为文宗贴身近侍，文宗一举一动无不在二人的监视之下。但文宗却以高官厚禄将二人收为己用，提升李训为宰相，任命郑注为凤翔节度使，让二人内外呼应，严厉打击当权的宦官。郑、李二人和文宗先后将杀害宪宗的宦官杨承和、王践言、陈弘志、王守澄等权宦全都处死，终于实现了第二次铲除重要宦官的计划。

第三次，经过一番准备，835年十月二十一日在紫宸殿举行早朝时，金吾大将军韩约奏报左金吾仗院内石榴树上夜降甘露。宰相李训等提议：天降祥瑞于皇宫，是大唐再兴的吉祥之兆，帝王应亲往礼拜上天，以求国运。君臣商议后准备让朝臣和宦官们一起去看，借机埋伏甲兵，尽除其中宦官。众官看后奏称，不似天降的真正

李昂动辄被宦官指责

甘露。文宗再命神策军统帅兼宦官仇士良、鱼志弘等，率领全体宦官前去察看。宦官仇士良等至左金吾仗院内时，发现韩约惊慌失措、院内又埋伏兵卒多人，迅速挟持文宗夺路逃跑，然后调集神策军开始捕杀朝臣。李训乔装出宫，一路假装疯癫逃到终南山的寺院中。后被地方官抓获，他担心押送到太监手中会遭羞辱和酷刑，在到达京师附近时，便对押送的人说："现在禁军到处抓我，是因为能够得到重赏。等他们见到我，肯定会将我从你们手里抢去领功，不如你们把我杀了，拿着我的首级去领赏更直截了当。"结果，李训被杀。这就是历史上的"甘露之变"。

李昂这三斧子砍下去不但没尽除宦官，自己倒落得个悲惨境地。事变以后，仇士良本想杀掉李昂，后由于部分朝臣和藩镇的反对而未能成功。此后，宦官更加盛气凌人，常常对帝王李昂出言不逊。文宗成为宦官的傀儡，羞惧难当，不久即忧愤含恨而死。死前还感叹，人家是受制于权臣，自己则受制于家奴。李昂有帝王之道，而无帝王之力，大势注定了他的失败。

唐宣宗李忱
——接过侄子的班

姓　　名：	李忱
职　　称：	宣宗
生　　卒：	810—859 年，享年五十岁
老　　爸：	宪宗李纯
老　　妈：	孝明皇后郑氏
最高职务：	李唐第十八任帝王
帝王工龄：	十二年（847—859 年）
最大政绩：	延缓了唐帝国的衰落；击败吐蕃，收复河湟
最大错误：	不信道却迷信丹
荣誉称号：	圣武献文孝帝王
家庭出身：	国家干部
本人成分：	高干子弟
接班人：	李漼
最得意：	为佛教平反昭雪，恢复名誉
最遗憾：	没人愿娶我家公主
最愤怒：	生母受欺
现在住址：	陕西省径阳县西北 30 千米黄村北仲山贞陵
个性签名：	劳而无功

唐宣宗李忱像

咸鱼翻身得解放

皇妃郑氏备受歧视

宣宗李忱的亲生母亲郑氏为妃时一直受其他后妃的欺凌。当时的皇后郭氏是大功臣郭子仪的孙女。因为郭子仪在平定安史之乱中有大功，所以皇室对其孙女郭氏特别尊重。穆宗即位后，尊郭氏为皇太后，在兴庆宫颐养。历经穆宗、敬宗、文宗、武宗四朝，郭氏都得到每代帝王的孝顺尊敬。而到宣宗李忱这一朝却对郭氏十分冷淡甚至于仇恨。因为李忱的生母郑氏当初曾是叛军李锜的婢妾，李锜败亡后，郑氏与杜秋娘一起被没收进宫。当时郭氏还是宪宗的贵妃，宪宗在贵妃宫里出入时看见郑氏姿容艳丽，便召幸了她。作为叛军家属的郑氏得到宪宗的宠幸，令其余嫔妃十分气愤。只要宪宗不在眼前，郑氏便会受到包括郭氏在内的后宫嫔妃的随意打骂，但她想到自己的身份，只有默默忍受。被宪宗宠幸的郑氏就怀了孕，不久便生下李忱。由于母亲的出身，李忱幼年时自卑而寡言少语，宫中都以为他是白痴。待他稍大些被封为光王，更加韬光养晦，不让别人猜到自己

唐宣宗李忱像

唐宣宗 李忱

的心事。唐武宗死后，李忱被宦官拥立。他是全唐三百年中唯一一个以皇叔身份从侄子手里接过皇位的。

宣宗李忱一即位，就立即尊生母郑氏为皇太后，郑氏也母以子贵，但多年的委屈一齐涌了上来。宣宗从小看着母亲受气，所以对以郭氏为首的后宫妃嫔暗中怀恨已经很久了，只要有机会就当面讥刺嘲讽，"我让你们狗眼看人低！"此时郭氏年力已衰，而且一向被人尊崇惯了，哪里经受得起宣宗的打击，一时间悲感交集，从勤政楼上飞身就要跳下轻生，多亏身后的侍女将她抱住。宣宗听郭氏要跳楼自杀更加上火。当天夜里郭氏忽然死去，宫中谣言四起，都说郭氏是服毒自尽。这件事让宣宗在舆论上极为被动，也使他更加恼怒。太常官王绎奏请宣宗应该将郭氏葬入宪宗的陵墓，宣宗勃然大怒，贬王绎为句容令，连降几级。一直到唐懿宗咸通年间，郭氏才得以与宪宗合葬。

帝王女儿也愁嫁

宋代陈世美为了争当皇家驸马，冒了生命危险，付出了生命代价。但在唐朝，人们却不愿做皇家的女婿，不喜欢和皇室结亲。

李忱有三个女儿，大女儿万寿公主嫁给了起居郎郑景，二公主永福和三公主广德早已到了出嫁的年龄，却仍然待字闺阁，成了李忱的一块心病。三公主广德从小与众不同，女红之事全不喜好，却十分偏爱刀枪棍棒。宣宗也没制止，反而让文武全才的大臣于诚信当她的武术教师。李忱见于诚信忠心报国，儿子于琮文武全才，就想把女儿广德嫁给于琮。可是二公主永福也想嫁于琮，就造谣说三妹私通突厥，多次向外敌提供情报。于是李忱就把三公主关了起来，决定让二公主永福嫁给于琮，但于琮却坚决拒婚不娶。

857年，宣宗要宰相在当年新录取的进

李唐的公主们有喜也有忧

唐公主嫁不出去只好出家入道

士中，为公主选婿，物色一位当驸马，于是便有人向李忱推荐当年新科进士王徽。这王徽虽是新科进士，却是个半老头子。当他听到这消息后，惊惶失措，赶快跑到宰相刘瑑面前，哭泣哀求说："我王徽今年已经年过四十，体弱多病，实在配不上年轻貌美的公主，恳请相爷在皇上面前替我说说好话，千万别招我为驸马，我自重重感谢。"有宰相刘瑑帮忙，王徽后来终于如愿推脱。其实，不只是宣宗时是这样，早在唐宪宗李纯时，帝王要求公卿大臣家子弟主动报名娶公主，结果公卿大臣纷纷托辞躲避，避之唯恐不及。

不仅唐朝官员不敢高攀皇家公主，就连民间百姓也不愿娶公主。唐玄宗时，李隆基想把妹妹玉真公主许配给术士张果。张果便跟他两位朋友王迥质和萧华说："娶妇得公主，平地生官府，可畏也。"意思是说：娶个公主过门，等于平白多出个官府来管你，这是多可怕的事啊？张果在说这话时，刚好帝王派的使者来到，说帝王要将玉真公主许配给张果，张果大笑不肯接受。更早的唐高宗时，帝王李治想把女儿太平公主许配给薛绍。薛绍的哥哥觉的太平公主气势强盛，是位被宠坏的骄蛮小姐，非常担心弟弟的婚事，便问他的族祖薛克构的想法。薛克构也同样忧心地说："俗话说：'娶妇得公主，无事生官府'，实在令人感到可怕。"

唐代贵妇

张果跟薛克构的话大同小异,反映了当时人们的看法。唐太宗曾经讲过:"我贵为天子,可是一般社会人士宁愿跟门阀世族联姻,却不愿意跟我们皇室结亲,我不知道为什么会这样。"

一步跨入皇亲国戚的行列,该有多风光?!这是一般人想都想不来的事,为什么唐朝人都怕做帝王的乘龙快婿?

一是唐朝的公主多半品德不佳,名声不好,败德之事甚多。唐朝公主出家做女道士的特别多,就是因为嫁不到如意郎君干脆避世绝念,或者夫死后舍家追福延命。但是更多的时候,公主们入道还是为了能够享受自由的男女关系,或者因为嫁不出去索性破罐子破摔,见到中意男人就蛮横地拉郎配。高祖的女儿永嘉公主嫁给了窦奉节,却跟有妇之夫又是侄女婿的杨豫之私通。

唐代驸马爷

唐代驸马用车款式

但倒霉的杨豫之很快就被窦奉节带兵捉住，一刀两段，付出了昂贵的代价。窦奉节虽然泄了心头之气，但名声早已声传天下，不久也连气带恨窝囊地死了。唐太宗女儿高阳公主嫁给房遗爱，但高阳公主竟偷偷同一位和尚辩机私通。唐中宗女儿安乐公主嫁给了武崇训，却又跟武崇训的堂兄弟武延秀私通。

二是公主们在丈夫面前为所欲为，驸马们则只能忍气吞声。唐朝公主下嫁后设有公主府，驸马不过是府内的附庸，府中的一切财富、官吏、奴仆，都由公主直接调遣指挥，驸马完全没有支配权。如果公主死亡，驸马尚要为公主守丧三年！中宗李显的女儿宜城公主居然亲手将丈夫裴巽的侍女耳朵鼻子割了下来，还把裴巽的头发也割掉了。

三是当了驸马反而不容易升官。唐代一个男人娶了公主，都会立刻加上一个"三品员外官"的职衔。在唐代三品虽然行政级别很高，但是"员外官"是不占正式编制的闲职，只是个编外人员，算不上一个正式的官职。唐玄宗以后，员外官改称为"检校官"，任何一个官位，哪怕是宰相，只要加上"检校"两字，就只是一个虚衔。翻一翻唐代驸马表，一共一百六十三人，最后能成为位极人臣的宰相的只有两人，做到九卿的不超过十人。

唐懿宗李漼
——拿不起，放得下的花钱大王

姓　　名：	李漼
职　　称：	懿宗
生　　卒：	833—873年，享年41岁
老　　爸：	宣宗李忱
老　　妈：	元昭皇太后晁氏
最高职务：	李唐第十九任帝王
帝王工龄：	十四年（859—873年）
最大政绩：	最积极的吃喝玩乐，最尽责的渎职误政，最高效的亡国败家
最大错误：	在其位不谋其政
荣誉称号：	睿文昭圣恭惠孝帝王
家庭出身：	国家干部
本人成分：	高干子弟
接 班 人：	李儇
最 得 意：	见到了佛骨舍利
最 遗 憾：	佛骨未送回就死去
最 愤 怒：	在位期间民变、兵变不断
现在住址：	陕西富平县简陵
个性签名：	干杯

唐懿宗李漼像

带头消费扩大内需

懿宗在位期间，一共任用了二十一位宰相，多是谋财不谋政之徒，只是善于敛财享乐。咸通五年任相的路岩拉帮结派，把政事委托给亲信小吏边咸。边咸大肆收受贿赂，聚财无数。有人向懿宗揭发说，如果抄了边咸的家，够军兵半年多的军费。没想到马屁拍到马腿上了，被李漼狠狠痛斥了一顿。

> **时代点评**
>
> 懿宗朝内有两浙农民起义，外有南诏入侵，大唐帝国的挽歌已隐约可闻了。

李漼自己对政事毫无兴致，对大臣们的工作绩效也没有要求，从不考核，而对宴会、乐舞和游玩却兴致勃勃。李漼在宫中，每日一小宴，三日一大宴，所用器物，花样繁多，就连宫中使用的普通茶具也是用金丝银片编织而成，通体剔透，工艺精巧。当时封存于陕西法门寺地宫、1987年发掘出来的金银丝结条笼，呈椭圆筒形，通高15厘米，14.5厘米，宽10.5厘米。笼子由盖、笼体和足组成，整体全用金、银丝编织而成。

李漼生活奢靡无度，沉迷于歌舞宴游。懿宗每次出行，随从多达十余万人，费用开支之大难以计算，成为国家财政的一项沉重负担。对于懿宗的"游宴无节"，

官场群丑图

▶ 唐懿宗 李漼

唐朝茶具

宫廷乐舞

左拾遗刘蜕上书劝谏，希望皇上能够以国事为重，向天下展示出体恤边将、关怀臣民的姿态。对此，李漼根本听不进去。游乐和歌舞，成为懿宗日常生活中不可或缺的内容。在他的表率作用下，整个官场都弥漫着穷奢极欲、醉生梦死的风气。

与宣宗爱惜官赏不轻易授人不同，懿宗对于官赏毫不在乎。他赏人官职、赐人钱财，常常是兴之所至、随心所欲。皇宫中供养的乐工有五百人之多，在宫廷宴饮时，懿宗只要一高兴，随时随地都会对这些人大加赏赐。京师乐工李可及儿子娶妻，懿

宫廷茶宴

229

宗除赏赐大量财物外,还破例把他封为威卫将军。女儿同昌公主出嫁时,懿宗倾宫中珍玩以为资送,还赐给公主一处宅院,门窗均用珠宝装饰,井栏、药臼、槽柜都是金银制作,连垃圾筐都是用金缕编织而成。床架则用水晶、玳瑁、琉璃制作,床脚雕饰也是金龟银鹿,其他如鹧鸪枕、翡翠匣、神丝绣被、玉如意、瑟瑟幙、纹布巾、火蚕绵、九玉钗都是从国外进贡的贡品。

只准骑驴不准骑马

唐懿宗李漼自己穷奢极欲,却不能容忍别人享受,可笑的是他竟要求考生上考场只能骑驴不能骑马,认为考生骑马过于奢华,说是要培养节俭风气。

咸通年间的一年春天,全国各地考生照例汇集到长安城中,备战每年3月的科举考试。"年年岁岁花相似,岁岁年年人不同",今年

进京赶考雕塑

的不同,在于懿宗李漼签发了一道帝王令:考生一律不准骑马。这颇有些提倡艰苦朴素,反对铺张奢侈的意思。据说发出这道禁骑令,是因为当时考生的经济状况贫富悬殊,存在着两极分化的现象。那些富有的考生乐于比阔讲排场。有钱有势的考生多骑着高头大马,进京赶考,穷困者则只能骑驴赴试。这让人想到唐朝诗人王梵志的一首诗:"他人骑大马,我自跨驴子。回看担柴汉,心绪好些子。"禁止骑马赴考的圣旨下达之后,君令如山,于是一千多名考生都骑上毛驴,一路前行,向京城进发。考生中有人作诗道:"今年敕

胖秀才骑驴赶考,可怜这头瘦驴了!

下尽骑驴,短袖长秋满九衢。清瘦儿郎犹自可,就中愁杀郑昌图。"郑昌图是一名胖得出奇的考生,他的身材不是一般的高大魁梧,瘦驴驮上他恐怕就走不动路了。

烧钱只为信仰

唐武宗灭佛以后,佛教势力受到沉重打击。宣宗即位后,陆续恢复寺院。到懿宗手上,更是广建佛寺,大造佛像,布施钱财无数,佛教势力迅速扩大。在懿宗的主导下,大规模的法会道场空前兴盛,经声佛号又开始在帝京的上空回响起来。佛经的大量需求,刺激了印刷术的发展,现存世界上最早的印刷品就是唐懿宗李漼年

唐懿宗赐赠法门寺专门用于珍藏佛骨舍利的八重宝函

间刻印的《金刚经》。

懿宗崇佛的高潮,是继宪宗之后又一次举行声势浩大的崇佛活动——法门寺奉迎佛骨。法门寺位于陕西扶风县城北,由东汉到北魏均名阿育王寺。阿育王是古天竺的国王,他把佛祖释迦牟尼死后的遗骨舍利分为84000份,在世界各地修建了84000个塔,安葬佛祖的舍利。在中国建有19塔,法门寺便是其中的一座,"因塔置寺,寺因塔著"。原塔系木结构,高四层,名"真身宝塔"。《闻见后录》载:"寺有古塔四层,瘗佛手指骨一节,唐宪宗盛仪卫迎入禁中。塔下层有芙渠,工制精妙,每一叶芙渠上刻一施金钱人姓名,殆数千人,宫女名为多。又刻白玉石像,瘗佛指骨节置金莲花中,隔琉璃水晶匣可见。"1976年四川松潘地震余波引起塔体裂缝。1981年,因连续阴雨,塔体大部分崩坍。1987年为修复砖塔而清理塔基时,发现了唐咸通十五年封闭的地宫一座,地宫中有唐代深藏后遗失千年的释迦牟尼指骨舍利和大批唐代珍贵文物。消息传出,轰动国内外,被誉为继秦始皇兵马俑之后的又一重大发现,是佛教史上的一大盛事。特别是四枚灵指的再现,引起了佛教徒的强烈反响。唐懿宗赐赠法门寺专门用于珍藏佛骨舍利的八重宝函,最外层是一个檀香木函,

陕西扶风法门寺

里面套装着三个银宝函、两个金宝函、一个玉石宝函和一座单檐四门纯金塔，但因最外层檀香木银棱（录皿）顶宝函1987年出土时已残朽，故只见七重，每层宝函外均用银锁锁上，以丝带或绢袱包裹，金塔基的银柱就是套放舍利的地方。宝函和金塔，做工精细、造型优美，精雕细琢，美不胜收，世所罕见，其价值不仅在于平雕刀法、宝钿珍珠这些古代珍宝，还在于刻凿在四周壁面上的文殊、如来造型，正是佛教密宗内蕴的深刻表现，是密宗文化艺术史的一幅剪影。从法门寺地宫发现的"捧真身菩萨"和"银金花双轮十二环锡仗"等，也是敕造于懿宗咸通年间的精美文物。

唐懿宗赐赠法门寺八重宝函

咸通十四年（873年）三月，懿宗安排奉迎佛骨的诏书一下，立即招致群臣的劝谏。大臣们的理由是此举不但劳民伤财，而且有宪宗迎奉佛骨之后暴毙的前车之鉴，此举实属不祥。懿宗对此毫不在乎，他对大臣们讲："朕能活着见到佛骨，就是死了也没有什么可以遗憾了！"这次迎奉佛骨的规模，比起宪宗有过之而无不及。从京师到法门寺沿途，禁军和兵仗绵延数十里，场面

懿宗李漼奉迎佛骨

之壮观,远远超出帝王主持的祭天大典。四月八日,佛骨舍利迎入京城,在宫中供奉三天后,懿宗允许送到京城的寺院让百姓瞻仰。虔诚的信众不惜点燃自己的手臂或者在头顶上燃香奉礼,富豪之家则举行法会,不惜花费巨资招集高僧大德论法。宰相以下全部捐款捐物,投入佛事。这次奉迎佛骨持续了相当长的时间,直到僖宗即位后才把佛骨送归法门寺。

懿宗如此坚决地奉迎佛骨,用他自己的话说是为人民群众谋利益("为百姓祈福"),实际上是为了"圣寿万春",也就是希望自己万寿无疆。但佛教舍利并没有给这个倒行逆施的帝王带来福荫。佛骨迎入京师后的当年六月,懿宗又一次病重。七月十六日,懿宗就已经"疾大渐",到了无力回天的地步,最终不治而亡,连同大唐王朝也日渐没落!难怪旧时史家有人评价说:"佛骨才入于应门,龙已泣于苍野。"意思是说懿宗奉迎的佛骨刚刚进门,大唐王朝的寿命也快走到尽头了。

唐代宫廷一角

唐僖宗李儇——"流芳千古"的玩家

姓　　名：	李儇
职　　称：	僖宗
生　　卒：	862—888 年，享年二十六岁
老　　爸：	懿宗李漼
老　　妈：	惠安皇后王氏
最高职务：	李唐第二十任帝王
帝王工龄：	十六年（873—889 年）
最大政绩：	不知道说什么好
最大错误：	玩完李唐江山
荣誉称号：	惠圣恭定孝帝王、太上元皇圣帝
家庭出身：	国家干部
本人成分：	高干子弟
接 班 人：	李晔
最 得 意：	马球水平无人可及
最 遗 憾：	马球还没进入奥运会
最 恼 怒：	生不逢时
现在住址：	陕西乾县靖陵
个性签名：	爱玩马球的来！

唐僖宗李儇像

擅长马球推广千古运动

唐僖宗李儇喜欢斗鸡、赌鹅、骑射、剑槊、足球、法算、音乐、围棋、赌博等，尤其是打马球，僖宗更是技艺高超。马球所击的球是木制的，中间掏空，外面施以朱漆。用以击球的鞠杖也是木制的，杖头呈月牙状。击球需要高超的技巧，尤其是马上击球。马球运动起源于中国，最早在南北朝时出现，到唐代盛行。僖宗李儇曾经洋洋得意地对身边的优伶石野猪说，要是真有什么马球进士考试的话，我大概能中个状元吧。石野猪回答说："要是遇到尧舜这样的贤君做主考官的话，别说不会中状元，恐怕你还会被驱逐出考场吧。"僖宗听到如此不中听的劝告，也只是笑笑而已。一次四川节度使出缺，看中这一官位的大臣有陈敬暄、师立、牛勉、罗元果

观看斗鸡图

唐官打马球

等多人。唐僖宗在确定这一极其重要的边关大吏人选时，竟然用打马球赌输赢的办法决定结果，命这些人比赛马球技术，最后以打得最精彩的陈敬暄出任四川节度使。他还多次下旨要求各地官员注意发现马球人才，大力推荐球技高超的青年入宫陪他击球，有不少人因球

技高超而被任命为封疆大吏，当然也有许多人因踢球失误而丢了性命。僖宗在位时，唐朝政局已经内外交困。球迷帝王视国事如玩球，以球艺任官，任用非人，结果必然乱政亡国。

时代点评

僖宗就职后爆发王仙芝、黄巢起义。此时朝廷孤弱，藩镇之患近在肘腋，已成岌岌不可终日之势。

逃跑避难留下千古遗迹

就在唐僖宗即位不久，880年爆发了王仙芝、黄巢领导的农民大起义。第二年，农民起义军攻破长安，李儇逃到新都，把大石寺作为他的行宫。即便在这避难期间，李儇也没忘了游玩，整天在寺内寺外游逛。寺中有木制"福感塔"，李儇有一天晚间看见"福感塔"下有异光，便向方丈悟达禅师询问原因。悟达回答说是塔下的佛骨舍利子发光。李儇听说有佛骨，想亲自看看，一饱眼福，便命人发掘，结果挖出一石匣，内藏十颗舍利子。李儇于是命悟达重修殿寺，因夜见祥光而改寺名为"宝光寺"；并把木制"福感塔"改建为十三层砖塔，将舍利子仍放于塔下，改塔名为"无垢净观舍利宝塔"，又称宝光塔，因此在中国历史上留下了一处名胜古迹。宝光塔微向西斜，素有"东方斜塔"之称。

宝光寺现位于四川成都市北郊新都县境内，是公认的成都地区历史最悠久、规模最宏大、收藏文物最丰富的一座佛教寺庙，已成为中华千古名刹，是我国唯一保存了早期佛寺"寺塔一体、塔踞中心"的典型布局的寺庙。1983年被国务院定为全国汉传佛教重点寺院，2001年被国务院列为全国重点文物保护单位。宝光寺占地10万平方米，规模巨大、气势恢宏，用四百余根大石柱，构成一塔五殿十六院的严谨布局。寺中藏有宋徽宗、

放置舍利子的宝塔

慈禧、竹禅、徐悲鸿、张大千、康有为、赵熙、谢无量等人的1000多件稀世之宝。

　　僖宗留传至今的还有他的御用鎏金碾茶饼的壶门座茶碾，1987年发掘于陕西扶风法门寺地宫。茶碾主要用于煎茶碾茶用。因唐时人们饮的是饼茶，煎茶前先得将饼茶碾成末，方可煎煮。

　　僖宗在四川躲避了整整四年。黄巢手下大将防御使朱温在882年投降唐军，僖宗大喜过望，赐名朱全忠。但僖宗没有想到，唐朝的江山社稷最终就是被这个朱全忠夺了去。

内置佛骨的宝光塔

保存至今的庙柱

李儇靖陵

释放宫女成就千古佳话

　　李儇虽政事上无所成就,但曾放还大批宫女,没想到竟因此而成就了一段红叶题诗的千古佳话。

　　一天傍晚,年轻诗人顾况在皇宫墙下漫步。时值"西风吹渭水,落叶满长安"的深秋,满地都是枯萎的落叶。他在从宫内流出的一条小河边洗手,忽然发现水中飘浮着的一片大红叶上有墨印,随手捞起来一看,红叶上竟题着一首诗:"流水何太急,深宫尽日闲。殷勤谢红叶,好去到人间。"墨痕未干,字迹清秀。他看了看身边高耸的宫墙,猜想一定是某个宫女所为。于是他把题诗红叶带回家里,妥善珍藏。自此久久不能释怀,脑海中全是宫里那个落寞女子的身影。几天后,他找来一片大红叶,在上面也题诗两句:"曾闻叶上题红怨,叶上题诗寄阿谁?"写完就带到同一条河沟的上游放入水中,看着它缓缓流入宫墙之内。几年过去,顾况已把那件事渐渐淡忘了。他科举不成,落魄不堪,于是在韩泳家做家教。此时,僖宗李儇释放了三千宫女,让她们回到民间。一天,韩泳告诉顾况,唐僖宗放出后宫侍女三千,其中有位叫韩翠苹的女子是韩泳的同乡,正住在韩舍,他愿为二人牵线结缘。当时顾况尚未娶亲,便答应下来。婚后两人感情很好。一天,韩翠苹在顾况的藏书中看见自己亲笔题写的那片红叶,问顾况哪里来的,顾况如实告之。韩氏见到这片红叶,幽幽地叹息道:"当时偶然题诗叶上,随水流去,想不到郎君收藏在此。妾在水中也得到一片红叶,不知是何人所题?"翠苹当即取来一看,墨迹犹存,正是顾况当年写的。俩人相对感泣良久,因为自红叶题诗到他们结为夫妇,中间已隔十年光阴。

顾况遥望宫城图

韩翠苹为此悲欢交集,提笔写下四句诗:"一联佳句题流水,十载幽思满素怀。今日却成鸾凤友,方知红叶是良媒。"这也许是最凄苦无奈也最浪漫温馨的故事了。

红叶题诗女

唐昭宗李晔
——争来抢去的唐僧肉

姓　　名：	李晔
职　　称：	昭宗
生　　卒：	867—904年，享年三十八岁
老　　爸：	懿宗李漼
老　　妈：	惠安皇后王氏
最高职务：	大唐第二十一任帝王
帝王工龄：	十五年（889—904年）
最大政绩：	秘书无能，没总结出来
最大错误：	生错了年代
荣誉称号：	圣穆景文孝帝王
家庭出身：	没落的帝王之家
本人成分：	高干子弟
接 班 人：	李柷，名义上的大唐最后一位帝王
最 得 意：	杀了宦官杨复恭
最 遗 憾：	受制于人
最 愤 怒：	被朱温挟持！
现在住址：	河南省偃师县和陵
个性签名：	有心救唐无力回天

唐昭宗李晔像

大臣面试帝王

一帮大臣面试帝王候选人李晔

狱卒勒死田令孜

僖宗李儇病危之际，太监杨复恭推荐李晔为继位人选。此时李儇已经不能说话，只是点头同意。文德元年（888年）三月，立遗照寿王李晔为皇太弟监国事。李晔当天被禁军迎接入宫，临时安置在少阳院。第二天，由宰相孔纬、杜让能等人前去观察继承人。一见之下，大家看他器宇轩昂、英气勃发、踌躇满志，都暗暗庆幸大唐后继有人了，当即一致通过。第二天，僖宗驾崩了。遗诏命皇太弟继位，这就是此后的唐昭宗。

唐昭宗李晔虽然是由宦官拥立的，但一直想铲除宦官势力。他自小就仇恨专权的宦官。当年随父王唐僖宗西逃时，因山路难走，脚上起泡，作为皇子的李晔请求宦官田令孜弄匹马骑骑，田令孜说："深山老林，哪来的马！"李晔由此记恨整个宦官集团。后来节度使王建给田令孜扣上"私通李茂贞"的罪名，关入狱中，扔给田令孜一根结实的布条，让他自行了断。田令孜长叹："我好歹也呼风唤雨过，今日虽死，犹不能有辱我的身份。"于是亲自演示，教狱卒实施绞刑的程序和方法，狱卒用布条围着田令孜的脖颈一绕，用力一勒，田令孜立马气绝身亡。

在太监们随时都可把帝王拉下马的晚唐政治生态下，一直任由别人争来抢去的李晔居然斗胆杀了举荐他当帝王的宦官杨复恭，导致太监刘季述发难。他威逼大臣说皇上此举是逆乱，亲自率禁军杀到昭宗寝楼下。昭宗吓得魂不附体，刘季述一番毫无留情的羞辱后，悍然将昭宗锁在院内，为了防止昭宗逃跑，又熔铁浇在锁上，墙角上挖洞送吃喝。昭宗和几个妃子吓得呆若木鸡，冻得瑟瑟发抖，哭声连天，真是生不如死。

> **时代点评**
>
> 昭宗在位期间，宦官、朝臣、藩镇三股势力你方唱罢我登场，皇权衰微，唐朝此时已经死定了。

特批"五老榜"

五老榜

唐昭宗李晔在901年正月改年号为天复元年。之所以改元天复，是因为上年末李晔因太监裹胁被迫退位，当起了太上皇。没想到几十天以后，昭宗就又在宰相和禁军支持下重新登大宝，于是改元天复。

天复元年春天，科举取士之时，李晔下令选拔一批家庭贫困、年龄偏大者为进士，以表示皇恩浩荡。于是，主考官选出五个参加过多次科举却屡试未中的老汉及第，呈请皇上特批。唐昭宗在批示中说："念尔登科之际，当予反正之年，宜将异恩，各膺宠命。"意思是说，你们今年参加科举之时，正是我重登大宝之年，因此降下皇恩，使你们进士及第。这五位进士中有两位已经年过七十，剩下的三位也都过了六十岁，都已老态龙钟，当时的人把这次放榜叫作"五老榜"。

经皇上特批成为进士的除了"五老"，还有晚唐时期的顾非熊。顾非熊是顾况的儿子，参加了二十多次科举考试，均屡试不中，写诗哀叹："见月长怜夜，看花不惜春。愁为终日客，闲过少年身。"会昌年间，一次公布进士录取名单之前，皇上突然过问顾非熊在不在金榜上，主考官如实回答：顾非熊又没考上。皇上立即批示：那就把他添上。这时，工作人员已经去张贴录取名单了，主管官急忙派人将原榜追回，添上了顾非熊的名字。和顾非熊一同参加这年的科举却不幸落榜的举人刘得仁得知顾非熊终于考中进士后，写了一首诗表示祝贺："愚为童稚时，已解念君诗。及得高科就，须逢圣主知。"意思是我还是小孩儿的时候，就已经在读顾君你的诗句了。现在你终于高中进士，那是得到圣明天子的照顾眷念。

自磨豆麦做"御膳"

自打"满城尽是黄金甲"后，在位仅十五年刚刚二十七岁的唐僖宗就撒手人寰，把一副烂摊子扔给了继位的李晔，即唐昭宗。即位后的李晔，决心重振朝纲，压制强藩，刚上任就准备招募十万大军，试图实现以强兵威服天下的目标。然而，他刚刚开始着手实施"枪杆子里面出政权"的思想，就成了各地枪杆子挟天子以令诸侯的香饽饽，被太监、朝臣、各大军区司令（当时叫藩镇）三股势力当作唐僧肉争来抢去，目的就是为了争夺对帝王的控制权。唐朝中晚期之所以世风日下，国之不国，都是他们惹的祸。作为各派势力相互争夺的王牌，李晔俨然是最高政权合法、正宗、原装的旗帜。要不是看好这一点，谁鸟他！那帮想着绑架他的劫持犯都是些敢把帝王拉下马的主，谁也不敢把他们怎么样，而帝王却只有乖乖听命、任由人家推来搡去的份。昭宗同父异母的唐僖宗有次出逃时逃累了，想休息一会儿都被宦官用皮鞭猛抽让他快赶路。轮到唐昭宗时，大宦官杨复恭一手遮天，昭宗也只有哑巴吃黄连的份了。昭宗的舅舅王环欲做节度史，杨复恭不许，在其赴职途中派人掀翻船只，将其活活淹死，昭宗知晓后虽七窍生烟却也无可奈何。892年，凤翔节度史李茂贞上书大骂昭宗"贵为万乘，不能庇元舅于一身，尊极九州，不能屠复恭之一竖。"李茂贞的无情嘲笑激怒了昭宗，昭宗一怒出兵，居然斗胆杀了提名他当帝王的宦官杨复恭，虽然没有彻底改变太监们的统兵地位，但至少也打击了一下宦官们的威风。好不容易从宦官窝里逃了出来，昭宗又跌入强藩的虎口。几经"倒手"，昭宗就像一颗棋子任人摆布，拨来弄去。"几度风雨几度春秋"后，唐昭宗那颗曾经汹涌澎湃的心早就成了死灰，无力回天不说，还成为一个名副其实的傀儡帝王，为了生存东躲西藏的，在位十五年的窝囊史充分印证了活着的艰难。宰相崔胤想借强大的地方实力派朱老三（即投降朝廷的黄巢起义将领朱温）诛杀宦官，大太监韩全海则和另一地方军阀李茂贞联合，请来李茂贞的几千兵马驻守京城，保护长安。不久，昭宗为求自保，竟把自己最宠爱的魏国夫人陈氏送给节度史李可用，以博取欢心。九五之尊的帝王，竟然将妃子送人，也是史所罕见了。半年后朱老三领兵讨伐韩全海，韩全海便绑架李晔一起逃到了凤翔。902年五月，朱老三前来"救驾"（实际是想夺取帝王当作自己的手中王牌以号令天下），亲率大军来和驻守凤翔的李茂贞军"交朋友"，让他交出帝王。李茂贞自以为和四川地头蛇王建交情不错，便写信向王建求援。王建还真够哥们义气，立刻发兵来"救"。七月，派五万蜀军北上，不过不是去帮李茂贞的，而是去抢关南重镇兴元（今陕西汉中）的。李茂贞的山南西道节度使李继密发现蜀军行军有点不正常，知道王建手脚不干净，忙阻

隋唐大运河出土文物

止蜀军北上。蜀军头头于是对部下作阵前临战政治动员："我等行军打仗图的是富贵功名，今日不胜，何面目再回锦花城？敢玩命的跟我上！"蜀军士气立即高昂起来，急攻凤翔军，不久汉中重镇落入王建之手，李茂贞的忙也算是"帮"完了。李茂贞这才发现，自己的山南险障全被王建给拿下了，大呼上当，臭骂贼王八不要脸。李茂贞的鼻涕还没擦干净呢，902年九月，他手下守洋州的武定节度使拓跋思敬也投降了王建。拓跋思敬心里琢磨："李茂贞两面受敌，早晚要完蛋，不如跟着王建哥们，好吃好喝的，划算。"拓跋思敬想的有理，他们只是给人打工的，管你张三李四，谁给的工资高就跟谁，李茂贞想告也没地方告去。朱老三见蜀军对自己没什么事，于是趁机将凤翔城包围起来。这一围就是一年多，使城中粮食断绝，又遇大雪严寒，城中军民每天饿死冻死的就有上千人。身边的宫人们每天一个一个地饿死，落难于强藩的唐昭宗为了填饱肚皮，连自己的御衣和妃子们的服饰都拿出去变卖了。百姓更惨，吃人已很普遍了，"人肉每斤值百钱，犬肉值五百钱，每日进奉御膳，就把此肉充当。"人肉的价钱比猪肉还便宜，一个少壮男子的尸体不过十五钱，还不如一斗米贵。李茂贞守军粮草用尽，实在没吃的招呼皇上，就扔了一袋豆麦给昭宗李晔，算是对特殊照顾对象发给的"低保"（等同今天的城乡居民最低生活保障费）了。李晔没办法，只得自己动手，在宫中找来个小磨，每天磨豆麦喝粥，权当"御膳"。这"御膳"喝得他两眼发绿，脸色发青，浑身一点力气也没有。

直到903年正月，李茂贞实在没法再守下去了，和昭宗商量了一下，便将韩全诲等二十多个太监杀掉，把他们的头送给城外的朱老三，同时也交出昭宗等人。朱老三就地杀死全部在场的太监几百人，之后回兵长安，命令他的士兵将几百名剩下的太监赶到内侍省，在那里将他们全部杀掉，可怜了这些替罪羊。持续一百多年的宦官势力，到这时总算彻底铲除，困惑中晚唐一二百年的宦官问题终于被朱温朱老三完全解决了，但昭宗也完全落入了朱老三的牢牢监控之下，苟延残喘地度过他生命中的最后时光。朱全忠为了实现自己的帝王梦，为了不给众藩留下勤王的机会，为了让百姓不再想着他们的偶像昭宗，终于下了狠手，天佑元年（公元904年）派人深夜一剑杀死梦中惊醒的这个早已是死亡候选人的昭宗李晔。接下来的一幕大家就很熟悉了，朱全忠假装预先不知道，连夜赶到洛阳，伏在灵柩前痛哭流涕。昭宗做了十五年的帝王，死时三十八岁。昭宗去了，唐朝亡了，剩下菊花、古剑和酒，只有梦里再回唐朝。

昭宗死后，朱老三又立李晔儿子、十四岁的李柷为帝。不久，这朱老三想当帝王又不好意思主动上座，就让李柷下诏让位，自己"名正言顺"地做起帝王来，并改名、另立年号，加速"去唐化"，煌煌大唐至此终于寿终正寝了。